广州市人文社科重点研究基地广州法治建设研究中心研究成果

中国人权研究与教育

HUMAN RIGHTS RESEARCH AND EDUCATION IN CHIINA

第三卷

陈佑武／主编

中国检察出版社

图书在版编目（CIP）数据

中国人权研究与教育．第三卷/陈佑武主编．—北京：中国检察出版社，
2019.6
ISBN 978 - 7 - 5102 - 2131 - 6

Ⅰ.①中… Ⅱ.①陈… Ⅲ.①人权 - 教育 - 中国 - 文集 Ⅳ.①D621.5 - 53

中国版本图书馆 CIP 数据核字（2018）第 138217 号

中国人权研究与教育（第三卷）

陈佑武　主编

出版发行：中国检察出版社
社　　　址：北京市石景山区香山南路 109 号（100144）
网　　　址：中国检察出版社（www.zgjccbs.com）
编辑电话：（010）86423707
发行电话：（010）86423726　86423727　86423728
经　　销：新华书店
印　　刷：北京玺诚印务有限公司
开　　本：710 mm×960 mm　16 开
印　　张：14
字　　数：254 千字
版　　次：2019 年 6 月第一版　2019 年 6 月第一次印刷
书　　号：ISBN 978 - 7 - 5102 - 2131 - 6
定　　价：52.00 元

中国人权研究与教育（第三卷）

Human Rights Research and Education in China

主办　广州法治建设研究中心
　　　广州市法学会人权法学研究会
承办　广州大学人权研究院

《中国人权研究与教育》编委会

卷 首 语

新中国成立70年以来，尤其是改革开放40年以来，我国的人权事业的发展进步取得举世瞩目的历史成就，为世界人权事业的发展进步贡献了中国方案。作为当代中国人权事业发展进步的重要组成部分，我国的人权研究与人权教育成果斐然，成为助推我国人权事业发展进步的重要因素。

我认为，广州大学人权研究院作为我国人权事业发展进步的产物，值得业界深入研究。经过十五年多的发展，广州大学人权研究院目前不仅是广州大学，也是前后两批国家人权教育与培训基地中唯一拥有国家级、省级、市级重点科研平台的实体科研机构，是促进我国人权研究与人权教育发展的重要力量。无疑，通过对广州大学人权研究院这个个案的研究，可以为当下人权研究机构的发展提供借鉴、寻找思路。

依个人理解，广州大学人权研究院在人权领域取得的领先成就可以概括为十个方面：（1）2004年，广州大学人权研究院成立，成为全国第一个具有独立编制、固定办公经费、办公场所的实体研究机构，开创了此类机构的先河；（2）2005年，李步云先生主编中华人民共和国成立以来教育部第一本人权统编教材《人权法学》，创立了人权法学学科体系；（3）2007年，广州大学人权研究院获批为全国第一个人权研究省级基地——广东省普通高校人文社科重点研究基地，创立人权研究机构省级模式；（4）2011年，广州大学人权研究院获批为首批国家人权教育与培训基地，创新了教育部基地模式；（5）2012年，受国务院新闻办委托，广州大学人权研究院主持编撰《中国人权年鉴（2006—2010）》，成为第一家编写人权年鉴的人权研究机构；（6）2014年，李步云教授主讲的《什么是人权》课程获批为教育部第一个人权课程；（7）中国第一个人权法学会——广州市法学会人权法学研究会成立，本人有幸当选为首任会长；（8）2016年，广州大学人权研究院组织编写的人权知识读本丛书（共8本）出版，成为目前编写人权教材最多的人权研究机构；（9）2017年，以"广州大学人权理论课题组"名义发表的成果——《中国特色社会主义人权理论体系论纲》（发表于《法学研究》2015年第2期）获评为中国法学会第四届优秀成果一等奖；（10）2004年以来，广州大学人权研究院先后组织人权社会培训60余期，培训人数6000余人，成为全国人权培训工作开展最多的单位。

究其原因，广州大学人权研究院取得的成绩可归功于四个方面：第一，归功于这个伟大的时代。这是一个尊重和保障人权的时代，人权观念深入人心。广州大学人权研究院应运时代而生，为时代发展助力。第二，归功于李步云先生。作为当代中国特色社会主义人权理论的奠基人与人权法学学科的创立者，李步云站在人权理论领域的最前沿，将人权研究与人权教育作为毕生追求的事业，呕心沥血谋划广州大学人权研究与教育，是推动广州大学人权事业发展的最重要推手。第三，归功于庾建设校长。就对中国人权教育事业的认识、理解与贡献而言，时任广州大学校长庾建设教授是当之无愧的人权校长。没有他当时的坚定支持，广州大学在人权研究与教育领域不可能有今日之影响。第四，归功于广州大学的人权研究团队。这个团队除了李步云先生与我之外，按时间先后顺序在这个团队工作过的人员还有：杨松才教授（2004— ）、黄立教授（2004—2007）、舒淘淘主任（2005— ）、刘志强教授（2005— ）、袁兵喜教授（2007— ）、谢建社教授（2007—2009）、肖世杰教授（2008— ）、德全英教授（2009—2010）、王欢副教授（2009— ）、钟玉琼老师（2009—2016）、周露露博士（2011— ）、宋尧玺博士（2012— ）、王堃副教授（2013— ）、李思博士（2016— ）、毕颖茜博士（2016— ）、尹航博士（2017— ）、刘会春副教授（2018— ）、梁丹妮（2018—2019）。前后共计20人在广州大学人权研究院工作过，目前专职人员还有14人，这在全国人权研究机构中名列前茅。人权团队成员的队伍整齐、齐心协力是一切工作的基础。

除了上述具有代表性的工作成就、取得的经验及其背后的原因，广州大学人权研究院在人才引进、平台建设、人权研究、人权教育、对外交流、决策咨询、服务社会等方面也取得其他不错的成绩，值得认真总结、分析与研究。其中，在广州大学学报开设"人权研究"专栏就是一次创新，一次有益的探索与尝试。2006年，李步云教授从推动我国人权研究的发展进步出发，为了推动我国人权研究作品的发表，就此事与广州大学学报郑洁主编商量。郑洁主编当即予以大力支持，当年便在学报开设"人权研究"专栏，一直延续至今。而且，学报负责"人权研究"专栏的编辑吴震华老师十几年也是兢兢业业、任劳任怨，为"人权研究"的发展付出很多心血。这些往事回想起来都令我非常感动！历史来看，"人权研究"专栏这个平台的历史贡献不仅仅在于为各位专家学者提供了一个发表平台，也为广州大学人权研究与人权教育事业的发展起到了重要的推动作用，扩大了广州大学在人权研究与教育领域的影响。例如，广州大学学报发表的人权教育方面的文章占到中国知网收录的有关文章的三分之一左右，这对中国人权教育的发展而言是一个非常大的贡献。

当然，我对广州大学人权研究院的研究结论是：广州大学在人权研究与教育领域的成功经验是难以复制、不可复制或无法复制的。从学术层面而言，李步云先生对广州大学人权研究院的支持是不可言喻的。因此，有学者曾言，国家人权教育与培训基地之所以落户广州大学，完全是为李步云先生量身定作。从行政管理而言，时任广州大学校长庚建设教授在他连续两个任期内对人权研究与教育的坚定支持难以复制。作为数学领域的专家与地方高校的校长，庚建设校长对人权的态度与对人权研究与教育的支持值得我们学习！

最后，借此机会，我要向李步云先生、庚建设校长以及广州大学人权研究院一起工作过的人权研究团队的成员致以最诚挚的谢意！向郑洁主编、吴震华老师以及历来支持"人权研究"专栏的专家学者致以最诚挚的谢意！欢迎大家向《中国人权研究与教育》赐稿，共同推进新时代中国人权研究与教育事业的繁荣发展。来稿惠寄：562646028@ qq. com。

陈佑武

2019 年 4 月

目 录
CONTENTS

法治与人权

人权基础理论

具体人权

人权保障机制

人权教育

法治与人权

试析人权语境下的公民网络信息安全保护

——以我国《网络安全法》颁布为背景

徐亚文[*]　高一飞^{**}

摘　要▶ 安全权体现出对"人的安全"的关注，公民网络信息安全则是安全权保障问题在互联网领域的具体化。我国新颁布的《网络安全法》对于个人信息安全保护具有重要意义，但仍有不足。作为应对，可将公民信息安全保护可以分为"通过制度的预防"和"通过人权的救济"两个方面。前者完善的重点在于更新安全理念，实现多元共治，后者的必然性可从价值、规范、事实三个层面论证，对公民网络信息安全的权利救济则包括政治权利、人格权利和财产权利三个部分。

关键词▶ 网络信息安全　安全权　人权救济　《网络安全法》

2016 年 11 月 7 日，第十二届全国人民代表大会常务委员会表决通过《中华人民共和国网络安全法》（以下简称《网络安全法》）。作为我国首部专门性的网络信息立法，《网络安全法》主要着眼点在于维护网络空间主权和国家安全，但其对个人信息保护的推动作用同样不容忽视。然而，鉴于国家安全保障与个人安全保护理论进路的差异，《网络安全法》尽管大篇幅涉及公民网络信息安全保障，却依然难以从本质上消弭内在的价值冲突。本文拟以新法颁布为切入点，探讨人权语境下的公民网络信息安全保护。

一、基于安全权的公民网络信息安全

按照词组的构成形式，对于公民网络信息安全的理解一般从两方面入手，

＊　徐亚文，武汉大学法学院教授。

＊＊　高一飞，武汉大学法学院博士研究生。

一是以"网络信息安全"① 为关键词，将公民或个人视为保护的对象之一，如网络信息安全被定义为"保障国家、机构、个人的信息空间、信息载体和信息资源不受来自内外各种形式的危险、威胁、侵害和误导的外在状态和方式及内在主体感受"；② 二是将其视为"个人信息保护"的一个方面，如在个人信息权之下建构信息安全权这一概念。③ 二者的共同问题在于缺乏对公民网络信息安全的逻辑证成：在前一种进路中，公民容易被"湮没"在国家主权、公共秩序的宣谕之下；至于后者，个人信息权的安全维度往往被有意无意地忽略。而从权利的视角出发，笔者则认为应当以安全权为逻辑起点与理论基础，分析公民网络信息安全的基本内涵。

（一）作为个体权利的安全

从语义学角度出发，安全的基本含义在于不存在危险、威胁或恐惧，④ 正是因此，安全被马斯洛视为一种底线性的人类需求。⑤ 在社会运转与法律实践过程中，伴随着主权国家的兴起，安全更多的与国家及社会秩序关联，个人安全往往处于一种悖论式的循环之中，其"部分依赖于国家，又部分为国家所威胁"。⑥ "冷战"之后，安全威胁的源头由国际转至国内，开始与贫困和发展问题相关联，正是在此背景下，传统安全观发生转向，个体安全问题引起了更多的国际关注，联合国开发计划署于 1994 年在《人类发展报告》中首次提出"人的安全"这一概念，以"专章宣示了推动人的安全概念取代传统安全概念

---

① "网络信息安全"属于我国《网络安全法》中的"法定用语"，其实际与"信息安全""网络安全""网络空间安全"等概念的核心意思相同，同属"交叉融合的概念圈"。参见王世伟、曹磊、罗天雨：《再论信息安全、网络安全、网络空间安全》，载《中国图书馆学报》2016 年第 5 期。

② 参见王世伟：《论信息安全、网络安全、网络空间安全》，载《中国图书馆学报》2015 年第 2 期。

③ 参见姚建宗：《新兴权利研究》，中国人民大学出版社 2011 年版，第 125 页。

④ 类似解释可参见《现代汉语词典》（商务印书馆 1996 年版，第 7 页）、《辞海》（缩印版）（上海辞书出版社 2000 年版，第 1207 页）、《朗文高阶英汉双解词典》（外语教学与研究出版社 2006 年版，第 1799 页）等辞书。

⑤ 马斯洛的"需要层次论"将人类需要从低到高分为五个层次，即生理需要、安全需要、爱的需要、尊重的需要、自我实现的需要。参见［美］马斯洛：《人的动机理论》，陈炳权，高文浩译，载林方主编：《人的潜能和价值——人本主义心理学译文集》，华夏出版社 1987 年版，第 162 ~ 168 页。

⑥ 参见［英］巴瑞·布赞、［丹麦］奥利·维夫、［丹麦］迪·怀尔德：《新安全论》，朱宁译，浙江人民出版社 2003 年版，第 54 页。

的必要性"。①

1994 年的《人类发展报告》不仅推动了安全观念的转向，也为安全权概念的证成奠定了基础：一方面，个体成为安全指涉的对象乃至中心，由此安全不仅是一个主权议题，也是涉及公民权利与自由以及非国家行为体互动关系的概念，这就为安全权的成立提供了主体条件；另一方面，《人类发展报告》大大拓展了安全的内涵，将人身安全、经济安全、食品安全、健康安全、环境安全、社群安全、政治安全列为"人的安全"的主要内容，② 从而明确了安全权的客体。此外，在安全的实现方式上，倡导"不仅是通过武力来实现的安全，而且是通过发展来实现的安全"，③ 这一转变使得安全契合于人权的价值取向，成为具有正义性的主张或要求，安全权因此也获得了权利层面的正当性。至此，安全开始越来越多地作为一类权利出现在法学领域。

根据《人类发展报告》以及国内外学者的研究成果④，安全权的核心意涵可以总结为"免予对人的权利、安全或者生活造成的持续性威胁"。⑤ 因而尽管安全权本身具有独立价值，但"关联性"实质上成了最为显著的特征。这种关联性一方面意味着安全权通常伴随其他权利一并出现并发挥功用（如人身安全权、财产安全权、食品安全权），且其作用在于增强"享受其他价值在时间上的真实的或被认知的延伸的可能性"，⑥ 现实中，脱离其他权利的安全权一般难以获得法律的救济。另一方面，这种关联性之于其他人权和基本权利

① 参见封永平：《安全维度转向：人的安全》，载《现代国际关系》2006 年第 6 期。

② United States Development Programme, Human Development Report ［M］. New York：Oxford University Press, 1994, pp. 22 – 24.

③ ［巴基斯坦］马赫布卜·乌尔·哈克：《发展合作的新架构》，载《联合国纪事》（中文版）1993 年第 4 期。

④ 例如《人类发展报告》认为人的安全具有两层意思：一是免受诸如饥饿、疾病、压迫等长期性威胁；二是免受来自家庭、工作或社区等各类日常生活的突发性威胁。国内学者张洪波将其定义为不受干扰、侵害以及自主支配的安全状况，包括生命、身体、人格以及免受酷刑、未经同意强行治疗和试验的权利。（参见张洪波：《作为人权的安全权：比较、内涵及规律》，载《南京社会科学》2013 年第 5 期）。杨成铭则认为安全权不仅包含人身安全权的内容，同时也包括与人的生存、发展相关联所必需的基本生存条件不受任意侵犯，并依法享有保障的权利。（参见杨成铭主编：《人权法学》，中国方正出版社 2004 年版，第 126 页。）由此可见，学者们倾向于将安全权定义为一种消极权利且具有相对广泛的外延。

⑤ 参见 John D. Steinbruner. Principles of Global Security ［M］. Washington, D. C.：Brookings Institution Press, 2000, pp. 2 – 3.

⑥ 参见 Christian Bay. The Structure of Freedom ［M］. Stanford Press, 1958, p. 19。

的实现具有基础性作用。如霍布斯所言，安全有助于"人们享有诸如生命、财产、自由和平等等其他价值的状况稳定化并尽可能地维续下去"① ——安全权尽管不能够配置利益，但却是保障权利分配机制运行的重要方面。

（二）网络空间中的安全权

同理，公民网络信息安全是安全权保障问题在互联网领域的具体化，即公民网络信息不存在窃取、篡改、滥用的威胁或危险。而以安全权为基础，则可以凸显公民网络信息安全之于网络空间中"网络人权"② 保护的基础性意义——这种意义不仅源自安全权的固有价值，更源于网络对安全权的再构建。

首先，互联网技术放大了信息安全之于公民的重要性。随着互联网的广泛应用，虚拟的网络空间③几乎承载了所有关于国家、组织和个人的真实信息，由此产生的信息安全问题随之超越了以往任何时期，对于国家，网络已成为具有主权性质的"第五空间"。对于个人，信息成为了与基本权利密切相关的概念，如对信息的窃取就可能涉及对自由权、人格权以及财产权的侵犯，甚至可以说，网络空间中的权利问题，皆以信息为起点。更为重要的是，网络信息主要以数据④的形式储存并流通，其具有"天然的中立性"⑤，仅服从于技术性规则而不存在任何价值

---

① ［美］博登海默：《法理学：法律哲学与法律方法》，邓正来译，中国政法大学出版社 1999 年版，第 293 页。

② 针对互联网领域的法律与侵权问题，有国内学者提出"网络人权"这一概念，其更为确切的表述应为网络空间中的人权，即公民在使用和利用互联网过程中所享有的一系列公民基本人权或公民基本权利。参见黄学贤、陈峰：《互联网管制背景下的网络人权保障体系探析》，载《法治论丛》2008 年第 2 期。

③ 美国学者劳伦斯·莱斯格对互联网和网络空间进行了区分，互联网只是一种技术，其运转的依据仅在于技术规则，而网络空间则是由于互联网技术的广泛应用而产生的一种虚拟社区，具有虚拟体验真实生活的价值，可以并值得为法律所调整。参见［美］劳伦斯·莱斯格：《代码2.0：网络空间中的法律》，李旭、沈伟伟译，清华大学出版社 2009 年版，第 94 页。

④ 作为信息数字化的形式，电子数据通常与电子信息具有共同的意义，即信息通过数据形式生成、传输和储存，控制数据即掌握了相关信息，在这个意义上数据和信息具有天然的共生性和一致性。目前，各国（地区）理论和立法中"数据"与"信息"两个概念也通常交互使用，所以除特别说明外，本文的数据和信息并无差别。但确切来讲，信息的外延大于数据，数据只是信息表达的一种方式，如除电子数据外，信息还可以通过传统媒体来表达。所以，数据既可以视为信息的数字化媒介，也可以显现为信息本身。（参见梅夏英：《数据的法律属性及其民法定位》，载《中国社会科学》2016 年第 9 期。）我国《网络安全法》第 76 条则采用"网络数据"一词，意是指通过网络收集、存储、传输、处理和产生的各种电子数据。

⑤ 参见 Richard Posner. Our domestic intelligence crisis ［M］. The Washington Post. December 21，2005，p. A31。

取向或目的。因此，对于公民信息的控制与保护不在于人为地宣布对数据或信息的所有权，而在于以下方面：掌握操控信息的权限——其可以人为地进行设置或修改，也可以被破译或窃取，既定权限或系统的安全性问题（如权限密码不被盗取、系统不被破坏），也就成为了保护网络信息的关键。正是基于这一认知，网络安全和个人信息保护成为了网络立法的核心。①

其次，法律对网络空间的规制现状彰显了安全的预防性意义。网络不仅扩展了国家主权的范围，也催生了一系列的权利问题，这不仅仅是传统权利发生的空间位移，也涉及诸如非隐私性信息泄露、虚拟财产定性等新型权利问题。而在现有法学理论与实践一时难以圆满解决网络空间权利问题的情形下，维护公民网络信息安全就成为保障网络空间中公民权利的重要方面。相比于某些情形下缺乏理论空间与实践经验的事后救济，以安全权为基础的信息安全保护具有显著的预防性功能：由于权限决定了信息的控制权，当信息都处于可靠、稳定的安全保护体系之下时，通过网络的权利侵害必然会被进行事先的部分过滤——如果说安全权为其他权利的行使提供了一个稳定有序的环境，那么网络信息安全则是网络秩序最为基本的保证。需要说明的是，尽管对公民网络信息安全的保护以安全权为基础，但其之于网络规制的预防性作用却更多地来自网络空间特殊的技术构造。因为在现实世界中，安全权与多种要素关联，"人的安全"的威胁也来自多方面，相比而言，在网络空间，被数据化的信息几乎是侵犯权利的唯一介质，也就成为了需要重点关注的安全议题。

（三）《网络安全法》与公民网络信息安全

正是因为信息安全对于公民权利具有重要意义，鉴于网络空间中权利保护的迫切性，新颁布的《网络安全法》在明确网络空间主权原则和各方安全义务的同时，也完善了个人信息安全保护规则。可以预见，《网络安全法》不仅将推动国家信息安全法制建设，也为公民网络信息安全保护提供了法律保障。

首先，《网络安全法》对公民信息给予了相当程度的法律保护，从而为网络空间的权利救济提供了法律层面的依据。《网络安全法》将个人信息的保密及保护制度作为网络运营者的一项基本义务，从消极和积极两个方面对公民网络信息安全加以保障。前者侧重于确保公民网络信息免予被侵害和滥用的危险，规定了网络经营者在信息收集、使用、储存等方面的法定责任：对个人信息的收集，应遵循合法、正当、必要的原则并应公示信息收集的目的、方式和范围。在储存时，应防止公民网络信息被泄露、篡改或毁损，并不得非法出售

① 参见梅夏英：《数据的法律属性及其民法定位》，载《中国社会科学》2016 年第 9 期。

或非法提供。后者则是关于个人积极救济的规定，一是赋予了公民删除和更正的请求权；二是要求网络运营者建立投诉和举报制度，以便个人能够及时反馈网络信息安全方面的问题。①

其次，《网络安全法》明确了对关键信息基础设施的保护，为公民网络信息安全提供了基础性的技术保障。由于大量公民网络信息储存于政府以及各类组织的数据库之中，网络空间主权实际上与每个公民密切相关，公民的信息安全不仅取决于法律层面"权利—义务"的确定，更取决于关键信息基础设施的安全，甚至在世界各国，关键信息基础设施的安全保护"居于整个信息安全保护的战略核心地位"，② 即一个安全的网络运行环境将同时惠及国家、组织与个人。从这一角度来讲，对国家以及组织网络安全的保障实际也意味着对公民网络信息安全的促进。另外，网络已成为社会运转不可或缺的一部分，对于信息基础设施的破坏将波及大部分社会成员，③ 故而维护信息基础设施安全也就构成了对公民网络信息的间接保护。依此原理，《网络安全法》引入网络安全"地基"理念，④ 以专节的形式（第三章第二节，第 31 条至第 39 条），对关键信息基础设施进行了规定。由此，《网络安全法》对公民信息安全的保护实际上包含了两个层次：一是捍卫网络主权，构建安全的网络空间，这一层次的保护出发点是国家利益，对于公民网络信息的保护具有基础性和间接性，其致力于整体性的安全环境构建，而非具体性的"权利条款"。二是创制一些个人信息保护的原则与规则，使其可以成为公民进行权利救济的法律依据。

---

① 《网络安全法》第 43 条规定："个人发现网络运营者违反法律、行政法规的规定或者双方的约定收集、使用其个人信息的，有权要求网络运营者删除其个人信息；发现网络运营者收集、存储的其个人信息有错误的，有权要求网络运营者予以更正。网络运营者应当采取措施予以删除或者更正。"第 49 条规定："网络运营者应当建立网络信息安全投诉、举报制度，公布投诉、举报方式等信息，及时受理并处理有关网络信息安全的投诉和举报。"

② 参见马志刚：《中外互联网管理体制研究》，北京大学出版社 2014 年版，第 280～281 页。

③ 最近的例子即是 2016 年 10 月 21 日美国出现的大规模断网事件：黑客通过互联网控制了美国大量的网络摄像头和相关的 DVR 录像机，然后操纵其进行攻击，导致多数地区出现断网，包括 twitter、paypal 等使用频率极高的网站瘫痪。

④ 即将关键信息基础设施作为互联网立法的最基本层面。在我国 2013 年国家信息网络立法规划中，将整个信息网络立法划分为四个层面：最基础层是互联网信息的关键基础设施；基础层之上的是互联网中间平台，要制定《电子商务法》；平台之上的是互联网用户；用户之上就是互联网信息。参见《专家解读〈网络安全法〉：开启我国信息网络立法进程》，载正义网，http://news.jcrb.com/jxsw/201611/t20161109_1672244.html？from = groupmessage，2016 年 11 月 17 日最后访问。

总的来看，《网络安全法》的出台对于网络空间治理的法治化具有重大意义。但就公民网络信息安全保护而言，其不足也是显而易见的。一是保护理念相对滞后，未能实现多中心的网络治理。《网络安全法》延续之前的做法，采取"等级保护制度"，即"官方制定标准—运营者实施"的单向二元模式，这不仅限制了安全保护措施的灵活性，也在加大保护成本的同时降低了效率。二是价值理念上的冲突。《网络安全法》的本质在于"维护国家安全、社会安定和不特定公民权益"，[①] 最主要的目的或许在于确保行政监管与执法行为于法有据。长期来看，一部专门性的个人信息保护法尤为必要。而基于公民网络信息安全与人权的双向互动关系，应当从事前和事后两个方面对公民网络信息安全加以保护：事前保护即"通过制度的预防"，从信息安全角度出发，同时彰显出公民网络信息安全对人权的预防性保障作用。事后保护则是"通过人权的救济"，体现了人权之于公民网络信息安全的救济功能。

二、"通过制度的预防"：公民网络信息安全的事前保护

在"防患于未然"的层面，公民网络信息安全是网络人权保障的基础，而网络信息安全保护理念则可视为"基础的基础"——其决定了信息安全保护制度的基本模式与实际效果，根据业态变化不断调整网络信息安全保护理念不仅是保证个人信息安全的前提，也是降低网络侵权行为发生概率的关键。以《网络安全法》作为反思点，我国网络信息安全保护理念至少需要在以下两个方面更新。

一是关于安全的定义。网络信息安全问题产生于互联网技术，故对其认知也必然随着科学技术的发展而不断更新。网络信息安全理论经历了"从通信安全（COMSEC）、计算机安全（INFOSEC）、网络安全（NETSEC）再到信息保障（IA）"的演变。[②] 近二十年，互联网技术的突飞猛进和广泛应用导致了海量数据的产生，"大数据时代"悄然来临。此外，数据资源超越传统时空限制，实现了无障碍的全球性、开放性流动。相应地，传统安全观中的保密性、完整性、可用性三原则已无法完整涵盖信息安全的目标、内容及范畴。作为回应，美国国家安全局早在 2001 年即发布《信息保障技术框架》，将可控性、真实性、不可抵赖性作为信息安全的新原则，以建立具有深度防御性的信息安

---

① 参见丁道勤：《"上天入地"，还是"度权量利"——〈网络安全法〉（草案）述评》，载《中国矿业大学》2016 年第 5 期。

② 参见董贵山：《国外信息保障体系发展综述与启示》，载《信息安全与通信保密》2014 年第 12 期。

全保障体系。反观我国颁布的《网络安全法》，网络信息安全的目标依然停留在传统安全观层面，将保密性、完整性与可用性作为网络信息安全的标准。[①]作为应对，可考虑在制定"实施细则"时吸收关于信息安全的最新定义，并通过综合保障体系、网络信息信任体系、网络监控体系、应急响应体系、容灾恢复体系等综合性保障体系的建立与完善予以体现。

二是安全保护的思路。根据《网络安全法》，网络信息安全保护以网络安全标准体系为基本制度框架，实行分类保护，其基本思路在于：根据"信息系统在国家安全、经济建设、社会生活中的重要程度，信息系统遭到破坏后对国家安全、社会秩序、公共利益以及公民、法人和其他组织的合法权益的危害程度等因素"[②]进行分级，继而制定相应的底线性管理规范和技术标准，并对应不同的网络运营者，行政部门亦针对不同的安全保护级别实行不同强度的监管政策。[③]这种模式实际上是一种自上而下的"政府主导模式"，即以"国家、行业标准规定非常具体的措施性要求作为义务的主要内容"，[④]然后通过行政处罚等强制性手段督促网络运营者履行义务。这一模式在应对传统安全问题时或许颇有成效，但由于网络信息技术的特殊构造，静态的底线性等级保护思路却并不足以保障网络信息安全：一方面，在日新月异的网络空间，标准必然落后于实践，难以应对变幻莫测的安全风险，很有可能导致网络经营者的安全措施合乎法律规定却不能保障公民网络信息安全；另一方面，日益频发的网络安全事件证明，"信息安全等级保护体制和静止的国家、行业标准已无法跟上攻防博弈的节奏，甚至在某种意义上还有可能成为信息安全的'负担'"，[⑤]例如网络攻击者可以依照现有的安全标准发掘系统漏洞并有针对性"避实击虚"。

对此，可以从治理理论中汲取智识资源，实现网络信息安全的多元共治或

---

① 《网络安全法》第 76 条第 2 款规定："网络安全，是指通过采取必要措施，防范对网络的攻击、侵入、干扰、破坏和非法使用以及意外事故，使网络处于稳定可靠运行的状态，以及保障网络数据的完整性、保密性、可用性的能力。"

② 参见《信息安全等级保护管理办法》第 6 条。

③ 《关于信息安全等级保护工作的实施意见》将网络信息安全分为五个等级：第一级，运营者自主保护；第二级，政府给予指导；第三级，政府要对履行义务情况进行监督和检查；第四级，政府要对履行义务情况进行强制监督和检查；第五级，政府将会指定专门部门、专门机构进行专门监督。

④ 参见洪延青：《"以管理为基础的规制"——对网络运营者安全保护义务的重构》，载《环球法律评论》2016 年第 4 期。

⑤ 参见 David Thaw. The Efficacy of Cybersecurity Regulation［J］. Georgia State University Law Review：2014，Vol. 30，（2）：302。

多中心治理。长远来看，应逐渐淡化统一、强制性的实质安全标准，转而只进行程序性和原则性的规定，并赋予"企业和机构根据各自商业模式制定不同的网络安全策略足够的空间"。① 短期来看，则应在具体实践中突出《网络安全法》关于网络经营者义务的"其他必要措施"和鼓励性条款，以增强公民网络信息安全保护的动态性。

三、"通过人权的救济"：公民网络信息安全的事后保护

合理的预防性保护制度对于公民网络信息安全保护意义重大，但网络信息安全并非一个绝对性的概念，其目的更多在于达到"攻方和守方之间较量达到的均衡状态"，② 所以公民网络信息安全保护的另一维度即在于"通过人权的救济"。

（一）人权救济的必然性

安全权本质上是一项独立的权利，对其他人权具有保障和促进作用。而在对公民网络信息安全进行事后的权利救济时，并不必然需要创设信息安全权这一"新权利"，进行"整全式"保护，作者更倾向于将人权理念渗入到公民网络信息安全体系当中，并以现有的权利条款为基础进行分层分类的"分解式"事后保护。③

首先，从理论层面来讲，之所以将公民信息安全进行"分解式"的权利保护，理论上主要是基于安全权固有的性质。尽管安全权具有独立的意义，但对其救济往往诉诸于其他权利，其价值也更多地蕴于对其他权利的保障作用之中。在网络空间，信息安全之于公民权利的"预防"作用更加突出，但原理却是一致的，即在处理损害网络信息安全的行为时，涉及私法层面的救济需借鉴人身权利或财产权利保护原则，信息安全本身并不能成为请求权的基础。另外，人权的基本理论体系并未被网络空间重构，多数争议依然是现实纠纷在网

---

① Denise E. Zheng and William Carter. The Evolution of Cybersecurity Requirements for the U. S. Financial Industry, Center for Strategic and International Studies. ［2016 - 11 - 18］. https：//www. csis. org/analysis/evolution - cybersecurity - re - quirements - us - financial - industry.

② Martin Libicki, Lillian Ablon, Tim Webb. The Defender's Dilemma. Charting a Course Toward Cybersecurity, http：//www. rand - org/pubs/research - reports/RR1024. html, 2016 - 11 - 18.

③ 所谓分解式保护并不意味着对安全权独立价值的否认，有时对于公民信息安全的侵犯并未产生实质性的人身或财产损失，因而不能简单归结于人身或财产侵权。故分解式保护的着眼点在于为公民信息安全的救济寻求权利基础和法律依据。

络空间的重现，可以借助传统的权利理论予以解决，这就为"通过人权的公民信息安全保护"提供了理论可能。

其次，从规范层面来讲，无救济则无权利。一方面，网络已应用到社会生活的方方面面，也随之"嵌入"到人权理论体系之中。《网络安全法》的重点不在于个人信息安全，加之破坏公民网络信息安全的损失通常可以归为人身和财产两类，因此将其与人身权利或财产权利结合加以保护更符合现有法律制度，《网络安全法》则可起到补充作用，以应对无法归类的情形。另一方面，将信息安全权作为个人信息权的下位权利概念面临着理论与现实的困境：尽管已有诸多保护个人信息权利的法律规范，但个人信息权这一概念尚未"法定化"，以其作为基础对公民信息安全加以保护尚缺乏理论根基与制度基础。

最后，从现实层面来讲，立法现状与司法实践决定了"分解式"的权利保护更具现实性。《网络安全法》固然对公民信息安全保护多有裨益，但其目的还在于国家安全和社会秩序，其与个人信息安全保护虽然具有同一性，但立法价值理念上的差异和冲突不容忽视：国家网络信息安全属于公法层面的问题，而对公民信息安全的保护还涉及私法。所以"分解式"的权利保护模式同时暗含了以"权利制约权力"的思路。① 此外，我国司法实践中，对公民信息安全的事后保护也通常通过侵权（如名誉权、隐私权）诉讼实现，这也为"分解式"的权利保护提供了现实依据。

（二）人权救济的层次

法律作为人权保护的一种重要方式，强调将人权的理念作为价值归宿贯穿到整个法律的运行体系之中，规范化为宪法中的基本权利以及部门法中的各类权利。遵循这一原理，以人权理念为统摄，对于公民网络信息安全的保护分为政治权利保护、人身权利保护、财产权利保护三个层次。

首先，网络空间中的公民信息安全与政治权利保护。公民信息安全与政治权利保护的交集主要在于"通信自由"和"通信秘密"：在网络空间中，有时会基于"安全"的考量，通过中断或限制网络连接等手段克减应有的"通信自由"、通过各类技术手段获取个人信息与网络通信秘密；在法律上，我国宪法将

---

① 实际上，网络安全领域的立法集中体现了公权与私权的冲突和博弈：为了维护网络安全秩序，必然加大公权力的监管力度，这样势必会对私权利有所限制。出于公共利益之需要，私权的适当让渡也是必须的，但必须防止公权力的滥用。

二者作为一项基本权利予以保护，① 这就明确了国家的权利保护义务，也彰显了通信自由的重要意义。国家在加强对个人信息安全保护的同时，也似乎更多地威胁着公民的信息安全，故《网络安全法》出台后，应以"通信自由"和"通信秘密"为"连接点"，从政治权利的层面保障公民网络信息安全。此外，安全与个人信息自由在公法领域始终呈现此消彼长的态势，集中体现着公权与私权的冲突和博弈，以政治权利作为着眼点处理二者关系，显然更有利于构建一个均衡的框架——这一框架亦是国家介入网络空间的基本前提。

其次，网络空间中的公民信息安全与人格权保护。对网络侵权中人格权的保护是当今世界所有网络信息立法的主线，② 但如若并未将他人信息传播、损毁或滥用，某些损害个人信息安全（如完整性、保密性、可用性）的行为则难以归类到现有人格权的法律体系当中，③ 对应隐私权、名誉权等予以救济。对此，可以借鉴德国的"个人信息自决权"④ 理论，将个人信息视为"惟我独自享有的他人不得侵犯、干扰、触及的个人生活秘密、宁静的权利"⑤，将类似的"窥探"信息行为视为对"个人尊严"的侵犯而予以人格利益的保护。而依照对"个人尊严"可能的损害程度，则可将损害个人信息安全的行为分为四个等级，一是不大可能伤及人格利益的个人信息，如公开的学位、职务以及联系方式等；二是可能伤及个人名誉的信息，如婚姻、收入、从业经历等；三是泄露必然严重伤害个人利益、名誉以及尊严的个人信息，如病史、犯罪记录等；四是滥用会伤害个人健康、自由甚至生命的信息，如刑事侦查中的线人、诉讼程序中的证人等。⑥ 总之，当侵害信息安全的后果涉及人格利益时，一部分通过

---

① 我国《宪法》第 40 条规定："中华人民共和国公民的通信自由和通信秘密受法律的保护。除因国家安全或者追查刑事犯罪的需要，由公安机关或者检察机关依照法律规定的程序对通信进行检查外，任何组织或者个人不得以任何理由侵犯公民的通信自由和通信秘密。"与此相应，我国《网络安全法》第 30 条规定："网信部门和有关部门在履行网络安全保护职责中获取的信息，只能用于维护网络安全的需要，不得用于其他用途。"

② 尽管如此，欧洲与美国的个人信息立法的理论基础却截然不同，欧洲以人的尊严为理论起点，美国则采用独具特色且保罗万象的隐私权理论作为基础。参见杨咏婕：《个人信息的私法保护研究》，吉林大学 2013 年博士学位论文。

③ 如仅仅是出于好奇而"窥探"个人存储于网络空间的信息，例如对个人电子邮箱、网络聊天记录等内容的"偷窥"。

④ "个人信息自觉权"起源于德国，被视为一项全新的特别人格权加以对待，强调公民对个人信息的控制，并保护和鼓励个人对自身信息的利用。参见贺栩栩：《比较法上的个人数据信息自决权》，载《比较法研究》2013 年第 2 期。

⑤ 参见 Mccarthy. The Rights of publicity and privacy［M］. Clark Boardman, 1987, p. 114.

⑥ 参见王志荣：《信息法概论》，中国法制出版社 2003 年版，第 273 页。

法定的人格权，如名誉权、隐私权等予以保护；另一部分则可将抽象的"个人尊严"作为救济事由。[①]

最后，网络空间中的公民信息安全与财产权保护。将个人信息作为一种财产加以保护的理论发轫于美国，传入我国后构成了对信息人格权保护的反思与补充。现实当中，"并非所有的个人信息都具有维护主体人格利益的价值"，[②]诸多侵害公民信息安全的行为更多地涉及经济利益而非人格利益，故某些情形下，将信息安全置于财产权保护范畴，不仅更加符合网络空间的基本事实，也有利于有效预防对公民信息安全的侵害：人格权侵权案件中，在精神损失赔偿极为有限的背景下，加害人一般仅需承担较小的财产责任，损害公民信息安全的成本也就随之降低，而通过财产权的公民信息安全保护则将与信息安全关涉的财产利益转化为加害人的经济支付义务，由此提高了违法成本。具体而言，对于信息安全的财产权保护又可大体分为两种情形：一是通过非法操作权限在网络空间获取财产性利益，此类救济可借鉴虚拟财产的保护理论解决。[③]二是通过非法获取的个人信息谋得商业利益，此时个人信息安全受到人格权与财产权的双重保护，由于信息本身的商业价值难以确定，可以考虑借鉴国外做法，结合我国现有的惩罚性赔偿制度，建立公民网络信息侵权赔偿制度。

此外，科学技术的日新月异意味着，今后必然出现难以被现有权利体系所概括的公民信息安全问题。对此，可将"违反以保护他人为目的的法律"作为请求权基础进行救济，而《网络安全法》以及未来可能制定的个人信息保护法则为其提供了法律依据。

四、结语

总之，公民网络信息安全保护既需要"通过制度的预防"，也需要"通过

[①] "个人尊严"在我国尚属于抽象的价值概念，其只能作为理论基础而无法成为法律规范层面的依据，现实中类似情形可诉诸《网络安全法》，这种理论与实践的分离也从侧面说明了我国对于"人的尊严"认识及保护之不足：尽管我国《宪法》第38条规定了"人格尊严"，但却"难以谓之为一个体现了宪法的本质性价值或整个人权保障体系之价值基础的概念，甚至也未像德国的'人的尊严'那样，可被视为处于宪法价值秩序或人权保障的核心地位之上。相反，如果在严格的意义上而言，它容易被解释为一项个别性的权利，与人格权最为相似。"参见林来梵：《人的尊严与人格尊严——兼论中国宪法第38条的解释方案》，载《浙江社会科学》2008年第3期。

[②] 刘德良：《论个人信息的财产权保护》，人民法院出版社2008年版，第4页。

[③] 当前，对于虚拟财产的保护亦是众说纷纭，主要集中于对虚拟财产性质和价值评估的探讨，而在学说论争与司法实践过程中，一系列的原则与规则也逐渐形成。

人权的救济"，网络信息安全与人权并不是完全对立的范畴。除去上文所言及的互动关系，在网络治理过程中吸收人权理念，不仅有利于优化网络安全管理与公民权利保护之间的关系，也必然有利于改变"重安全、轻发展，重管理、轻保护"的传统思路，寻求网络治理法治化的"元理论"。在这一层面上，《网络安全法》的颁布不是终点，而是一个起点。

（载《广州大学学报（社会科学版）》2017 年第 5 期）

政府应急处理中的人权保障

——以比例原则为视角

戴激涛* 刘 薇**

摘 要▶ 作为我国行政应急管理的基本法,《中华人民共和国突发事件应对法》通过构建紧急状态下国家和公民活动规则的基本原则与框架,尊重和保持非常时期下的宪法民主制度和公民权利,从而维系宪法保障人权的基本价值。有效处理突发事件要求政府在紧急状态中享有应急特权,而应急权的行使当然应以比例原则来加以规制。我国的《突发事件应对法》对比例原则进行了明确规定,通过其合理适用,比例原则将有力促进政府应急处置权与公民权利之间的平衡,实现法治国家在紧急状态下的人权保障。

关键词▶ 突发事件应对法 政府应急权 比例原则 人权保障

一、人权保障:政府应急处理应遵循的基本原则

2007 年 11 月 1 日起实施的《中华人民共和国突发事件应对法》,是国家行政应急管理的基本法。《突发事件应对法》的制定,不仅推进了行政应急制度的统一,提升了政府应对突发公共事件的法律能力,更重要的是要求政府在运用应急权力处理突发事件时,应当纳入法治轨道,不得以应对突发事件为由,创造、滥用各种所谓的"应急措施",任意限制、剥夺公民的正当权利,随意侵犯、损害公民合法权益,而应当最大限度地保障公民"享有最低限度的人权",这是《突发事件应对法》的立法理念。[①]《突发事件应对法》通过构建紧急状态下国家和公民活动规则的基本原则与框架,尊重和保持紧急情况下的宪法民主制度和公民的基本权利和自由,从而维系宪法保障人权的基本价值。

---

* 戴激涛,广东财经大学法学院副教授。

** 刘薇,广东财经大学法学院副教授。

① 参见莫纪宏:《应对危机亦需保障民权》,载《民主与法制》2006 年第 8 期。

现代国家的一切行动都应当以保护公民权利为出发点，"人民是一切事物的原因和结果，凡事皆出自人民，并用于人民"。① 一般而言，规定公民权利和国家制度的现行法律制度，是以常态秩序为前提和基础设计制定的。但国家和社会也会面对突如其来的风云变故，主要表现为社会基本安全利益遭受威胁或者危害，原来的法律安排就得改动。我国是一个自然灾害、事故灾难等突发事件较多的国家，虽然近些年来，我国政府处理突发公共事件的行政实施能力日益增强，但是在应急处理能力的技术性、物质性和制度性方面仍然存在缺陷，尤其是法律制度缺陷。这不仅直接导致了政府应急管理效率的低下，而且也付出了公民权利和社会和谐的代价。虽然法律不能直接消除突发事件，但由于法律对紧急状态中的国家权力运行与人权的限制和保障等内容进行了规范，为迅速回复正常秩序提供了制度性保障。因此，法律在应对突发事件中发挥了更为独特和关键的作用。为了从法律层面为政府处理突发事件提供合法性根据和行为准则，规范和明确政府应急权力的行使，增强政府应对突发事件的能力，公正调整基于应急管理产生的社会关系，着力提高政府应对突发事件的法律能力，最大限度地保障公民的基本权利和自由，预防和减少突发事件的发生，控制、减轻和消除突发事件引起的严重社会危害，《突发事件应对法》成为有效控制危机、保障非常状态下公民权利的基本法。

人权保障作为一国宪法和政治生活中的重要主题，对公民生活和国家权力运作具有特别的地位和意义，"基本权利是设立主权权利、客观法律规范和一般解释原则的基础，对一切国家权力和国家机关具有直接的约束力"，② 特别是近代立宪主义国家成立以后，宪法成为根本法和国家的最高理性，畅行民主成为实现人权保障的基本途径。作为一种政治制度的民主，是一种主权为人民所共有，政治为人民所共理，利益为人民所共享的政治制度，也同时是一种民意的、法治的、责任的政治，政府的建立必须基于人民的同意，政府的行为必须向人民绝对负责，而所有的人均受同一法律所管理：作为一种生活方式的民主，是一种尤其看重人人自由、平等，无所羁绊、无所歧视的生活方式，在此种生活方式下，个人的地位与价值既受到极度尊重，而每一个人适当的自由权利也受到充分保障，当然，每一个人在法律之前更是一律平等。③ 国家法制的最高原则就是民主原则，尽管应对突发事件的是非常时期法制，对平时法制的

① ［法］托克维尔：《论美国的民主》（上），董果良译，商务印书馆 1988 年版，第 64 页。

② ［德］哈特穆特·毛雷尔：《行政法学总论》，高家伟译，法律出版社 2000 年版，第 107 页。

③ 参见张亚沄：《比较宪法》，商务印书馆 1977 年版，第 69～70 页。

价值秩序构成重大威胁，但在奉行立宪主义的法治国家下，其依然是一种特殊的法秩序而已。因此，在最高原则上非常状态法制与平时法制相同，都需要依从民主原则，遵从作为宪法终极价值目标的人权保障原则。

人权保障是"宪法星座中的恒星（fixed star）"，① 因而无论在平常时期还是非常时期，最大程度保护人权和实现人权是立宪主义国家的根本任务，一切国家权力的行使包括非常时期应急权的行使都必须以保障人权为出发点，"国家的权力是人们'明确的或默许的委托，即规定这种权力应用来为他们谋福利和保护他们的财产'。国家掌握这种权力，只能用于颁布公正的法律，裁决和惩处罪犯，除了保卫社会成员的生命、自由和财产的安全外，不应再有其他的目的"。② 美国学者阿克曼通过对突发事件的实证分析，认为在紧急情况发生或者说宪法政治时期，一定会导致出现应急措施并限制公民权利，他"尊重但无法认同"，"传统自由的绝对性防卫：无论事件多大，无论引起的恐慌多大，我们都必须坚持在任何时期都严格保护所有的公民权利"，因为只是"为避免落入压制法的循环之中，自由的保卫者必须明确这个头等重要的原则，即允许短期应急措施，但必须划置一条反对永久限制人权的底线……第一也是最基本的尺度就是有一套创新型政治制衡机制，而不会使得应急措施演变成永久装置"。③ 为了实现公共利益，保障全体公民的生命财产安全，为了长远和更高的人民的整体利益，必须牺牲目前短暂的权利、自由而赋予政府一种集中、强化和扩大化的应急行政权，采取高效率、迅捷的应急措施，渡过危机，尽快恢复到正常的社会秩序。应急情势下政府采取紧急权之正当性，正是限制公民部分基本权利的必要性之所在。从这个意义上说，政府行使应急权对公民基本权利予以限制，是从根本上保证实现全体公民的基本公共利益所必须的。从突发事件中人权保障的视角来看，规制政府应急权行使最为基本的就是比例原则。

二、比例原则及其在《突发事件应对法》中的体现

作为突发事件中规制政府应急权的重要原则，比例原则在以德国为首的大陆法系国家的法律体系中有着极其重要的地位，被誉为公法领域的软化剂，是

---

① 语出自 1943 年 6 月 14 日美国联邦最高法院杰克逊（R. H. Jackson）大法官裁决中的判词。See U. S. SupremeCourt, WestVirginiaStateBoardofEducationv. Barnette, 319 U. S. 624, 1943.

② 应克复：《西方民主史》，中国社会科学出版社 1997 年版，第 148 页。

③ BruceAckerman. TheEmergencyConstitution ［J］. The YaleLawJournal, 2004, 113（5）: 1030 - 1031.

拘束行政权力违法最有效的原则，与民法中的诚信原则一样，属"帝王条款"。[1]"比例原则乃是依具体事件，衡诸冲突法益间各种状况所作公正合理个案决定，因此，它是个别正义的具体实现。"[2] 比例原则是关于国家权力和公民权利之间关系应该遵循的一项基本准则，它旨在要求国家权力之行使必须适当、必要、均衡、不过度、符合比例，不得对公民权利和利益造成非法侵犯。相对于国家权力相互之间的制约以及公民权利对国家权力的外在制约而言，比例原则是对国家权力的一种内在的制约和要求。简言之，比例原则就是讨论一个涉及人权的国家权力（立法、司法及行政权力），其目的和所采取的行为手段之间，是否存在一个相当的比例问题。比例原则可以追溯到英国大宪章的规定——"人民不得因为轻罪而受到重罚"。普鲁士警察法中有句脍炙人口的名言即"警察不得以炮轰鸟"，后被德国习惯法所承认。19世纪末德国行政法开山祖师奥托·麦耶教授认为，必要性原则（当时尚未发展至今日的比例原则）根源于自然法之中，即基于自然法的要求，对人权的侵犯不得过度。德国学者耶律纳克在《法律、法律适用及目的性衡量》一书中，对警察权的行使提出了几项原则：不可有侵害性、过度性和不可违反妥当性（目的性）等，此后比例原则开始向行政法、宪法等公法领域扩张。德国联邦宪法法院认为，比例原则根源于法治国家理念以及基本人权的法律原则，每个人权的本质都可包含这个内在原则：一个法秩序的最根本原则，是法治国家原则自身产生的最高规范。[3] 1958年，德国联邦宪法法院在药房案中确立了"三阶段理论"，即要求行政行为手段的妥当性、必要性和比例性原则，由此正式确认比例原则具有宪法位阶，作为检验国家行为是否合宪的基准。[4] 某些国家的宪法对比例原则进行了明确规定，因此，比例原则在基本权利的保障方面有着重大的理论意义和实践价值。

比例原则具有四大内容：第一，合宪法性。比例原则的基本前提是：一项法律规范对公民利益范围的触动，不但在目的上，而且在实现目的的手段上均要符合宪法。第二，适宜性。即所采取的措施必须是可能达成所欲达成的目的，因此，在适宜性的要求之下，国家采取的措施只要具有达成目的的"可能

---

[1] 参见陈新民：《行政法学总论》，三民书局1995年版，第116页。

[2] 蔡震荣：《行政法理论与基本人权之保障》，五南图书出版公司1999年版，第143页。

[3] 参见陈新民：《德国公法学基础理论》（下册），山东人民出版社2001年版，第371～375页。

[4] 参见林惠瑜：《必要性原则之研究》，三民书局1994年版，第144～149页。

性"便可，并不一定要选择"最有可能"或"最适宜"达成目的的措施。第三，必要性。即在一切适宜的措施中（也就是可能达成目的的措施中），必须选择对当事人最小侵害的措施，亦即采取较缓和的措施，又称为最小侵害原则。它是适当性原则的后续行动，亦即在相同目的下，手段和手段间的比较选择。第四，狭义比例性。即手段与目的之间要合乎比例，不能为达成很小的目的，使人民损失过大，也不能使用过于激烈的手段。换言之，合法措施可能引起的损害和所欲达成的合法结果之间，不能出现极端不称的情形。因此，狭义比例性的操作其实就是一种利益衡量的要求。① 比例原则要求行政目的与行政手段相适应、成比例，要求行政手段和行政措施符合行政目的，且造成的侵害最小。比例原则对立法、行政、司法权力的行使皆可适用，因而其作为保障基本权利的重要功能表现为三个层面：首先，视为一个宪法委托，要求立法者在涉及人权（尤其是形成人权内容）制定法律或授权立法时，应当有所节制；其次，视为解释标准，来对法律内的规定（尤其是授权规定）予以解释，以制止所有国家权力（尤其是行政权力）可能侵害人权的担忧；最后，视为司法审查的基准，表现为对基本权利的救济及对立法裁量和行政裁量的限制，这可谓三大功能中最为彰显者。② 也就是说，国家对于人民的基本权利固然可以通过法律予以限制，具体体现为法律保留原则，但对该法律的内容和在具体执行时的行政裁量内容却必须符合比例原则。因此，比例原则可说是对人民基本权利"限制之限制"，故而更为重要。

我国近日实施的《突发事件应对法》既授予政府充分的应急权力，又对其权力行使进行规范，更为强调在特殊情境下注重保障公民合法权利，且明确规定了比例原则，"有关政府及其部门采取的应对突发事件的措施，应与突发事件可能造成的社会危害的性质、程度和范围相适应，有多种措施可供选择的，应选择有利于最大程度地保护公民权益的措施。"也就是说，面对突发事件，政府在采取应急措施的过程中，如果有多种手段可选择，要选择一种对老百姓利益损害最小，最有利于保护老百姓权益的措施。在此基础上，还规定了征用补偿等制度："有关人民政府及其部门为应对突发事件，可以征用单位和个人的财产。被征用的财产在使用完毕或者突发事件应急处置工作结束后，应当及时返还。财产被征用或者征用后毁损、灭失的，应当给予补偿。"由此可见，比例原则首次被写入《突发事件应对法》，是法治国家约束政府强制性权

---

① 参见法治斌、董保城：《宪法新论》，三民书局 2003 年版，第 46 页。

② 参见陈新民：《德国公法学基础理论》（下册），山东人民出版社 2001 年版，第 380 页。

力、维护公民个人自由与权利的重要体现，它表明了对政府应急权的规制和对公民自由与权利的保障。

三、比例原则的适用：寻求政府应急权与公民权利之间的平衡

从宪法的产生来看，近代宪法所致力于确立的目标之一就是个人在国家和社会中的首要地位，因此尊重个人的自由和权利就是一项基本原则。① 国家的终极目标是实现人的全面自由发展，而在国家的政治实践中，最可能侵犯公民权利的就是国家权力，特别是在紧急状态下，国家权力更有可能在应急处理中侵犯公民权利。而且，随着现代国家行政权的扩张，政府权力的日益膨胀，造成公民权利与国家权力之间的离心力与向心力之间的自律悖反的错综复杂现象，公民的基本权利是否能够真正受到平等而有效的保障，仍然受到有关学者的怀疑。现代国家为防止有膨胀和滥用倾向的国家权力对公民权利的威胁和侵犯，在构建国家的法律体系和制度设计中，最重要的是以法律制度和精神来约束国家权力，促进国家权力和公民权利之间的平衡，"宪法的职能只是在于保障对公民最重要的基本权利不受政府权力的侵犯，使原本'不平衡'的社会权力系统走向'平衡'"。②

在应对突发事件时，国家机关有必要采取一切手段以化解危机，客观要求赋予负责应急的国家机关以应急管理权，与此同时，如同任何无限制或者无规则的特权都可能引发权力滥用一样，如果对突发事件中政府等国家机关的应急权不作预先规制，同样可能在应急管理中出现权力滥用而导致对公民权利的侵犯。因此，预先设定对政府应急权的行使规则对于平衡政府应急权与公民权利之间的关系尤为重要。这是比例原则在紧急状态下适用的基本价值。一方面，就其性质而言，应急管理权是国家权力的一种，国家权力说到底是人们为了实现自身权利而实施的一种手段，所以其存在和运作的目的就是公民的权利和利益，"国家的行动就是维护各种权利"。③ 国家权力运作的任何成本都来源于人民，那么权力违反比例原则的运作就是一种资源浪费，就是对纳税人利益和公民权益的侵犯。所以，无论是从国家权力运作之具体相对人的角度出发，还是从作为国家权力成本来源的纳税人的角度，要求国家权力遵循比例原则都是必

---

① 参见李步云：《宪法比较研究》，法律出版社 1998 年版，第 119 页。

② 参见张千帆：《论宪法效力的界定及其对私法的影响》，载《比较法研究》2004 年第 2 期。

③ 参见鲍桑葵：《关于国家的哲学理论》，汪淑均译，商务印书馆 1995 年版，第 205 页。

须的，它将直接或间接地保障公民的权利和利益。另一方面，由于权力天然地具有膨胀性和扩张性等特点，在应对突发事件中确立比例原则，通过对国家权力的制约以保证公民权利和国家权力之间的平衡，以及在特殊条件下国家权力对公民权利的妥协和让步，以减少国家权力对公民权利的侵犯，是保证政府应急权在法治轨道内运作的内在要求。作为规制国家权力的重要原则，比例原则集中体现了平衡的正义，是实现国家权力和公民权利之间平衡应该遵循的一项基本准则，它旨在要求国家权力之行使必须适当、必要、均衡、不过度、符合比例，不得对公民权利和利益造成非法侵犯。

在突发事件处理中，比例原则通过协调政府应急权与公民权利之间的张力发挥着保护人权的重要功能。首先，比例是公平正义观念的内在标准，正如亚里士多德所说："公正，就是合比例；不公正，就是破坏比例。"① 基于此，立法者在制定宪法中的应急条款和统一的突发事件应对法时，应具有目的正当性，并以利益衡量的方法来考量突发事件中公共利益与私人利益之间的内在紧张关系，以便制定的法律规则能够在最小限度地限制人权的代价上，获得恢复正常宪法秩序的结果。其次，国家机关在行使应急权时，更应贯彻利益衡量的方法。特别是行政机关行使应急权、采取应急措施时，必须严格遵循技术性很强的比例原则，禁止使人民承受过度负担。最后也是最为关键的是，在司法审查中运用利益衡量的方法对于立法和行政裁量进行审查，对遭受不恰当的公民基本权利进行损害救济。因此，比例原则在突发事件政府应急管理特权中应得到充分体现和贯彻实施，不仅是法治国家的重要标志，也是防止政府机关或者其工作人员以应对突发事件为借口而滥用权力的客观要求；不仅是政府等国家机关在突发事件中行使应急权时必须自觉地加以参照和运用的重要标准，而且也是确认突发事件产生和制定政府等国家机关得以运用应急权的条件及所必须遵循的程序规则。

对于我国政府在应急处理中的权力行使而言，比例原则的内容具体表现在应急行为或措施之采取应该满足三个条件，即适当性、必要性和狭义比例原则的要求。应急权的运用和行使必须是适当的、必要的，且符合比例。"在适用比例原则，首先应考虑其措施合乎适当性和必要性原则的要求，亦即在既定立法目的下，按所授权的范围，制定其应采取的措施若法律并无授予裁量时，属法定原则，并不发生适当性和必要性原则的适用。"② 也就是说，突发事件中

---

① ［美］莫蒂默·艾德勒、查尔斯·范多伦：《西方思想宝库》，《西方思想宝库》编委会译编，吉林人民出版社 1998 年版，第 943 页。

② 蔡震荣：《行政法理论与基本人权之保障》，五南图书出版公司 1999 年版，第 141 页。

政府应急权应该以必要的力度和限度出现在必要的场合，做到不缺位、不越位、不错位。比例原则应当贯穿紧急状态下政府等国家机关应急行动的始终，并使比例原则成为紧急状态法制中的核心原则，以在紧急法制的立法、司法、行政实施及民众遵守中得到全面且适当的适用。如此，比例原则中固有的对公民基本权利的保护作用，以及对国家行政权的规范即规定政府等国家机关在应急状态下的基本义务的含义，才能在政府等国家机关处于应急状态下实现对人民安全和自由、国家政治、经济基础、公私资源、财产以及社会正常秩序的全面保护中得以体现。这样，比例原则不仅是规范层面保护公民基本权利的重要依据，而且在实践层面也能让民众感受得到纸面上的权利变成实际生活中受到真实保护的权利，成为现实的可能和准则。总之，比例原则既是法治国家的基本原则，又是政府应急处理的技术规范，在突发事件应对中尤其需要珍视，以此来保障公民权利。

（载《广州大学学报（社会科学版）》2008 年第 5 期）

论非强制行政执法方式的人权意蕴

——以非强制与强制的比较为视角

卢护锋*

摘　要▶ 非强制行政执法方式是近年来我国行政执法创新的产物，相对于强制行政执法而言，它对行政相对方自由和平等的实现以及提升政府保障人权得以实现的能力和水平等方面具有明显优势。这决定了非强制行政执法将会成为行政机关实现行政管理目标的主要手段。

关键词▶ 非强制行政执法　自由　平等　效率

在当下，是一个人权备受尊重的时代，特别是 2004 年的人权入宪和私人财产权宪法保障的进一步完善，人们越来越倾向于从人权的视角来评判和思考公权力行为的正当性。人权的张扬对权力的运作提出了极大挑战，它要求公权力机关采用一种更加人性化、更有利于人权保障和实现的方式来行使权力。从行政法制度的角度来说，便是协商、激励、建议等非强制执法方式的大量引入和强制、命令等单向度管理方式的淡化。在本文中，笔者以强制与非强制的比较为视角，对非强制行政执法方式在实现行政相对方所欲求的自由、平等和效率价值等方面所具有的优势做一初步探讨，以期为非强制行政执法方式之于人权意义的认知提供理论视窗，进而为非强制行政执法方式在现有行政法制度体系中的生长提供可欲的理论支撑。

一、非强制行政执法方式的自由价值

按照新自由主义大师哈耶克的阐释，"自由意味着始终存在着一个人按其自己的决定和计划行事的可能性；此一状态与一个人必须屈从于另一个人的意志的状态形成对照"。① 与哈耶克同时代的思想家麦卡勒姆亦指出，"不管谈论

---

* 卢护锋，广州大学公法研究中心副教授。

① ［美］哈耶克：《自由秩序原理》，邓正来译，生活·读书·新知三联书店 1997 年版，第 4 页。

某个行动者的自由还是某些行动者的自由，它始终是指行动者摆脱某些强迫或限制、干涉或妨碍，去做或不做什么，成为或不成为什么的自由，因此，自由在本质上是一种三位一体的关系"。① 上述关于自由概念的论证表明，自由存在于而且只能存在于某种特定的"关系"中，离开了一定的"社会关系"，也就没有自由的附着物。如果在某种关系中，主体具有相当程度的阻断外界干扰的能力，能够依凭自身意志来决定一个行为，那么他就是自由的。在行政法视域中，行政主体与行政相对方的关系是其中最重要的，也是最具决定性的内容，因为这对关系的性质直接表征着行政法的价值定位以及制度构架的整体样貌。然而，行政主体与行政相对方关系的性质只是一种抽象的学理认知，只有当其通过一定的行为方式表现出来时，才能产生可观察并进而作出评判的效果。因此，对体现自由实现程度的法律关系的考察必将转化为对政府行为方式的考察。

行政权的运作总是体现为两种面相，即强制的一面和非强制的一面。正如有的学者所中肯指出的那样："强制性并非是权力的代名词，公共行政之所以被纳入行政法的视野之中，就在于公共行政具有的内核——行政权……可见，行政法意义上的公共行政都是权力性的，只是强制性的有无不同而已。指导、契约等方式的行政与处罚、命令等方式的行政之间并不是权力与非权力的区别，而是强制与非强制的区别。"② 然而，当行政权以不同面相表现出来时，其对相对方自由的影响却是大相径庭的。对于强制行政执法而言，它本身就是以行政相对方的人身和财产自由为对象的，即限制或剥夺行政相对方的人身和财产自由是强制行政执法方式的基本内容，行政处罚、行政强制执行、行政强制措施等无一例外地体现了这一点。长期以来，人们对政府的警惕和恐惧正是来自行政权强制的一面，因此，如何有效规范和制约行政机关强制性权力的行使成为了近代以来行政法理念定位与制度构建的主旋律，特别是形成于 20 世纪中期的比例原则，成为了控制行政机关强制性权力运作的"帝王条款"。比例原则包含适当性原则、必要性原则和狭义的比例原则三项内容。其中适当性原则是指行政机关执行职务时，面对多种选择，仅得选择能够达到行政目的之方法为之；必要性原则是指行政机关欲限制行政相对方权益且有几种可能的途径可寻时，应当选择对行政相对方损害最小的方法；狭义比例原则是指行政机关对行政相对方个人利益的干预不得超过行政所欲保护的公共利益，二者之间

---

① 刘训练：《后伯林自由观：概念辨析》，载《学海》2008 年第 1 期。

② 杨海坤、章志远：《中国行政法基础理论研究》，北京大学出版社 2004 年版，第 13 页。

必须合符比例。① 如果行政机关强制性权力的运用违背了比例原则的内容，即构成实质性违法。

毋庸置疑，行政法的上述制度构建对于行政相对方自由的实现是十分必要的，但在笔者看来，这种以行政主体为单一中心的制度构建模式又存在自身难以克服的局限。也许上述模式的具体制度表达存在某些差异，但有一点是共同的，即通过限缩或者压制"强制"来实现自由。但实际上，正如笔者在前文所着重强调的那样，自由是某种关系中的自由，在某种意义上，自由的实现也是对这种关系中双方主体地位的重新确定。这就意味着，自由的实现应当来源于对这种关系中双方主体的共同改造。很显然，即便是从理想层面，强制行政执法制度构建所能改造的只是行政主体，不能将作为自由归属主体的行政相对方纳入进来，对于相对方而言，其自由的实现仍然是被动的、消极的，被动之下的自由又能有多大的现实空间，这是值得我们怀疑的。这并非笔者的主观臆断，在现今的行政管理领域中，行政主体滥用制裁权、处罚权和强制执行权侵害行政相对方自由和权益的案件层出不穷，其直接原因在于强制权力本身存在着极易被滥用的潜在危险。而且，当这些滥用职权的违法行政行为发生后，由于强制性行政执法方式自我执行力的存在，行政主体往往通过单方的强制手段将其付诸实现，这又在一定程度上扩大了侵害行政相对方自由和其他权益的现实可能。②

非强制行政执法方式则不同，它在运作机理上就包含保障行政相对方自由实现的装置，甚或说离开了行政相对方的自由意志，就不可能有真正意义上的非强制行政执法。对此，笔者拟从两个方面进行探讨：其一，法律关系的成立与否及其具体内容在很大程度上取决于行政相对方的自由意愿的表达。尽管行政主体的意愿仍是非强制行政执法法律关系的重要内容，但它不再具有完全的支配性与强制性，行政相对方的自愿具有了同样的意义。例如，在行政合同法律关系中，如果行政相对方不同意，行政主体不能强制成立行政合同；合同的内容及其具体变更也应当遵循私法上意思自治的原则。正因为如此，非强制行政执法方式被日本和中国台湾学者形象地比如为公法向私法的逃遁。其二，法律关系的实现取决于行政相对方的自愿。非强制行政执法方式之所以被称之为"非强制"的，其原因之一在于行政主体不能依靠强制手段来执行，也就是说，非强制行政执法行为的最终实施主要依赖于行政相对方的自觉意愿。如果

---

① 参见姜昕：《比例原则释义学结构建构及反思》，载《法律科学》2008 年第 5 期。
② 参见崔卓兰、卢护锋：《非强制行政的价值分析》，载《社会科学战线》2006 年第 3 期。

非强制行政行为在实施过程中，遭到行政相对方的拒绝，行政主体不得强制执行，更不能采取制裁手段，否则，将构成实质意义的行政违法。综上，在非强制行政执法法律关系中，无论是法律关系的形成、内容的确定还是最终的执行，行政相对方的自由意志均具有决定性作用。

二、非强制行政执法方式的平等价值

平等是一个永恒而神圣的词语，在历史上，它曾与自由与博爱共同构成了人们所憧憬并为之奋斗的基本主张。为了使公民与政府之间从政治层面的主从关系转变为法律上的主从关系，使政府能够有效地进行行政管理活动，在行政法中确立并贯彻平等理念是十分必要的。然而，在我国行政法体系中，并无相应的制度体系对行政主体与行政相对方在行政法律关系中地位的平等是否作出实体性规定。人们往往基于传统行政法学所强调的支配性或命令性行政，以为行政法中的平等只限于法律适用上的平等和行政相对人之间的平等，而行政主体与行政相对人之间并不包含在规范体系中。我国行政法学理论对行政主体与行政相对人的地位问题大体持两种态度：一是认为双方主体地位不平等，行政主体居于主导地位，而行政相对人则处于从属或服从的地位。二是回避双方主体地位是否平等的问题，以"不对等"一词取而代之。至于"不平等"与"不对等"之间有何差异，尚未有进一步的阐释。这是学界关于行政主体与行政相对方关系的一般认识。①

在笔者看来，学界的上述认识符合我国以往行政实践及其赖以支撑实践的理论依据。从实践的角度来看，传统行政方式中，行政强制、行政命令、行政处罚是其中的核心内容，改革开放之后一段较长的时期内我国行政法规范体系之构建亦是围绕上述核心内容展开的。这一事实使得我们不难理解，为何作为新生事物的非强制行政执法方式至今还游离在制定法体系之外。由于行政主体拥有并经常使用强制性权力，使得行政主体与行政相对方之间处于一种事实上的不均势状态，而立法者在规范强制权的同时又在一定程度上对这种不均势状态予以的强化和合法化，如行政优益权、行政优先权的立法承认便是例证。从理论上说，公共利益的优先性是行政主体优势地位的正当性的重要理由。无论是在政治意识形态中还是在法律制度框架内，公共利益相对于私人利益的优先性曾在我国存在了相当长时间，政府作为公共利益政治上和理论上的代表者自然而然具有优越于行政相对方的地位。

随着经济体制改革和政治体制改革的深入，公共利益与私人利益之间的地

---

① 参见杨解君：《行政法平等理念之塑造》，载《法学》2004 年第 7 期。

位关系发生了显著变化。在市场经济条件下，无论是公共利益还是私人利益，只要是合法利益均应当受到法律的同等保护。按照平等保护的原则，2004 年宪法修正案明确规定，"公民的合法的财产不受侵犯"；"国家依照法律规定保护公民的私有财产权和继承权"。在此基础上，2006 年制定的《物权法》对各种性质的财产实施了"一体承认、平等保护"的制度，即不仅要强调对公共利益的保护，也应当将私人利益置于相当重要的地位。[①] 然而，由于多种原因，行政机关在行使权力时过于强调管理的便利和服从，忽视了私人利益的保护，因此，对私人利益的保障不仅需要有发达的私法体系，而且更需要有完善的公法体系。公共利益与私人利益平等地位的确认必将折射到行政法领域，即作为公共利益代表者的行政机关与作为私人利益代表者的行政相对方之间地位平等应当得到行政法制度的确认，当政府实施的行政行为剥夺或限制私人利益时，必须通过一个事先确立的协商或对话程序来进行，仅以公共利益即可作为剥夺或限制私人利益的正当性理由的时代已经一去不再了。

那么，通过怎样的实践机制能够实现行政管理过程中行政主体与行政相对方之间的平等呢？在笔者看来，强制行政执法方式难担此大任。对此，本文作如下分析。为了改变强制行政执法领域中的过度不对等，各国开始行政平等化和民主化的尝试，其中，行政处罚等制度中引入听证程序便是例证。听证程序运作的意义在于为行政相对方影响行政决定提供了制度平台，如果行政主体置行政相对方的意见于不顾，当行政相对方不服提起诉讼时，法院将不接受听证笔录之外的其他证据。但不能因此认为行政相对方与行政主体获得了平等的地位，因为，无论是听证抑或其他体现民主化的制度，其中核心的一点仍没有发生改变，那就是行政主体意志在行政决定中的优越地位。在听证程序中，行政相对方的意见是否被采用以及在多大程度上被采用，完全取决于行政主体的意愿，行政决定的内容是行政主体意志和行政主体有选择性吸收行政相对方意志的结果。正是因为如此，听证程序并没有产生我们所预期的结果，流于形式的现象比较普遍，甚至在实践中出现了无人愿意参与听证的情形。

非强制行政执法方式则不同，它为行政主体与行政相对方平等的实现提供了足够空间，这可以从非强制行政执法方式的三个特点中得到证明：第一，行为主体双方权利、义务内容的协商性。即一定的行政法律关系和行政秩序是通过协商确定的，而非通过服从赢得的。详言之，在非强制行政执法中，行政主体与行政相对方之间的权利义务关系主要是通过双方协商达成的契约、承诺等而产生、变更或消灭。第二，行为主体双方权利、义务的非对应性。行政相对

---

① 参见王利明：《宪法与私有财产的保护》，载《法学杂志》2004 年第 3 期。

方享有的在行政法上的权利，在非强制行政行为中，仍可以推定为行政主体的义务，如前者申请帮助指导的权利可以推定为后者提供指导的义务。但相反，行政主体在行政法上的某些职权，却不与行政相对方的义务、尤其是"必须服从"的义务相对应，如行政合同的动议权、行政调解权。第三，行为主体意志的双向互动性。在非强制行政执法中，行政主体的意志不再具有绝对的正统性，行政相对方的意志和利益受到了法律的同等尊重和认真对待。具体来说：行政指导、行政奖励需要相对方的配合、接受才能达到其目的；行政合同须依双方合意才能得以成立；行政调解须被调解对象的自愿执行才能实现发挥调解的功能。① 上述论证表明，在非强制行政执法中，行政相对方与行政主体之间在一定程度上形成了一种对峙的关系，行政相对人不再是从属于行政主体，而是作为平等主体通过行使程序性和实体性参与权，制约着行政主体职权的行使和意愿的表达。

三、非强制行政执法方式的效率价值

严格说来，效率并不属于人权的范畴，但笔者认为，本文的选择不是画蛇添足，更不是出于对人权和效率内涵的误解，而是基于行政效率之于人权实现的内在关联性考虑。无论人们怎样认识人权的外延，一个不容争辩的事实是人权的实现需要政府承担相应的义务。"人类社会经验和各种理论学说反复证明，政府是社会赖以存在和持续发展、个人权利和自由赖以实现的必要工具。"② 特别是人类社会进入 20 世纪之后，政府的积极功能急剧扩展，政府担负的不仅仅是消极保护义务，而且负担着最低收入、住宅供给、健康医疗、教育和其他公共设施服务等积极义务。也就是从这个历史阶段开始，政府的行政效率直接关涉着公民人权保障与实现的程度和水平。正因为如此，现代新公共行政论者竭力证明效率之于行政的重要意义，他们指出效率的提高是实现社会公正和基本权利保障的必要条件，因此必须围绕"经济、效率和效益"目标进行行政改革。③ 相比较而言，非强制行政执法方式具有明显的效率优势，之所以如此断定，其根本理由在于二者对待行政相对方的态度和方法的不同，即非强制行政最大限度地承认和保障了行政相对方主体性的实现。

---

① 参见崔卓兰、卢护锋：《契约、服务与诚信——非强制行政之精神理念》，载《社会科学战线》2005 年第 4 期。

② 于立深：《正确对待政府义务和政府权力》，载《长白学刊》2010 年第 5 期。

③ 参见王丽莉：《服务型政府：从概念到制度设计》，知识产权出版社 2009 年版，第 107 页。

"主体性是人之为人的最宝贵特征，正如自由也是最宝贵的特征。因为主体性不是别的，正是自由的表现，而自由来自主体性。人是有自我意识的实践主体、认识主体、道德主体和价值主体，也是有自我意识的自由主体。"① 尽管最初主体性是个哲学概念，但其形成之后又被引入到了政治学和法学等其他学科领域，并成为其中的重要范畴。在政治学意义上，主体性是"主权在民"思想的直接反映，公民意志是政府行使公权力的唯一基础。在法律制度意义上，主体性是指应当以人为出发点和归宿进行制度构建。左卫民教授在阐释司法之主体性理念的构成要素时指出，"公民决定司法制度的构建，主导司法改革的方向和进展；司法制度之设计和改革应当便利公民、不辜负民众的期待；在司法程序中，以公民和当事人为中心主体；司法机关开展活动应当以为当事人服务为宗旨"。② 如果从法律制度发展史的角度来审视主体性与人权的关系，我们将可发现：行政法发展史就是行政相对方法律地位不断提升的历史，同时也是行政相对方权利保障不断强化的历史。从经济效率而言，正是由于对公民主体性地位的政治和法律确认，才带来了社会整体效率的大幅度提升。正如有的论者所指出的，"在我国，始于 1978 年的改革开放之所以取得了巨大的成功，原因即在于先前受到压抑的个体主体性获得了有限但意义深远的承认，人的个体自由和私人空间受到一定程度的尊重。因此，要在新的条件下发展社会生产力，追求更大的效率，就必须进一步强调人的主体性地位，解除羁绊于个人之上的外在束缚。尽管这是在一般意义上来论述的，但此原理同样适用于行政执法领域"。③

在非强制行政执法中，由于它最大限度地承认了行政相对方的主体性，为行政主体把行政相对方的资源与智慧统合到行政管理目标的实现过程提供了的可能。即使一个国家有着发达且完善的行政组织体系，其对于信息的相对无知和对于资源的相对匮乏也是无法避免的。特别是在现代复杂行政的背景下，行政活动的技术性越来越强，社会的风险程度日益提高，如果行政主体不充分尊重相对方主体性及其所可能产生的创造性成果，仍然遵循单方性思维，运用强制性手段，其所带来的必然是行政的低效率。而且，对于绝大多数的非强制行政执法方式而言，无论其内容是指导性的还是协商性的抑或扶助性的，均包含着公共利益和私人利益，是公共利益和私人利益相互均衡的结果，能够得到双

---

① 陈刚：《人的哲学》，南京大学出版社 1992 年版，第 41 页。

② 左卫民、朱桐辉：《谁为主体，如何正义——对司法之主体性理念的论证》，载《法学》2002 年第 7 期。

③ 王欢：《和谐之于效率意义的法哲学思考》，载《法制与社会发展》2006 年第 3 期。

方尤其是行政相对方的积极回应和主动执行，亦无须强制执行成本以及事后的诉讼成本。

综上，笔者认为，非强制行政执法方式作为行政管理创新的制度产物，在实现行政相对方自由、平等以及提升政府保障人权实现的能力和水平等方面具有重要价值，而这些价值的存在意味着非强制行政执法方式将会成为，而且理应成为我国行政管理实践的主要手段。

（载《广州大学学报（社会科学版）》2011 年第 7 期）

论对社区矫正对象的权利保障及其立法贯彻

湘　君[*]

摘　要▶ 社区矫正对象与监狱服刑人员一样，属于"犯罪（受刑）人"群体。当前的社区矫正试点工作，必须突出对矫正对象权利的保障。鉴于社区矫正立法的阙如，在中国未来的社区矫正法中，应明确肯认宪法的"国家尊重和保障人权"原则，并在规定社区矫正实施机构的管理职权和社区矫正对象的义务与权利等方面，要创设人道、科学、系统化的制度来保障社区矫正对象的法定权利。这既是落实宪法和有关国际人权规约的立法要求，也是革新社区矫正制度的根本价值所系。

关键词▶ 社区矫正对象　人权　社区矫正法

一、引言

社区矫正是我国目前正在积极试点的一项重大司法改革任务。2003 年 7 月，最高人民法院、最高人民检察院、公安部、司法部发布的《关于开展社区矫正试点工作的通知》（以下简称"两高两部"《通知》）确定了在北京、天津、上海、江苏、浙江和山东六省市进行社区矫正的试点工作。到 2005 年，社区矫正改革试点的范围又进一步扩大到全国 18 个省市。笔者一直关注我国的社区矫正改革事业，积极开展社区矫正的相关理论研究；同时对部分试点区县的实践进行了调研，与参与社区矫正的矫正官员、社工、志愿者、社区矫正对象等群体展开接触，收获了大量的第一手研究资料。

社区矫正有利于矫正对象顺利回归社会，促进社会的稳定发展，降低了国家的监禁成本，符合刑罚人道化的发展趋势。^① 社区矫正改革试点的最终目的是推进我国社区矫正事业的法治化进程。其中，一项关键的任务是以立

---

* 湘君，国际关系学院教授。

① 参见肖君拥：《推行社区矫正，构建社会和谐》，载《中国党政干部论坛》2006年第 2 期。

法的形式来巩固试点所取得的成果。笔者作为一名公法学者，在考虑社区矫正立法宗旨的时候，有两个方面是始终着力加以重点关注的：一是社区矫正立法的原意是规范社区矫正过程中的诸种行为，尤其是对司法行政部门作为刑罚执行机构的行为进行规制，实现社区矫正的改革意图——促进犯罪人的再社会化，构建更加和谐的社会秩序；二是尊重和保障社区矫正对象的人权。

社区矫正对象是一个特殊的群体，笔者比较喜欢用"矫正对象"这个中性化的词语来指称他们。根据"两高两部"《通知》的规定，社区矫正对象可分为五类：被判处管制的罪犯、被宣告缓刑的罪犯、被暂予监外执行的罪犯、被裁定假释的罪犯、被剥夺权利并在社会上服刑的罪犯。世界其他国家关于社区矫正的适用对象的规定各不相同，但有一点是一致的：社区矫正对象的主体是正在服刑的犯罪人员，这也就决定了社区矫正的性质为刑罚执行过程。

二、为何要保障社区矫正对象的基本人权

社区矫正对象与其他监禁矫正的罪犯一样，都属于"受刑人"群体。[①] 他们的区别可能在于：前者的社会危险性更小，罪行更轻，处遇较后者更加宽松。人们经常会判断，社区矫正对象是犯人，曾经是并且将来可能还会是社会秩序的破坏者：他们接受社区矫正一方面是接受社会的帮助、教育和监督，但更是国家对他们的惩罚（报应）。这里就引申出本文所要讨论的主题：社区矫正对象有没有权利来反映自己的需要和利益？他们是不是也有资格享有宪法规定的"国家尊重和保障人权"的甘醴呢？

在此，笔者想从人、公民、犯罪人的角度来认识保障社区矫正对象人权的理论逻辑。

（一）社区矫正对象作为人应该享有基本人权

人作为社会的主体享有基本的权利是人类社会文明的标志。作为社会主体

---

① 在人权理论中，矫正对象的权利实质上是弱势群体权利的一种。弱势群体是指在生活物质条件、权力和权利、社会声望、竞争能力以及发展机会等方面处于不利或弱势地位的群体。弱势群体可分为社会性弱势群体和生理性弱势群体两大类，其中矫正对象群体属于社会性弱势群体。之所以称矫正对象的权利为一种弱势群体的权利是由矫正对象的现实地位和权利状况决定的。一般来说，矫正对象群体无论在哪个社会总是最易受到歧视的，因为服刑本身就是一种社会否定。在本质上，矫正对象权利是一种弱势群体的权利，只有正视矫正对象的弱势地位，我们才能对矫正对象的人权予以更好的保护。参见徐显明：《从罪犯权利到受刑人人权》，载《学习与探索》2005 年第 3 期。

的任何一个人，他都应当享有在道德意义上的人的生存权、发展权、自由权、平等权等基本人权。否认人权无疑是要回到人类社会的野蛮时代。英国学者米尔恩讲到："一个共同体是由其成员组成的，作为一个成员的特别之处是享有权利。没有权利就没有共同体。社区矫正对象作为人类社会的一员，应当享有基本人权。"① 仅从人权的角度来看待矫正对象的权利，其理论意义在于树立尊重人、了解人、尊重罪犯、了解罪犯的自觉意识。犯罪人权利是人类权利的一部分，是不可分割的一部分。排斥、损害犯罪人的权利就是排斥、损害人类自身的权利，排斥、损害全社会的权利。人权作为一种道德意义上的权利是其他一切权利的基础，它维系着人的尊严和价值。

（二）社区矫正对象作为公民应该享有公民权利

国家的刑罚权只改变了作为公民的犯罪人的权利状态，但并没有否定社区矫正对象的公民资格。社区矫正对象是一国的公民，而公民应依法享有该国宪法和法律规定的公民权利。被剥夺政治权利的矫正对象仍然享有法定的经济、社会和文化权利。社区矫正对象在接受矫正期间，只要是宪法和法律没有明确剥夺的权利种类和权利范围，应当无保留地行使，国家应尽可能提供一切条件加以尊重、保障和实现。社区矫正对象与国家公权力之间不是单纯的刑罚关系，而是一种广泛的权利义务关系。认识社区矫正对象享有公民权利，有助于社会公众形成完整的权利概念。

（三）社区矫正对象作为犯罪人的特定身份权利

权利的本质，就是主体价值的最大化。当权利的某一部分被限制时，就应有一种新的权利来弥补。犯罪人特定身份权的权利就是这种由于失却某种权利而产生的力图恢复这种权利的新的权利。自由刑的罪犯在被羁押期间，其人身自由的权利受到限制和剥夺，于是产生了请求减刑、假释的权利，接受心理咨询和矫正的权利，申诉、控告的权利等。这些都属于罪犯的特定身份权。承认犯罪人特定身份权的权利，其意义在于对罪犯回归社会的需求和愿望的认同。这种特定身份权不应被看成国家暴力机器对犯罪人的恩赦，而且它不附加任何前提条件，譬如犯罪人的矫正表现和改造态度等。犯罪人是人类社会大家庭中的一员，若不能正确看待这种特定身份权就意味着对犯罪人回归社会的否定。

总之，人权是一切权利的基础：公民权是法律化、具体化的人权，而特定

---

① ［英］米尔恩：《人的权利与人的多样性》，夏勇译，中国大百科全书出版社 1995 年版，第 54 页。

身份权是公民权的特殊形态。① 我们只有把犯罪人当人看、当公民对待，将犯罪人权利保障作为教育矫治犯罪人工作的重心，才可能真正改造好犯罪人，最终使犯罪人顺利回归社会。

三、社区矫正对象人权的法律保障体系

社区矫正对象人权的法律保障是社区矫正对象人权保障体系的核心内容。法律对社区矫正对象人权的保障作用可以从立法、执法和司法等方面来实现。

（一）对社区矫正对象人权的立法保障

国家应以宪法为基础，制定完备的教育矫正法律制度。作为社会主义国家的中国，在社区矫正对象人权保障立法方面可能要特别侧重对生存权的确认和保护。在立法方面，一是规定公民享有广泛的社会经济权利，即便公民被实施监禁矫正或社区矫正，其合法权利尤其是其基本的社会经济文化权利要严格予以保障；二是规定对各种侵犯社区矫正对象合法财产和人身自由的犯罪行为，要予以严厉制裁；三是规定监狱和社区矫正执行机构在刑罚执行中的各项权能，确保国家公权力合法、公正、廉洁地运行。

（二）对社区矫正对象人权的执法保障

国家各级社区矫正实施机关要严格依据法定程序和法定权限进行执法活动，既做到合法，又做到适当。切实保障社区矫正对象的物质生活条件，维持他们的身体健康，尊重社区矫正对象人格，了解社区矫正对象的需求和心理状态，帮助解决他们的现实生活困难，因人施教，矫正机关应既对他们严格管理，又为之提供各种人性化的服务。

（三）对社区矫正对象人权的司法保障

当社区矫正对象的合法权益受到侵害时，他们有权向司法机关起诉。司法机关通过诉讼程序，保护社区矫正对象的合法权益，社区矫正对象有申诉、控告、检举等权利。司法机关切实保障社区矫正对象对判决不服有申诉的权利。既不因社区矫正对象申诉而加重对其的刑罚，也不应视社区矫正对象依法提出申诉为抗拒改造的表现。即便社区矫正对象在矫正期间又犯新罪，司法机关在对其依法制裁的诉讼程序中仍然要充分保障他们的各项诉讼权利。而且，人民法院依法保护社区矫正对象的民事权利，社区矫正对象有权提出离婚或不同意离婚，社区矫正对象的合法财产受法律保护等。社区矫正对象还享有获得缩短矫正期限等权利。此外，人民检察院还对社区矫正机

---

① 参见赵运恒：《罪犯权利论》，载《中国刑事法杂志》2001 年第 4 期。

关的行为开展法律监督，受理社区矫正对象的申诉和控告，切实维护社区矫正对象的合法权利。

四、社区矫正对象人权的基本内容

（一）对犯罪人权利的国际法律（规约）保护

自20世纪中叶开始，随着国际人权运动的广泛开展，保障囚犯（犯罪人）权利问题日益引起国际社会的重视，先后形成了一系列有关囚犯权利问题的国际公约，主要有《囚犯待遇最低限度标准规则》（1955年）、《公民权利与政治权利公约》（1966年）、《保护人人不受酷刑和其他残忍、不人道或有辱人格的待遇或处罚宣言》（1975年）、《执法人员行为守则》（1979年）、《有关医务人员、特别是医生在保护被监禁或拘留的人不受酷刑和其他残忍、不人道或有辱人格待遇或处罚方面的任务的医疗道德原则》（1982年）、《禁止酷刑和其他残忍、不人道或有辱人格的待遇或处罚公约》（1984年）、《关于保护面对死刑的人的权利的保障措施》（1984年）、《联合国少年司法最低限度标准规则》（1985年）、《囚犯待遇基本原则》（1990年）等。① 这些文件是联合国人权法律制度的重要组成部分，得到了各国政府的支持与关注。我国也已签署加入或者原则同意，并在我国的有关法律中得到了体现。

根据上述国际公约和规则，犯罪人权利主要有以下几方面：（1）物质生活待遇权。在住宿条件、医疗卫生、衣服被褥、饮食饮水等方面获得国家保障。（2）人身不受酷刑体罚、虐待侮辱权。应完全禁止体罚、暗室禁闭和一切残忍、不人道、有辱人格的惩罚行为，对囚犯应给予人道及尊重其固有的人格尊严的待遇，减少狱中生活的差别等。（3）提出请求或申诉的权利。犯罪人应可按照核定的渠道，向有关机构提出自己的请求或申诉，有关机构应迅速处理或答复。（4）私人财产不受侵犯权。犯罪人私有的金钱、贵重物品、衣物等按监所规定不得自行保管时，应于入狱时由监所妥为保管，犯罪人获释时再如数归还。（5）宗教信仰自由权。犯罪人都有维持或改变自己宗教或信仰的自由。（6）同外界接触权。不应把犯罪人排斥于社会之外，在必要监视下，犯罪人可以以通信或接见的方式，经常同亲属和有信誉的朋友联络，收悉新闻和外界讯息。（7）文化娱乐权。一切监所均应提供文娱和教育设施，以利于犯罪人身心健康和获取知识。（8）劳动权。劳动既是犯罪人的权利，也是犯罪人的义务：犯罪人在服刑期间的劳动应能获得公平报酬。

---

① 参见王家福、刘海年、李步云：《中国人权百科全书》，中国大百科全书出版社1998年版。

（二）社区矫正对象应当享有的法定权利

目前，我国社区矫正处于改革试点时期，是一种政策上的重大改革，相应的法律制度规范尚在探讨和完善阶段。严格意义上说，社区矫正对象的法定权利只能依据宪法、社区矫正法和其他相关法律方能归纳出来。鉴于社区矫正与监禁矫正的相关性，《监狱法》的有关规定也是本文的一个重要参照系。从更广的角度看，犯罪人（包括监禁的囚犯和社区矫正对象）的法定权利是犯罪人在服刑期间依照宪法和法律（尤指监狱法、社区矫正法）获得的权利。由于犯罪人这一特殊公民（群体）在监所或社区中所处的特殊环境，使得他们某些公民权利的享受受到限制或剥夺，实际享有的法定权利内容和范围有所减少或缩小。当然，有一些公民权利不仅不能被剥夺或限制，反而应该在有关法律中予以特别强调和保护。① 这就要求矫正机构及其工作人员要严格依法执法，尊重和保障犯罪人的法定权利。社区矫正对象应当享有的法定权利主要有：

1. 选举权利

除了被剥夺政治权利的社区矫正对象以外，其他犯罪人应享有选举权利。我国《宪法》第 34 条以及《选举法》第 3 条规定，中华人民共和国年满 18 周岁的公民，不分民族、种族、性别、职业、家庭出身、宗教信仰、教育程度、财产状况和居住期限，都有选举权和被选举权；但是依照法律被剥夺政治权利的人除外。我国宪法和选举法没有明确规定未被剥夺政治权利的犯罪人是否应当行使选举权。全国人大常委会于 1983 年 3 月 5 日通过的《关于县级以下人民代表大会直接选举的若干规定》中规定："被判处有期徒刑、拘役、管制而没有附加剥夺政治权利的，可以行使选举权。"在此从法律上肯定了没有被剥夺政治权利的犯罪人可以行使选举权利。社区矫正对象（除被剥夺政治权利者外）可以在选举日亲自参加选区选举投票，也可以在流动票箱里投票、书面委托其他选民代为投票。我国法律也没有明确规定犯罪人有被选举的权利。假若犯罪人获得了法律规定的当选票数，在法理上应该承认其当选。

2. 担任国家机关职务，担任企业、事业单位和人民团体领导职务的权利

从法理上看，未被剥夺政治权利的社区矫正对象应当享有担任国家机关职务的权利，担任企事业单位和人民团体领导职务的权利。但是，由于犯罪，在被矫正期间，矫正对象的人身自由受到了一些限制，一般来说难以胜任公职的履责条件。

---

① 参见柳忠卫：《试论罪犯的人权保障》，载《中国人民大学学报》2002 年第 5 期。

3. 言论权、出版权、集会权、结社权、游行权、示威自由权

除了被剥夺政治权利者外，其他社区矫正对象在矫正期间应都享有言论、出版、集会、结社、游行、示威自由权。根据我国《宪法》第35条规定，"中华人民共和国公民有言论、出版、集会、结社、游行、示威的自由"。一般来说，犯罪人送监执行刑罚后，人身自由受到了限制，这六大自由恐难实现。而且根据《监狱法》的规定，即使犯罪人在监狱中准备举行集会、游行、示威等行为，监狱警察也会加以制止。由于社区环境以及相对宽松的人身自由，社区矫正对象（不含被剥夺政治权利者）有条件依法行使这六项自由。

4. 人格不受侮辱权

犯罪人虽然是一特殊的公民（群体），但他（们）仍然拥有公民基本权利，享有人格尊严，不受刑讯体罚和虐待的权利。社区矫正对象的人身自由受到了部分限制，但其人格应该获得国家和社会的尊重。我国《宪法》第38条规定："中华人民共和国公民的人格尊严不受侵犯。禁止用任何方法对公民进行侮辱、诽谤和诬告陷害。"我国《刑法》第248条规定："监管人员对被监管人进行殴打或者体罚虐待，情节严重的，处三年以下有期徒刑或者拘役；情节特别严重的，处三年以上十年以下有期徒刑。致人伤残、死亡的，以故意伤害罪和故意杀人罪定罪从重处罚。"可见，我国宪法和法律严禁侵犯犯罪人的人格尊严和人身安全。

5. 生活保障和维持健康权

社区矫正对象在被矫治期间，有权获得维持健康所需的住宿、衣食、生理和心理的医疗基本条件。社区矫正机关负有法定的保障义务。

6. 经济权利

主要包括私人财产权和劳动权。财产权既是社区矫正对象的一项宪法权利，也是其一项重要的民事权利。我国《宪法》第13条规定："公民的合法的私有财产不受侵犯。国家依照法律规定保护公民的私有财产权和继承权。国家为了公共利益的需要，可以依照法律规定对公民的私有财产实行征收或者征用并给予补偿。"不论社区矫正对象因何种原因犯罪，其私人财产权应当受到宪法和法律的严格保护，监管机关不得恣意侵占、破坏或非法没收社区矫正对象的私人财产。此外，社区矫正对象享有劳动休息权和获得劳动报酬权。我国《宪法》第42条规定，"中华人民共和国公民有劳动的权利和义务"。社区矫正对象在矫正期间必须参加一定的公益劳动，这既是他们的义务，也是矫正的一项实施内容。根据宪法以及国际人权规约的立法原意，社区矫正对象有权获得劳动保护、有权不受过度的强制劳动，以确保体力恢复和身体健康。社区矫正对象在履行必要的义务劳动量后，所完成的工作应该按正常的计酬方式获得

公平报酬，这也是我国刑法规定的内容之一。

7. 辩护权、申诉权、控告权、检举权、批评权、建议权以及请求国家赔偿的权利

社区矫正对象服从有关监督管理规定是必须的，但服从监管的形式不是沉默不语、有话不说、有理不辩。社区矫正期间，矫正对象若不服原判决，可以继续申诉。如果在社区矫正期间又被控犯有新罪，根据我国刑事诉讼法的有关规定，其享有作为刑事被告人的一切诉讼权利，譬如辩护权、上诉权、申诉权等。我国《宪法》第41条规定，公民对于任何国家机关和国家工作人员"有提出批评和建议的权利"；对其违法失职行为，有"向国家机关提出申诉、控告或检举的权利"；由于国家机关及其工作人员侵犯公民权利而受到损失的人，有权依法"取得赔偿"。这里所说的公民，包括正在接受社区矫正的犯罪人。社区矫正对象可以对社区矫正实施机关提出批评和合理化建议；不服社区矫正机关及其工作人员的某项决定或行为，可以向有关机关提出申诉、控告或者检举。国家机关或其工作人员侵害了社区矫正对象的公民权利，受损失的人可以依法获得国家赔偿。根据宪法及刑法的有关规定，申诉、控告、检举权不属于政治权利的内容。因此，所有的社区矫正对象皆享有这些权利。

8. 宗教信仰自由权

我国《宪法》第36条规定，公民有宗教信仰的自由。社区矫正对象作为公民当然享有信仰宗教的自由。为了维护犯罪人的宗教自由权利，我国《刑法》第251条规定，国家机关工作人员非法剥夺他人宗教信仰自由，情节严重的，处2年以下有期徒刑或拘役。不过，社区矫正对象不得利用宗教外衣进行违法犯罪活动，否则将受到相应的法律制裁。

9. 婚姻家庭权利

社区矫正对象的婚姻家庭权利与其他未犯罪的公民比较，没有根本的差别。他们可以恋爱、结婚。即便离婚，矫正对象或其配偶提出离婚请求都是允许的，按一般的法律程序进行。社区矫正对象不服人民法院的离婚判决，同样享有上诉或申诉的权利。

10. 通讯权和与外界接触的权利

尽管此项权利在实践上会因监督管理的需要受到一些限制，社区矫正对象在通信和与外接接触方面较监狱服刑人员仍有更大的自由度。

五、社区矫正立法中的人权

保障原则与制度贯彻社区矫正在尊重、保护、实现犯罪人的法定权利方面，超越了千百年来实施的监禁矫治制度。近年来，随着人道、人权的观念深入人心，世界各国监狱服刑人员和社区矫正对象的权利种类与范围不断扩大。当下，中国面临的问题是，社区矫正活动无法可依。正因为立法的阙如，为我们树立"权力"与"权利"平衡兼顾的法律理念预留了空间，也为系统保障社区矫正对象的基本人权提供了潜在的机会。

2006 年"两会"期间，北京团代表罗益峰教授领衔向全国人大会议提出《抓紧制定社区矫正法》的议案。这反映了有关国家机关的意愿，也是社会各界心声的理性表达。笔者也在多种场合呼吁加快社区矫正法的调研、起草、颁行的工作步伐。

为何要抓紧社区矫正立法工作，主要基于以下理由：首先，从社区矫正工作发展态势来看，社区矫正作为一项刑罚执行活动，应当在法律框架内规范运行，以符合"法治"原则。目前，社区矫正试点工作正在全国逐步铺开，因此以立法作为调控手段是确保这项工作健康发展的必然要求。其次，从社区矫正工作运作本身来看，由于社区矫正工作是一项综合性的社会系统工程，不仅涉及公安、检察、法院、监狱、民政、劳动等诸多政府职能部门，也需要社会团体和民间组织的协助。组织协调这样广泛的社会部门开展社区矫正工作，单靠一般的行政文件显然难以胜任，必须有国家立法作为保障。再次，从社区矫正试点工作的成效来看，我国刑罚以改造人为目标，直接目的是教育罪犯，根本目的是预防犯罪，维护社会和谐稳定，实现国家的长治久安。近三年的社区矫正试点工作实践证明，社区矫正在减少狱内罪犯交叉感染，充分利用社会宽松环境促进罪犯改造，提高教育改造质量方面，具有监禁矫正无法替代的优势。因此，有必要以立法的形式使这种刑罚执行制度加以确立。最后，从社区矫正试点工作遇到的困难和问题看，目前，社区矫正工作由于缺乏法律制度的引导和规制，其弊端日渐显现，比如组织体系还不完善，基层缺乏专门执行机构，基层司法所的人员力量薄弱，社区矫正工作经费没有保障；在社区矫正工作程序上，部门之间工作衔接不严密；在社区矫正对象激励机制方面，行政奖惩和刑事奖惩缺乏有效衔接；在矫正资源和矫正力量的利用上社会化程度不高，专业矫正队伍的业务素质不能适应社区矫正工作的需要等。总之，不抓紧社区矫正立法，难以确保社区矫正工作在法治化的轨道上和健全完善的机制下有效地运行。

未来的中国社区矫正法首先应该是一部"权力法""管理法"。因为它要解决社区矫正工作的实施主体问题，即社区矫正机关获得了专项的"授权"。通过这部法律，使得社区矫正实施机关有法可依，明确工作程序、职责和法律责任等。根据现代的法治理念，这部《社区矫正法》也是对社区矫正实施机关及其工作人员的"控权法"，所有的国家公权力都应该受到必要的约束和规制，否则权力就会异化、腐败。

社区矫正立法工作还有一项主要的价值使命，就是要系统确定社区矫正对象的权利与义务，这既是社区矫正本身的价值目标，也是对国家宪法"尊重和保障人权"精神的立法贯彻。一部能经得起时代和实践检验的法律，必定在公民权利与义务方面有精准恰当的制度安排。所以，笔者看来，社区矫正立法应贯彻"双目标"：一是规范权力；二是保障权利。规范社区矫正实施机关的权力与保障社区矫正对象的权利是相辅相成、互动共生的。

加强对于社区矫正对象人权的保护，立法迫在眉睫。虽然再我国单独制定一部《社区矫正对象人权保护法》不现实，但是，笔者认为，在未来的《社区矫正法》中单独列出一章内容来规定矫正对象的人权是十分必要的。笔者应有关部门之邀，在 2005 年年末草撰完成了一部《社区矫正法》的建议案。为完成保障社区矫正对象权利的立法目标，笔者在第一章"总则"和第五章"社区矫正对象的权利与义务"方面将宪法和有关法律对人权的规定更加具体化。建议稿明确地宣示了前述的十种权利类型。① 此外，在其他章节条款中写明了社区矫正实施机关及其工作人员的法定权限、职责及其在程序方面的相关义务。

在未来的社区矫正立法中，笔者建议，应当建立健全一套完善的行政救济

---

① 社区矫正立法不可能把社区矫正对象所有的权利种类与范围一一罗列，只要没有受到限制或是被剥夺的权利就是矫正对象所拥有的，这样就既可以避免赘述，又可以避免有些权利被遗漏的遗憾。对于矫正对象所拥有的且未受到限制或是被剥夺的权利，可以只做适中的分类。这样可以令立法更具简洁、有力、有效的特点。重复累赘只能让法律失去其本身的威严。当然，在社区矫正的实施机构、实施人员和实施程序等分章中需要把上述的机构、人员（监督人员）和实施程序一并列入法律中，以法律的形式将这些确定下来，以保障能够依法办事，体现立法者的本意。这些都是该部法律不可缺少的组成部分。

制度①、诉冤制度②、巡视员制度③等，以加强对社区矫正对象权利保障的监督。当然，这已经超越了本文的研讨范围，笔者拟另文深入论述。

（载《广州大学学报（社会科学版）》2006年第5期）

---

① 据调查了解，我国现有法律法规对罪犯权利的救济途径规定得很笼统。有的直接称复议，有的只是说申辩。这既说明了救济的单一性，也说明了救济的不统一性。我们应当建立一套科学、权威、完整的犯罪人权利救济制度，采用多种救济方式，建立多种救济渠道，以切实保护犯罪人的基本权利。由于我国目前的申诉制度不是正式的法律救济制度，难以达到保障社区矫正对象权益的目的。即使参考监狱对犯罪人的权益保障方法也难以得到满意的结论。虽然有个别省份的监狱系统在狱务公开内容中规定了罪犯对行政奖惩不服的，可以提出书面复议，而且范围限于行政奖惩。其依据是《监狱法》第58条规定的警告、记过或者禁闭性质上属于行政处罚，故而可以提出复议。不过，应当看到，监狱对罪犯的日常考核、计分考核、表扬、物质奖励或记功、警告、记过或者禁闭等日常管理行为，都应属于行政管理行为，应把矫正管理法律关系中所发生的争议都纳入国家统一的行政复议制度中，建立完善的矫正行政复议制度，充分利用行政内部的资源来保障罪犯的合法权益，保证行刑权的正确行使。

② 矫正对象可以就管理过程中侵犯其合法权益的行为，向矫正的有关专门监督机关控告和抱怨。这是一种内部纠正和消化的办法。国家应考虑设立一个专门处理社区矫正对象控告和抱怨的机构，而且要有专人负责。对控告与抱怨应迅捷答复处理，社区矫正对象可以向专职人员直接报告。

③ 瑞典首创了议会监察专员（Ombudsman）制度。我国社区矫正体制可尝试借鉴引入巡视制度，巡视委员会的专员应定期视察社区，听取和解决矫正对象对服刑中遇到的不公平待遇、对错误处理的申诉和控告。巡视委员会可以考虑由人大机关、检察机关、社区矫正管理机关的人员等共同组成。

关于我国《涉外民事关系法律适用法》人权保护规定的评析

周后春[*]

摘　要▶ 我国《涉外民事关系法律适用法》一方面充分考虑了当代国际社会保护人权的价值取向，但另一方面在人权保护方面也存在一些不足。基于当代国际国内立法对人权保障问题的重视，我国《涉外民事关系法律适用法》应进一步加大对人权的保护力度。我国《涉外民事关系法律适用法》要通过直接适用的法、公共秩序保留等制度进一步完善对人权的保护。

关键词▶ 涉外民事关系　法律适用法　人权

加强人权保护是当代国际国内立法的价值取向之一。人权法一方面同刑法、民法等法律一样是一个独立的法律部门；另一方面，人权法又是渗透在宪法与各部门法中的一种"综合性"的法律，而不是一个独立的法律部门，人权规范及原则几乎渗透于一切法律部门中，并是它们应当实现的基本价值。[①] 传统国际私法理论认为，冲突法是纯粹中立的技术性规范，并不涉及当事人的实体权利义务关系，但在晚近国际私法立法中，很多国家都认识到：国际私法不是没有价值取向的中性法律，它必须受宪法的制约；在制定冲突法的时候，冲突规范必须符合宪法；在适用外国法的时候，外国法的适用结果不能损害宪法中的基本权利。[②] 与国际社会国际私法加强对人权的保护的立法趋势相一致，2010 年 10 月 28 日通过的《中华人民共和国涉外民事关系法律适用法》对涉外民事关系法律适用问题作了比较完善的规定，其中也涉及了人权保护的问题，充分体现保护人权的价值取向，本文主要对该法关于人权保护的规定进行简要的评析。

---

[*]　周后春，广州大学副教授。

①　参见李双元、王葆莳：《论国际私法在我国的地位及发展方向》，载《中国国际私法与比较法年刊》（2008 年第 11 卷），法律出版社 2008 年版，第 101 页。

②　参见许军珂：《国际私法上的意思自治》，法律出版社 2006 年版，第 14 页。

一、我国《涉外民事关系法律适用法》关于人权保护的规定

我国《涉外民事关系法律适用法》关于人权保护的规定主要体现在对弱势群体的保护及法律选择的意思自治原则等方面。人权的主体主要是个人，但也包括某些社会群体，如妇女、儿童、残疾人、消费者、劳动者等。在当代国际社会，社会群体，尤其是弱势群体的人权正不断受到重视。我国《涉外民事关系法律适用法》中的诸多条款充分体现了对弱者利益的保护，如关于婚姻家庭关系的法律适用中，该法第25条规定，父母子女人身、财产关系，适用共同经常居所地法律，没有共同经常居所地的，适用一方当事人经常居所地法律或国籍国法律中有利于保护弱者权益的法律。该法第29条规定，扶养，适用一方当事人经常居所地法律、国籍国法律或者主要财产所在地法律中有利于保护被扶养人权益的法律。该法第30条规定，监护，适用一方当事人经常居所地法律或国籍国法律中有利于保护被监护人权益的法律。对于消费者合同的法律适用，该法第42条规定，消费者合同，适用消费者经常居所地法律，消费者选择适用商品、服务提供地法律或者经营者在消费者经常居所地没有从事相关经营活动的，适用商品、服务提供地法律。对于侵权行为中受害人权益的保护，该法第45条规定，产品责任，适用被侵权人经常居所地法律；被侵权人选择适用侵权人主营业地法律、损害发生地法律的，或者侵权人在被侵权人经常居所地没有从事相关经营活动的，适用侵权人主营业地法律或者损坏发生地法律。该法第46条规定，通过网络或者其他方式侵害姓名权、肖像权、名誉权、隐私权等人格权的，适用被侵权人经常居所地法律。

我国《涉外民事关系法律适用法》对人权保护的另一个方面主要体现在法律选择的意思自治方面，这充分体现了我国《涉外民事关系法律适用法》对自由权的重视与保护。在国外有学者认为，当事人意思自治的基础是个人自由原则，它是人权的一部分，就像1948年《人权宣言》中所主张的那样，个人自由不只适用于人身，也适用于经济范围。我国《涉外民事关系法律适用法》关于法律选择意思自治方面的规定主要有：该法第16条规定，当事人可以协议选择委托代理适用的法律。该法第17条规定，当事人可以协议选择信托适用的法律。该法第18条规定，当事人可以协议选择仲裁协议适用的法律。该法第24条规定，夫妻财产关系，当事人可以协议选择适用一方当事人经常居所地法律、国籍国法律或者主要财产所在地法律。该法第26条规定，协议离婚，当事人可以协议选择适用一方当事人经常居所地法律或者国籍国法律。该法第37条规定，当事人可以协议选择动产物权适用的法律。该法第38条规定，当事人可以协议选择运输中动产物权发生变更适用的法律。该法第41条

规定，当事人可以协议选择合同适用的法律。该法第 44 条规定，侵权行为发生后，当事人协议选择适用法律的，按照其协议。该法第 47 条规定，不当得利、无因管理，适用当事人协议选择适用的法律。该法第 49 条规定，当事人可以协议选择知识产权转让和许可使用适用的法律。

此外，我国《涉外民事关系法律适用法》在第 15 条首次规定了人格权的法律适用问题。该法的第 21 条、第 22 条关于结婚的条件和手续的法律适用问题均规定了选择性冲突规范。该法第 32 条、第 33 条关于遗嘱方式和遗嘱效力的法律适用问题亦规定了选择性冲突规范，这都体现了我国《涉外民事关系法律适用法》保护人权的立法理念与价值取向。正如我国有的学者指出的，在婚姻的缔结行为中借鉴人权理论，各国对当事人缔结婚姻意愿的干涉应该是能少则少。① 人权影响着继承领域的立法，尊重自由的观念使得针对继承的硬性规定越来越少，弹性规定或者选择性规定增多，在不违反国家强制性规定或者公序良俗时，各国都倾向于适用灵活性的准据法承认遗嘱有效，以实现当事人的自由意志。②

二、我国《涉外民事关系法律适用法》关于人权保护规定的不足

如上所述，我国《涉外民事关系法律适用法》对人权保护问题做了比较完善的规定，充分体现了以人为本，保护人权的价值取向。但笔者认为，我国《涉外民事关系法律适用法》关于人权保护的规定也存在一些不足，这些不足主要体现在：

（一）我国《涉外民事关系法律适用法》中没有明确规定保护人权，没有将保护人权规定为该法的基本原则

基于对人权保护问题的重视，国际社会有些国家在其国际私法立法中明确规定了保护人权。如《德国民法典施行法》第 6 条规定，其他国家的某一法律规范，如果其适用会导致一种与德国法律的基本原则明显不一致的结果，则不予适用。尤其是当其适用与基本权利相违背时，不得适用该法律。《也门人民民主共和国民法典》第 27 条第 3 款规定，若外国法的适用会明显损害人权，则应适用也门人民民主共和国的法律。我国有的学者指出，人类社会虽已进入知识经济的时代，但发达国家和发展中国家贫富的差距，资本和技术输出国与

① 参见袁发强：《人权保护与现代家庭关系中的国际私法》，北京大学出版社 2010 年版，第 84 页。

② 参见袁发强：《人权保护与现代家庭关系中的国际私法》，北京大学出版社 2010 年版，第 77 页。

输入国经济实力的差距，每个国家富人和穷人的差距，雇主与劳动者的差距，以及企业与消费者、男人与妇女、父母与子女之间的利益上的各种矛盾都还存在，在国际私法处理上述种种跨国性的私法关系时，强调保护弱方当事人的合法权益的原则，不应该被视为一个无关紧要的问题，保护弱方当事人合法权益的原则应是国际私法的基本原则。① 与上述德国国际私法、也门人民民主共和国国际私法及我国有些学者的主张不一样，我国《涉外民事关系法律适用法》并没有关于保护人权的明确规定，也没有将保护弱方当事人合法权益、保护人权规定为该法的基本原则，这样，在法律选择过程中，除非法律有明确规定，否则就不能明确地以违反人权为理由排除外国法的适用。同时，由于冲突规范是一种间接规范，并不直接规定当事人的权利义务关系，因此，即使是有些冲突规范明确规定适用弱方当事人的经常居所地法，但有时弱方当事人的经常居所地法并不一定有利于维护弱方当事人的权益，据此，由于我国《涉外民事关系法律适用法》没有将维护弱方当事人合法权益，保护人权明确规定为该法的基本原则，因此，在碰到这种情形时，也不能排除该冲突规范的规定而直接适用有利于保护弱方当事人权益，维护人权的法律规定。此外，对于有些涉外民事关系，我国《涉外民事关系法律适用法》可能并没有规定具体的冲突规范调整，由于该法没有将保护弱方当事人权益，维护人权作为基本原则，因此，对于这些涉外法律关系也不能直接适用有利于维护人权的法律去调整。综上，笔者认为，在当代国际国内立法日益重视保护人权的发展趋势下，我国《涉外民事关系法律适用法》没有明确规定保护人权，没有将保护弱方当事人合法权益，维护人权作为该法的基本原则不能不说是该法的一大遗憾。

（二）对于一些涉及人权保护的涉外民事关系的法律适用，我国《涉外民事关系法律适用法》没有作出明确规定，有些规定则不一定能充分保护涉外民事关系当事人的人权

当代国际社会国际私法的发展趋势之一是国际私法范围的扩大与内容的不断丰富。② 我国《涉外民事关系法律适用法》也适应了这一发展趋势，对涉外民事关系的法律适用问题做了比较全面和完善的规定，但对于有些涉及弱势群体保护的涉外民事关系的法律适用，我国《涉外民事关系法律适用法》没有明确规定。如在涉外婚姻家庭的法律适用领域，对于婚生子女确认与非婚生子女准正的法律适用，许多国家的国际私法规定适用对子女更为有利的法律，如

---

① 参见李双元：《国际私法》，北京大学出版社 2007 年版，第 34 页。
② 参见李双元：《国际私法》，北京大学出版社 2007 年版，第 65 页。

1984 年《秘鲁民法典》第 2038 条规定，婚姻中子女地位的确认，依婚姻举行地法或子女出生时父母一方的住所地法或国籍国法，根据最有利于子女的原则择一适用。但对于婚生子女确认与非婚生子女准正的法律适用问题，我国《涉外民事关系法律适用法》没有作出相关规定。在涉外侵权行为法律适用领域，相对于加害人而言，侵权行为中的受害人是弱者，为了保护弱者的利益，各国国际私法大多规定适用对受害人有利的法律，或者规定由受害人选择适用对自己有利的法律，并对于一些特殊的侵权行为规定了单独的法律适用规则，如对于不正当竞争行为的法律适用、妨碍竞争行为的法律适用、不动产排放物造成损害的法律适用，人格权侵权行为的法律适用、环境损害的法律适用等特殊侵权行为的法律适用问题都规定了适用有利于受害人的法律适用规则。但对于这些特殊侵权行为的法律适用规则，我国《涉外民事关系法律适用法》都没有作出相关规定。

对于有些涉及弱势群体的涉外民事关系的法律适用，我国《涉外民事关系法律适用法》的规定不一定能很好地维护弱势群体的利益。如在涉外收养的法律适用领域，儿童的社会地位开始提高，收养制度的立法价值也有所转变，更注重体现其对于被收养人的意义，以维护被收养儿童的利益为价值取向。[1] 但我国《涉外民事关系法律适用法》虽然规定收养关系的解除，适用收养时被收养人经常居所地法律或者法院地法。但正如我国有的学者所指出的，不论是适用收养人属人法还是适用被收养人属人法，都是先验地认为某种属人法一定有利于被收养人，这种先验和假设已为实践证明是错误的。在涉外收养案件中采取结果导向原则，直接规定收养纠纷适用对被收养人最为有利的法律，才能更好地保护儿童的利益。[2] 在涉外离婚的法律适用中，随着各国立法从禁止离婚的立场逐渐向自由离婚方向的转变，涉外离婚的法律适用出现了有利于离婚的准据法表述公式，如 1978 年《奥地利联邦国际私法法规》第 20 条规定，离婚的要件和效力，依离婚时支配婚姻人身效力的法律，如依该法婚姻不能根据所举事实解除，或适用于婚姻人身法律效力的准据法无一存在时，则适用离婚时原告的属人法。在法律选择方面着眼于有利于离婚，可以说已成为当前欧洲国家的普遍倾向。[3] 但我国《涉外民事关系法律适用法》第 27 条

---

[1] 参见袁发强：《人权保护与现代家庭关系中的国际私法》，北京大学出版社 2010 年版，第 74 页。

[2] 参见袁发强：《人权保护与现代家庭关系中的国际私法》，北京大学出版社 2010 年版，第 75 页。

[3] 参见李双元：《国际私法》，北京大学出版社 2007 年版，第 34 页。

规定，诉讼离婚，适用法院地法律。这显然是不利于保障涉外离婚当事人的离婚自由权。

三、我国《涉外民事关系法律适用法》关于人权保护规定的完善

如上所述，我国《涉外民事关系法律适用法》一方面充分考虑了当代国际社会保护人权的价值取向，但另一方面在人权保护方面也存在一些不足。基于当代国际国内立法对人权保障问题的重视，我国《涉外民事关系法律适用法》应进一步加大对人权的保护力度。基于我国《涉外民事关系法律适用法》于2010年刚通过，立即对该法进行修改不利于维护法律的稳定性，因此，笔者认为，司法机关在适用我国《涉外民事关系法律适用法》的过程中应充分利用该法第4条关于直接适用的法的规定及该法第5条关于公共秩序保留制度的规定保护涉外民事关系当事人的基本人权。我国《涉外民事关系法律适用法》第4条规定，中华人民共和国法律对涉外民事关系有强制性规定的，直接适用该强制性规定。根据该规定，为维护涉外民事关系当事人的基本人权，可以将某些涉及基本人权的法律规范认定为强制性规范，从而直接予以适用，以达到维护涉外民事关系当事人基本人权的目的。对此，我国也有的学者从保护弱势群体人权的角度提出"保护弱者的法"应成为"直接适用的法"，在涉外民商事诉讼中，当冲突规范指引的法律或者当事人选择的法律损害了弱者利益，与预先规定相冲突的时候，将不能适用该冲突规范。[①] 我国《涉外民事关系法律适用法》第5条规定，外国法律的适用将损害中华人民共和国社会公共利益的，适用中华人民共和国法律。根据该规定，我国法院在司法实践中可以将人权保护与公共利益联系在一起，当外国法的适用违反我国法律所保护的基本人权时，利用公共秩序保留制度排除外国法的适用，从而达到保护基本人权的目的。利用公共秩序保留制度保护涉外民事关系当事人的基本人权在国际社会已经有诸多司法实践。如在瑞士的 Koran 一案中，原被告是一对依照伊斯兰法结婚的夫妇。丈夫是瑞士人，但在结婚前改信伊斯兰教。他们在黎巴嫩按照该国法律（伊斯兰法）结婚。此后，丈夫在黎巴嫩按照伊斯兰法的方式休妻，并得到了黎巴嫩法院的判决。在回到瑞士后，在子女抚养权问题的诉讼中因为需要考虑离婚的效力问题，瑞士法院拒绝承认休妻判决的效力，认为休妻制度与瑞士宪法中关于丈夫与妻子平等的基本权利规定不相符合，因而认为该外国判决违反了瑞士的公共政策，并以此为依据拒绝承认黎巴嫩法院的判决。

---

① 参见屈广清：《论保护弱者的国际私法方法及其立法完善》，载《法商研究》2006年第5期。

在利用直接适用的法和公共秩序保留制度维护涉外民事关系当事人的基本人权时，我们同时应当注意的是，人权本身是一个有争议的概念，不同国家、同一国家的不同学者对人权都有不同的解读，一种权利在一个国家可能被视为一种基本人权，而在另一个国家却可能被否定。另外，人权本身也是存在特殊性的，不同国家基于自己民族特性和地域特征以及不同的历史、文化和宗教背景作出自己的人权安排，甚至即使是同一个国家，在不同的历史时期可能会更重视或强调某项人权。社会经济发展水平不同，人们面临的人权问题就不一样，优先要解决的人权问题也不一样，这就决定了人权的具体内容和次序上的差别。① 基于人权的特殊性，各国在利用人权排除外国法的适用时就有可能会滥用人权，根据具体案件的实际情况的需要对人权作出不同的解释，从而达到排除外国法的适用的目的，这不仅达不到保护人权的目的，反而会毁坏整个国际私法的价值。我国也有的学者指出，在涉外民商事关系的法律调整中，人权的保障也许不可或缺，但一定要把握好具体尺度，绝不能把人权变成一种高高在上、无限膨胀而脱离实际的东西。否则，不但无益于国际民商事法律冲突的协调，反而会进一步拉大各国之间的鸿沟，甚至加深彼此的敌意。② 因此，我们认为，在为保护人权的目的而排除外国法的适用时，首先应对可以据以排除外国法适用的人权做一个相对精确界定。我们认为，能据以排除外国法适用的人权应主要是指普遍性人权，当一国根据本国的冲突法所适用的外国法侵犯普遍性人权时，则应排除适用。当然，如果一国法律认为外国法虽然没有侵犯普遍性人权，但与该国关于人权标准严重相违背的话，则该国也可以通过公共秩序保留等相关制度排除外国法的适用。

（载《广州大学学报（社会科学版）》2011 年第 9 期）

---

① 参见徐显明：《国际人权法》，法律出版社 2004 年版，第 22 页。
② 参见刘仁山、粟烟涛：《法律选择中的人权保障问题》，载《法商研究》2007 年第 2 期。

人权基础理论

法律推理中的人权原则

阎　佳* 张立伟**

摘　要▶ 法律原则作为法律的要素之一，在法律推理中有着非常重要的作用。法律原则对于权利在法律中得以确立和保障有着重要意义，尤其是宪法中基本权利规范一般具有法律原则的性格。人权原则在规范中有着不同的形式，这些原则通过法律推理作用于实践。如何保证人权原则在法律推理中的应用对于中国的宪法实践具有重要意义。

关键词▶ 法律原则　基本权利　法律推理

一、作为原则的人权

法律原则和规则的区分，是现代法理学研究发展的一个重要"里程碑"。①无论是在欧洲大陆的法理学还是英美的法理学中，原则的重要性一再被人们强调和论证，并成为法律实证主义和其他学派论辩的重要论题。自德沃金的《认真对待权利》开始，法律原则被作为法律的要素之一，与法律规则和概念并列。但是也有人认为法律原则与其他原则或价值目标难以区分，甚至认为法律原则由于其概括性和宣言性而使其无法备致一般法律的形式要求，故此，法律原则徒为法律上的一种装饰，无法像规则一样产生效力。②但是这种反对法律原则的声音在目前的法理学中已经渐渐低落，即使是德沃金所批判的法律实证主义也不得不采取一种消极的立场，从原来的立场上退却。德沃金对于原则和规则的区分以及这一区分对于理解法官如何进行推理的重要性，已经基本为人们所接受，得到了大多数人的赞同。

按照德沃金以及其他学者对于法律原则的论述，我们可以归纳出原则的几

　＊　阎佳，司法部犯罪预防研究所助理研究员。

＊＊　张立伟，中国政法大学博士生。

　①　参见颜厥安：《法与实践理性》，中国政法大学出版社 2003 年版，第 55 页。

　②　参见 Alexander, Larry& Kress, Ken. Against Legal Princi－ples［M］, Andrei Marmor, ed. Law and Interpretation. Oxford：ClarendonPress, 1995, p. 293。

个性质：

首先，原则属于法律规范，具有法律效力，这一点是受到德沃金肯定的。尽管受到了很多人的质疑，如实证主义者认为原则不是法律的一部分，因为法官考虑它们没有义务，只有自由裁量。德沃金认为，承认原则是法律需要否证法律实证主义者的第一个纲领，即哈特所说的用一条基本规则（承认规则）作为检验标准以区分法律规范与其他社会规范。① 按照这一标准，德沃金所承认的原则很难通过其检验。但是林立认为德沃金所认为的矛盾事实上并不存在，而认为规则与原则之间并无矛盾。②

需要指出的是，德沃金所说的原则属于法律规范，具有法律效力，实际上指的是它最终成为了法律推理过程的指南，指导了法官作出最终的判决，而非意指法律原则要出现在法律文本、立法当中。如果我们从他的法律原则属于法律规范的主张推出法律原则是立法中所包含了的，就错误地或者是有偏差地理解了德沃金的真正意指。但是指出这一点并非就否认在法律文本中，在立法者那里已经有了法律原则的位置。换言之，法律原则既是法官在司法当中对法律与事实进行解释时基于类型化推理而得出的，也可以是立法者在制定法律文本时针对一般的社会事实、社会关系进行的类型化理解产生的。后者同样要对法律推理产生大的作用，甚至可以说在法律推理过程中，它对法官有着比前者更强的指示意义，尤其是在我们的司法实践中。这一点，在基本权规范上体现得尤为明显。

其次，原则具有可争议性（contestability）。德沃金认为原则是有争议的。原则数量众多，且转移和变化都是非常迅速的。不同的原则其分量（weight）也不同。③ 因此，在不同原则之间可能会发生冲突。对原则的冲突，要进行衡量和评价。一个特定原则的权威或分量不能在一般情况下得到证明，但是我们可以通过一个具体案件来确定一条原则，并且通过案件来看它的分量，诉诸实践和原则合二为一。而在两个规则相冲突时，每个规则将面临被判定为"全有全无"的局面，即只有一个能继续存在法律体系中。

最后，原则的适用是一种最适化适用。阿列克西赞同德沃金对于原则和规

① 参见［美］德沃金：《认真对待权利》，信春鹰、吴玉章译，中国大百科全书出版社1998年版，第67页。

② 参见林立：《论"法律原则"的可争议性及为"柔性的法价值秩序"辩护（上）——对 Dworkin 法律解释理论的批判性反思》，载 https：// www.law – dimension.com/detail.asp? id = 707，2005 年 12 月 18 日。

③ 参见［美］德沃金：《认真对待权利》，信春鹰、吴玉章译，中国大百科全书出版社1998年版，第67页。

则的区分，他认为规则和原则的区分在法律推理中有着极为重要的含义。按照阿列克希的说法，规则是指在满足特定的前提条件下，确定地命令、禁止、许可或确定地授权之规范。因此规则可以简称为确定的命令。对于规则的适用形态是包摄（涵摄 subsumption），而原则则是最适化命令，作为最适化命令，是指事实与法律上的可能范围内尽可能实现的命令规范。原则可以在不同的程度内被满足，同时命其实现的程度不仅取决于事实上，也取决于法律上的可能性。

权利规范是原则还是规则？对于此问题，人们的认识并不相同。在迈克尔·D. 贝勒斯的《法律的原则——一个规范的分析》一书中，他列出了各个部门法中大概有近一百个法律原则，以权利为名或与权利直接相关的寥寥无几。[1]德沃金对此也没有直接回答，他举出美国宪法第一修正案关于"国会不得剥夺言论自由"来说明区分规则和原则是非常困难的这一命题，因为此条款有人将之作为一条规则，认为它是对国会行为的明确指引，也可以将其看作一条原则的阐述，如果发生剥夺言论自由的情况，除非有其他政策和原则重于不得剥夺言论自由的规定，如霍姆斯所说的"清楚的和现实的危险"标准。[2]但是，在德沃金区分原则和政策的时候，他认为，原则的论点可以证明一项决定尊重或维护某些个人或集体的权利，而政策的论点则是证明一项决定促进或保护作为整体的社会的某些集体性目标的合理性。[3]原则的论据意在确立个人权利，政策的论据意在确立集体目标；原则是描述权利的陈述，政策是描述目标的陈述。[4]

即使我们不接受德沃金在此所论证的狭义上的原则，但是我们应当承认原则与权利紧密相关，尽管很多时候我们把德沃金所说的政策也作为原则，也就是张文显所说的"政策性原则"。当然，我们并不能排除权利作为规则的情形。法律文本中存在的很多权利是以确定的行为模式命令出现的。应当接受的解说或许是对于规定实体性权利的条款，在多数情况下它是一个规则，如果将其作为评判某一具体行为的标准，那么，它也可以成为一项原则。在通常情况

---

① 参见［美］迈克尔·D. 贝勒斯：《法律的原则——一个规范的分析》，张文显译，中国大百科全书出版社 1996 年版。

② 参见［美］德沃金：《认真对待权利》，信春鹰、吴玉章译，中国大百科全书出版社 1998 年版，第 47 页。

③ 参见［美］德沃金：《认真对待权利》，信春鹰、吴玉章译，中国大百科全书出版社 1998 年版，第 117 页。

④ 参见［美］德沃金：《认真对待权利》，信春鹰、吴玉章译，中国大百科全书出版社 1998 年版，第 126 页。

下，人权规范是作为后者出现的。

对于宪法中的人权规范而言，正如阿列克希所说，基本权规范具有原则性格。阿列克希认为，基本权规范具有超越的或理念的内容这不是因为它不具有非拘束性内容的特性，而是因为它具有原则内容。[①] 具有原则内容意味着基本权在司法过程中必须被衡量，也即是原则的实现在一定程度上依赖于事实的可能性。在某种情形下，基于事实上的比例关系可能会使某些原则被牺牲而某些原则得到较高程度的实现。在德国宪法法院的司法实践中早已发现了这一点，如在吕特案之判决中对于意见表达自由的基本权与保护营业免受联合抵制呼吁影响之间的关系赋予了前者以优先地位，而在中国一个类似的案件，即恒升电脑公司诉王某案中则偏重了后者。需要指出的是，这种优先地位的赋予是在此等具体事件中做出的，而并非是一般性评价。尽管这些判决作出的过程中，是依据比例原则对基本权进行衡量，但事实上对于司法衡量极为重要的比例原则是内含于基本权规范中的。德国联邦宪法法院在一个判决中表示："比例原则自基本权的本质中产生。"因此，阿列克希说，规范的原则性格与比例原则之间存在着极为紧密的联系，或者说比例原则在逻辑上归结自基本权规范的原则性格。[②]

孙斯坦将此称作"未完全理论化的协议"，意指接受某一原则的人们无须赞同它在特定情形中的要求。人们在某个原则上达成协议与它们在特定情形中的分歧同时并存是一种普遍的法律和政治现象。许多宪法都包含未完全具体化的标准，而且避免作出各种规范，至少当它在描述基本权利时如此。[③] 这些以未完全具体化的标准出现的基本权利形成不同分量和层次的原则在社会和司法中起着重要的作用。

二、人权原则的获得

法律原则的寻获，德沃金教授早期在《认真看待权利》一书中，认为要取决于"在法律人职业阶层及大众身上长年所发展的一种妥当感"及"制度上的支持"（institutional support）。实际上我们看到，德沃金强调原则的重要

---

① 参见 Robert Alexy：《作为主观权利与客观规范的基本权》，程明修译，载《宪政时代》第 24 卷第 4 期。

② 参见 Robert Alexy：《作为主观权利与客观规范的基本权》，程明修译，载《宪政时代》第 24 卷第 4 期。

③ 参见［美］孙斯坦：《法律推理与政治冲突》，金朝武、胡爱平、高建勋译，法律出版社 2004 年版，第 39 页。

是为了其权利命题的展开。他反对法律实证主义者的观点——否认法律权利可以先于任何形式的立法而存在。他认为人们除了可以享受明确的规则所规定的种种权利之外，在司法中也可以享受权利。原则命题是为权利命题服务的，当然作为权利陈述的原则是可以从司法中获得的，它并不依赖于立法。但是对于具体如何从司法中获得原则，德沃金并没有说得十分清楚，他只是说明哈特的所谓承认规则无法容纳原则。但是拉兹希望做到这一点，即通过对承认规则的改造来容纳法律原则以应对德沃金的批评：如果一个特定的原则在相当长的一段实践里被很多法官当作必须考虑的原则加以援引，那么这一实践将构成一个独特的承认的社会规则。① 但是不论是拉兹还是德沃金都将从司法实践中法官对于法律原则的援引作为法律原则寻获的途径。

德国约瑟夫·埃塞尔指出，司法裁判逾越法律文本划定的界限经常要求有助于由法律推得（或据称可以由法律推得）的"一般法律思想"或"原则"。"一般法律思想"作为"原则"，事实上本应独立于法律之外而有其效力。其正当性之根据在于"事物，或相关制度的本质"。原则既非由——依其内含的意义被"正确"理解的——法律"归纳"所得，亦非由不须凭借法律即有其效力的自然法体系，或"自性自存"的、固定的价值阶层秩序中"演绎"所得。原则产生的过程在埃塞尔那里是这样描述的："特定真实、实质的问题要求我们必须发展解决方案出来；起初的做法只是寻求个案解决，并不追求或证实原则的存在，之后便实事求是地以此条或彼条适当规定为其根据。当体系上的矛盾不容掩饰时，大家就必须承认：我们之所以利用这些规定，只是为了在体系上支持——超越这些规定的法律原则。"② 法律原则起初是无意识的，在一个"长期于潜意识中发展的过程里逐渐形成"。法官的裁判是将前实证的原则转变为实证法条及法律制度的转化机制。换言之，法律原则是在具体的个案中发现的。③ 在埃塞尔看来，法律原则既非"法条"（规范），亦非逻辑意义上的"语句"，而是法官形成具体规范的出发点或凭据。在他们那里，法律原则从被发掘之日就被作为反对严格的法律实证主义的重要武器。

---

① 参见 Raz, legal principles and legal positivism。

② ［德］卡尔·拉伦茨：《法学方法论》，陈爱娥译，商务印书馆 2003 年版，第18 页。

③ 参见［德］卡尔·拉伦茨：《法学方法论》，陈爱娥译，商务印书馆 2003 年版，第19 页。

　　然而，正像拉伦茨对埃塞尔的批评一样，他们过分低估了法律本文的意义。① 受他们的判例法背景影响，② 只有法官那里的法才是真正的法，只有法官才能决定何者为法。拉伦茨认为此种观点对于形成良好的法秩序并非总是正确的。法律原则并不总是必须从司法中获得，尽管可能从发生学上而言的确如此。事实上，我们可以从法律文本中发现诸多已经确立了的法律原则。法学家与立法者从既有的司法实践与法律传统中总结出某些概括性标准，并将其体现在了法律文本中。因此，法官并不总是需要创造法律原则。

　　然而，当我们将讨论的语境限定在中国的司法推理过程中时，就会发现游走于英美的法律推理与大陆的法律方法之间，经常会遭遇英美的普通法司法与大陆法体系的无论是理论上还是实践中所呈现出的差异。这种差异尽管在目前全球化浪潮下已经大大缩减，但是仍然足以使我们迷惑：到底应怎样对待法律推理中的原则，包括人权原则？对于缺乏判例法实践的中国法官来说，以司法实践获取对于某一原则的制度化支持是相当困难的。且不说我们司法的大陆法系传统——尽管已经有了很大的改变，渗透了大量英美司法的元素，以及现代司法推理传统的欠缺，二十来年正常的司法实践活动不足以从共同的司法习惯中得出某些原则——仅仅考虑到法官在法律推理中所表现出来的能力与司法技术就足以让我们对此问题不抱信心。但是法律原则并不只是从司法中获得，上面已经提到事实上基本权具有原则性格，同时在立法中已经确立了很多法律的基本原则。因此，我们这里所讨论的人权原则将主要体现在法律文本中。若能将立法中已经确立的人权原则具体化于司法推理中，这已经是一个极大的进步。

　　我们首先需要做的应当是考察一下在立法中已经存在了的人权原则。对于人权规范而言，大致可以分为这样三类：其一，一些人权是绝对的。在这些人权的规范领域，是不可以衡量的。绝对的人权必须被尊重并获得保护。这些人权规范有些是出现在宪法当中，有些是出现在国际人权法中，如免予奴役、免予酷刑、免予不人道待遇的权利等。这些人权或者规范不应当被作为原则对待，不具有可争议性。也许会有人争辩说，这些人权可以作为绝对原则以衡量其他具体规则或者原则。我们反对这种说法，这些人权并非是原则，而是绝对的规则，是必须在司法中得到适用的规则。它不是去衡量其他规则或原则，而是规制它们。也即是说它们具有绝对的效力，在任何情况下不得被违反，否则即为无效。其二，有些人权是相对的。除了上述绝对权利之外，其他人权皆是相对的权利。也就是说，不仅它们之间可能会相互冲突，发生需要衡量的情

---

① 这里的本文与文本是同一含义。
② 尽管埃塞尔是德国法学者，但是对于英美法的思考方法——判例法有着深入的研究。

况，而且它们可能与其他原则或者政策产生冲突。有时候，基于特定的事实或情形，它们不得不服从于某个紧急的社会政策或者目标。因此，这部分人权规范具有阿列克希所说的原则性格。它们被用来衡量其他具体规则或原则，而它们自身也被衡量。在这一部分权利规范当中，其分量有着较大的差别，如言论自由向来被认为是国家和民主机制的基石，甚至有的政治理论将其视为绝对的权利来进行论证，而且在国际人权法中明确规定只有基于下列几个理由才可以对其进行限制：尊重他人的权利或名誉；保障国家安全或公共秩序，或公共卫生或道德。① 其三，有些人权规范本身就是以原则的形式出现。如《世界人权宣言》第 1 条就规定："人人生而自由，在尊严和权利上一律平等。"我国2004 年通过的宪法修正案："国家尊重和保障人权"被作为宪法第 33 条。"国家尊重和保障人权"条款被学者们称作是人权保障的概括性条款，它使得中国的人权体系由原来封闭的体系转向开放，它可以成为司法进行人权推定的依据。尽管对于"法律面前人人平等"到底是规定了人的平等权还是一项法律平等保护的原则还存在争论，但笔者倾向于认为这不是一个非此即彼的问题，实际上它既规定了人应当享有法律上的平等权，但同时它又构成了平等保护的原则，这并不矛盾。此类人权规范是一种强势意义上的原则，对于司法的衡量和解释是必须考虑的标准。

三、法律推理中的人权原则

作为一种"未具体化的标准"（或者是未完全理论化的协议）的人权原则，其实证化的路径可以分为两方面：其一，人权原则具有政治意义。它是政府制定政策时必须参考的标准。一项关于经济、政治或社会改革的政策，并不能完全以功利主义思想支配，人权原则将为这些政策设定目标和界限。为了实现某种普遍的社会利益或者是达到一个非个人化的政治目的所制定的政策，必定要经过人权原则的衡量。譬如说北京市政府为了改善北京市的交通拥挤状况而限制私家车的数量及行驶路线的政策，就要依财产权自由这一原则作出考量。通过各种各样的具体的政策和行政法规、条例，人权原则被实证化。其二，人权原则于法律推理中实证化。对于规范性的人权原则而言，这一路径更加重要。从历史来看，人权原则不仅产生于政治性实践，同样也产生于司法活动过程。人权原则作用于法官解释法律和推理裁判的过程，并通过法官的判决而得以实证化。说其更加重要，不仅因为司法对于人权原则而言是最彻底的实证化路径，并且人权原则的政治性实证化要经过司法的检验才能最终确定。

---

① 参见《公民权利和政治权利国际公约》第 19 条第 3 款。

就人权而言，实际上它在两层含义上对于司法产生作用。从德国宪法法院的人权司法实践来看，主要是主观权利和客观法两个层面。所谓主观权利层面，是说人权仅仅是作为一种主观权利受到保护，或者说是在防卫权意义上被理解。这也是最基本的人权含义。而客观法层面则是在战后基本权解释理论中发展起来的，它被视为表达某种价值的客观规范或原则，① 是宪法基本决定的客观价值秩序或价值体系。② 在这一层面，基本权的功能大大超出了原来的对抗防卫权功能，而是被用以充当那些没有明示界限之基本权利的宪法内在界限，或者被用来把内容抽象、开放的基本权界限予以进一步具体化。基本权的客观纬度理论以公共利益或集体利益为对象，常常与价值结合在一起作为客观价值秩序体系来界定基本权利的边界。因此说，在这个意义上，基本权（人权）具有原则意义，我们"可以将原则普遍纳入客观的次元（维度）中"。③正是从基本权的客观法性质中推论出国家的基本权保护义务，不仅立法和行政上有积极的义务，而且司法上也负有维护基本权之客观价值秩序的义务，这大大扩展了基本权的义务范围。也正因为如此，法官才得以充分发挥基本权之价值原则的衡量评价作用。④

人权原则在法律推理中的实证化主要通过这样几个途径来完成：

其一，人权原则是对案件事实进行价值评判和衡量的最终标准。拉伦茨认为，案件事实的形成需要法官借助"一般经验法则"所作出的判断，但是面对复杂的社会纠纷事实并非总是有"一般经验法则"可用。如果欠缺可用的

---

① 参见 Christian Starck：《基本权利的解释与影响作用》，许宗力译，载《台大法学论丛》第 21 期。

② 参见《作为主观权利与客观规范之基本权》，这一基本权客观维度理论（程明修译作客观次元）是在 1958 年吕特案中发展起来的。

③ 参见 Robert Alexy：《作为主观权利与客观规范的基本权》，程明修译，载《宪政时代》第 24 卷第 4 期。

④ 需要说明的是，尽管德国基本权的客观法维度获得了很大的发展，但也遭到了很多批评。而且，其与主观权利维度相比，后者仍处于优先地位。联邦宪法法院专门就基本权的主观权利维度和客观法维度间的关系作了说明：就基本权的历史及其今日的内容以观，基本权主要是个人权，以保护具体的、特别容易受侵害的人类自由为内容的人权与公民权。作为客观原则之基本权利乃系衍生自该原始意义的基本权利，其功能也是在于强化该原始意义之基本权利的效力。所以，基本权利的客观法功能不能从其本来的核心脱离，而独立成一种缺乏基本权之原始与永久性含义的纯粹客观规范。

"一般经验法则"，则判断者必须依法律规定的观点来评断各该事实的重要性。① 在将案件事实涵摄于法律规范的构成要件之前，必须先依据"须填补的"标准来判断该案件事实。但是此类标准如"善良风俗"等的确定，还需参照当时被承认的社会伦理。而此种社会伦理亦具有较强的可争议性，在很多领域不能得到一致的见解。司法裁判转而依法秩序特别是宪法的基本价值标准来审视"具有支配力的社会伦理"，② 也即是最终具备"适当法效果"的案件事实的形成需经由人权原则的评价。这种评价根源于事物的类型化的伦理本质，但是不同于完全的伦理原则之处在于，它是一种有拘束力的评价标准，可以使评价在一定程度上客观化。

其二，人权原则是法官之法律解释的重要标准。此处所说法律解释是狭义上的，它仅是探求法律文字中所承载的意义，并用其他语词更清楚、更精确地表达它，使它可以传达给他人，而不想对其有何增减。③ 拉伦茨列举了几种法官进行法律解释时应当遵奉的标准：字义；法律的意义脉络；历史上立法者之规定意向、目标及规范想法；客观的目的论标准；合宪性解释的要求。④ 在这几种解释标准中，具有宪法位阶的法伦理原则对解释具有特殊意义。它要求在依字义及脉络关系可能的多数解释中，应优先选择符合宪法原则，因此得以维持的规范解释。⑤ 但是法官在进行依照人权原则对法律文字进行合宪性解释之时，不能逾越法律字义及其意义脉络所划定的界限，否则就可能逾越其解释的限度。基于德国基本权解释理论的客观法维度，法官所为之法律解释应当参照"基本法的价值秩序"，但它并不能为法官提供一个确定的价值原则层级、基本权的位阶，它所指的仅是各种基本权原则及其他宪法原则在意义上彼此相关，可以相互补充、相互限制。因此，法官在此种解释理论下仍然有着较强的自由衡量地位，但是法官应当为其解释负论证之责。

其三，人权原则是法官进行法律续造之依据与界限。法官并不拘泥于（法

---

① 参见 [德] 卡尔·拉伦茨：《法学方法论》，陈爱娥译，商务印书馆 2003 年版，第 170 页。

② 参见 [德] 卡尔·拉伦茨：《法学方法论》，陈爱娥译，商务印书馆 2003 年版，第 170 页。

③ 参见 [德] 卡尔·拉伦茨：《法学方法论》，陈爱娥译，商务印书馆 2003 年版，第 194 页。

④ 参见 [德] 卡尔·拉伦茨：《法学方法论》，陈爱娥译，商务印书馆 2003 年版，第 200 ~ 219 页。

⑤ 参见 [德] 卡尔·拉伦茨：《法学方法论》，陈爱娥译，商务印书馆 2003 年版，第 221 页。

律的）字面含义而把立法者的指令应用于个案。司法裁判的任务有时可能特别要求那些宪法性秩序所固有的，但尚未在成文法律文本上得到表述或只有不完整表述的价值立场，应当通过某种评价行为加以澄清。① 按照拉伦茨对于法律续造的解说，法律续造可以分为法律内的续造——漏洞补充以及超越法律的续造。法律规范的漏洞是因为在"法律规整脉络范围"内出现了"不圆满性"，即依根本的规整意向，应予规整的问题欠缺适当的规则。② 针对此种漏洞所进行的漏洞补充，应该以法律本身的观点、法律根本的规整意向为依据，或者进行扩大的类推适用，或者进行目的论的限缩或扩张。在某些情况下，人们常常会发现在法律变革的需求与立法反应之间存在一段永恒的距离，基于实现法律原则及保障权利下的必要性以及立法必然的时滞性，司法裁判会"创构"出一些法律原本并未包含，有时甚至与原来法律背道而驰的法律裁判来。这也就是超越法律的续造。无论是漏洞补充中的类推适用、目的论的限缩或扩张，还是超越的法律续造，都是以法律所包含的原则以及人权原则、价值秩序为其出发点或依据。并且，人权原则既为法官进行法律续造提供理由，又为其设置界限。尤其是对于后者而言，只有此种法律续造与人权原则相一致，才能被正当化。因此说，此种法的续造虽然在"法律之外"——超越法律的规整，但仍在"法秩序之内"——仍须坚守整体法秩序及其根本的法律原则所划定的界限。③ 法律原则尤其是人权原则，代表了法律的一般思想和价值，实为任何造法行为不可逾越之界碑。如此，也可以免除人们对于法官可能超越其权限所产生的担心。譬如，基于法律续造的类推适用是否会构成刑法上"法无明文规定不为罪"原则的违反。

其四，人权原则是正当化司法裁判的重要理由。人权原则可以从两个方面

① 即使其中也可能具有某些主观意志因素。在中国法官的司法裁判实践中，法院开始意识到这一问题，并开始了主动的实践，如在齐玉苓一案中，法官开始将宪法秩序中的人权原则应用于他们认为在下位的成文法律文本中所没有得到完整表述时发生的案件。需要注意的是，允许法官可以进行这样的法律推理，必须要容忍法官在其中可能运用的主观意志因素。但是在此过程中法官必须防止恣意专断，其判决必须以理性论证为依据。其理性论证的含义大致可以概括为"法官判决应根据实践理性的标准和社会共同体的普遍接受的正义观念来弥补法律的漏洞"。参见阿列克希：《法律论证理论》，舒国滢译，中国法制出版社2002年版，第31页。

② 参见［德］卡尔·拉伦茨：《法学方法论》，陈爱娥译，商务印书馆2003年版，第251页。

③ 参见［德］卡尔·拉伦茨：《法学方法论》，陈爱娥译，商务印书馆2003年版，第287页。

为论辩司法裁判的可接受性。一是外部证成，从人权原则的伦理意义上正当化裁判。拉伦茨说，即使法官先是在法律中寻找案件的解答，然而获得一个伦理上可以被正当化的结论，这对他来说才是最重要的事。[①] 实上，即使是最虔诚地信奉"法官只服从法律"这一信条的法官，在法律适用过程中也要考虑在伦理上正当化裁判的重要性，因为这是构成判决之可接受性的重要方面。二是内部证成，人权原则也是构成裁判正当化的最高规范理由。人权原则直接适用于裁判，以作为判决的规范依据。但这里的适用是最适化的应用，人权原则不是作为严格的规范模式直接套用于裁判中，而是针对具体案件情形得到不同程度的满足。它仍然需要接受其他原则如公共道德、公共安全的约束。尽管如此，人权原则是一种优位的原则，其他原则可能构成限制它的理由，但是它必须得到尽可能的满足，最大化的适用。

（载《广州大学学报（社会科学版）》2006 年第 3 期）

---

① 参见［德］卡尔·拉伦茨：《法学方法论》，陈爱娥译，商务印书馆 2003 年版，第 28 页。

"国家人权行动计划"的研究现状述评

许　尧* 杜宁宁**

摘　要▶ 国家人权行动计划的颁布和实施引起了学术界的一定关注。现有研究集中于国家人权行动计划的意义、主要特点解读、实施分析及对计划的质疑、批评和建议等方面,尤其是对计划的解读和贯彻占绝对多数,学科视角以法学、政治学、行政学为主,所刊登的期刊具有"大报小刊"的特点。相对而言,在人权行动计划的国际比较研究、跨学科的综合研究和学理性的系统研究等方面明显不足。应综合学科内与学科间、纵向比较与横向比较、定性与定量等路径对国家人权行动计划的相关重点问题进行进一步的深入研究。

关键词▶ 国家人权行动计划　人权发展道路　人权保障

在1993年举行的世界人权大会上,提出了制定国家人权行动计划的倡议。大会通过的《维也纳宣言和行动纲领》建议每个会员国考虑制定国家行动计划,以确定各国为促进和保护人权所应采取的步骤。中国在2009年制定了《国家人权行动计划(2009—2010年)》,2011年对该计划的执行情况进行了评估;其后,又制定了《国家人权行动计划(2012—2015年)》。在国家层面连续制定、实施以人权为主题的战略规划,充分表明政府对人权事业的高度重视。与人权事业发展实践相呼应,国内学术界也出现了一些对"国家人权行动计划"的研究。本文对现有相关研究进行总结概括,并在此基础上分析下一步应当加强研究的几个方面。

一、"国家人权行动计划"现有研究的主要角度与观点

到目前为止,国内专门对"国家人权行动计划"进行研究的专著只有一本,即由付子堂、张永和主编的《〈国家人权行动计划(2012—2015年)〉解读》,该书从法学的视角,对我国自2009年实施国家人权行动计划以来在经

---

　*　许尧,南开大学人权研究中心(国家人权教育与培训基地)研究人员。

　**　杜宁宁,南开大学周恩来政府管理学院硕士研究生。

济、社会与文化权利，公民权利与政治权利及弱势群体人权等方面的保障和发展进行了比较研究，紧扣国家人权计划的要求和方向，针对二十项主要人权进行了分章解读。[①] 相对而言，对国家人权行动计划的研究更常见的是以论文的形式发表在各类刊物上。2012 年 12 月 31 日，在 CNKI 网上搜索全文中包括"国家人权行动计划"一词的文献，共有 571 篇，再一一审核，其中，题目或关键词包括"国家人权行动计划"，或主要以"国家人权行动计划"为背景结合论述的文章共 72 篇。这些文献对人权行动计划的研究主要可以分为以下几个方面：

（一）对国家人权行动计划的意义认识

既有研究对国家人权行动计划的意义认识主要集中在：（1）计划是对联合国人权大会倡议的积极响应，是对《维也纳宣言和行动纲领》的贯彻落实。[②]（2）计划是"国家尊重和保障人权"宪法原则的具体落实；[③] 是法定权利向实有权利转化的一个重要的里程碑；[④] 是人权主流化在政府层面的重要标志；[⑤] 标志着中国人权事业已成为国家建设和社会发展的一个重要主题，开始走上有计划全面推进的新阶。[⑥]（3）促进某一领域的人权保障，比如被羁押人权利[⑦]、环境权、农民权利[⑧]、工人权利等；给相关领域的工作提出了新要求，

---

① 参见付子堂、张永和：《〈国家人权行动计划（2012—2015 年）〉解读》，法律出版社 2012 年版。

② 参见张伟：《〈国家人权行动计划〉的传播价值》，载《对外传播》2012 年第 10 期。

③ 参见杨锦芳、肖雯：《〈国家人权行动计划（2009—2010）〉对实现"国家尊重和保障人权"宪法原则的意义》，载《云南农业大学学报》2010 年第 3 期。高全喜：《〈国家人权行动计划〉应该就是落实宪法》，载《中国法律发展评论》2009 第 2 期。

④ 参见孙平华：《论具有里程碑意义的〈国家人权行动计划〉》，载《人权》2012 年第 3 期。

⑤ 参见柳华文：《论人权在中国的主流化与本土化》，载《学习与探索》2011 年第 4 期。

⑥ 参见常健：《人权理念在中国特色社会主义价值体系中地位的提升》，载《人权》2012 年第 5 期。

⑦ 参见但伟：《〈国家人权行动计划〉实质保护被羁押人人权》，载《中国社会科学报》2012 年 6 月 27 日 A07 版。张岭：《结合〈国家人权行动计划（2009—2010 年）〉看我国审前被羁押人员之人权保障》，载《世纪桥》2009 年第 6 期。

⑧ 参见路倩雯：《"人权行动计划"关注农民》，载《农经》2009 年第 5 期。

能够促进该领域的改革或工作开展，比如司法改革①、人权教育②、国际合作③、新闻媒体④、工会维权⑤等。（4）促进国际社会对中国人权事业的了解和进一步表达政府保障人权的决心，体现了中国政府的开放和自信。

（二）对国家人权行动计划特点的主要解读

既有研究对国家人权行动计划特点的解读主要集中在：（1）与国家发展规划、科学发展观⑥等相契合，是国家履行国际人权保障义务过程中阶段性目标和渐进性步骤的综合体现。⑦（2）具有"内外兼修"⑧的特点，既是对外人权斗争的延续，也更加强调对国内民众的权利保护，体现出更重视国内、更主动、更重视行动等特点。（3）计划体现了国家思维的转变，即由主要满足公民的生理和安全需要转向了满足公民的归属和爱、自尊及自我实现的需要，以达到公民对国家的认同；⑨由侧重于宣传，转为侧重于政府规划和实际行动。⑩

---

① 参见赵秉志、彭新林：《国家人权行动计划有关死刑规定的新视点》，载《人民法院报》，2009年5月27日第6版。纵博、郝爱军：《从〈国家人权行动计划（2009—2010）〉看我国刑事诉讼改革的新动向》，载《人权》2009年第4期。

② 参见陈佑武：《论国家人权行动计划之人权教育》，载《学术界》2010年第9期。张锡盛：《高校贯彻〈国家人权行动计划（2009—2010）〉实践述评》，载《云南大学学报（法学版）》2012年第2期。朱力宇：《关于我国高校进一步开展人权教育的几个问题》，载《人权》2012年第3期。

③ 参见范继增：《评〈国家人权行动计划〉（2009—2010）的国际义务的履行与国际合作》，载《黑河学刊》2010年第5期。

④ 参见童兵：《伟大的目标 神圣的使命——从新闻传播视角解读〈国家人权行动计划（2009—2010）〉》，载《新闻记者》2009年第6期。童兵：《蓝图 规范 责任——从新闻传播视角解读第二期〈国家人权行动计划（2012—2015）〉》，载《新闻记者》2012年第9期。

⑤ 参见毕美红：《从〈国家人权行动计划〉看中国工会的维权使命》，载《人权》2009第4期。

⑥ 参见张帅梁、方华：《〈国家人权行动计划〉的科学发展观解读》，载《中共银川市委党校学报》2010年第2期。

⑦ 参见毛俊响、杨逢柱：《制定及实施国家人权行动计划的国际法依据》，载《广州大学学报（社会科学版）》2012年第1期。

⑧ 参见郭春镇：《〈行动计划〉·计划·行动》，载《厦门大学法律评论》2009年第21期。

⑨ 参见张扩振、汪进元：《〈国家人权行动计划〉的心理分析》，载《延边大学学报》2011年第2期。

⑩ 参见柳华文：《从人权白皮书到人权行动计划》，载《中国社会科学报》2009年4月30日第2版。

（三）对国家人权行动计划实施的分析

既有研究认为国家人权行动计划执行的阻力主要包括：（1）价值观念的阻力，人权的观念缺乏，尤其是个别人员在认知、观念上存在不懂人权、不重视人权的现象。（2）权力体系的阻力，如果没有对权力的有效限制，则权利受到侵害就会屡见不鲜。（3）保护人权与发展经济的矛盾及地方政府可能的消极对待，当中央政府把人权作为社会发展的一个重要标准时，很难与地方政府发展经济的任务协同一致。①（4）中国公民社会还处于非常弱的状态，这将不利于计划产生实际效果。

（四）对国家人权行动计划的批评和质疑

既有研究对国家人权行动计划的质疑主要在集中在：（1）属性质疑：有人认为计划的政治属性过强，没有基于政治系统的功能分化，计划过多地使用了政治表达的方式，而不是法律表达的方式。（2）内容质疑：部分数字表达的内容与权利实现无直接关联②、没有明确设置"财产权保护"③、四川汶川特大地震灾后重建中的人权保障使整体论述显得凌乱④、对执行和监督机制的规定过于笼统⑤，有些规定往往是"涉及人权"，而并没有用人权的视角、方法来分析和解决问题。（3）表述质疑：人民、社会成员、公民、群众、人民群众等政治术语、法律术语等相互交杂与紊乱，尤其是在关于人权的主体等方面；有些表述是对宪法和法律的"重述"，"政治宣传"色彩较重。⑥（4）独立性质疑：行动计划依附于"十一五""十二五"规划，而这些规划明显的是更重视经济发展，民主政治的内容较少，且其内容与公民权利、政治权利距离甚

---

① 参见黎尔平：《〈国家人权行动计划〉中的政府职能研究》，载《太平洋学报》2009年第2期。

② 参见郭春镇：《〈行动计划〉·计划·行动》，载《厦门大学法律评论》2009年第21期。

③ 参见邓联繁：《论新中国宪法中"公民的基本权利和义务"一章的形式——从〈国家人权行动计划（2009—2010）〉的缺憾说起》，载《政法论丛》2010年第5期。

④ 参见郭春镇：《〈行动计划〉·计划·行动》，载《厦门大学法律评论》2009年第21期。

⑤ 参见张扩振、汪进元：《〈国家人权行动计划〉的心理分析》，载《延边大学学报》2011年第2期。

⑥ 参见李琦：《〈国家人权行动计划〉：法律的，或政治的》，载《厦门大学法律评论》2009年第21期。

远。① （5）推进策略质疑：对于公民权利和政治权利，政府应当是相对消极的作为，更重要的是尊重人权，并且使相关权利不被国家所忽视和侵犯；对于经济、社会和文化权利，政府应当积极作为。但人权计划未将二者区别对待，而是采取了"整体性思维"，动员国家各种力量积极全面推动。这导致推进效率不佳，而且把协调不同价值取向的两类人权可能冲突的任务主要交给行政机关，存在一定的公正性疑问。②

（五）对完善行动计划制定与实施的建议

相关建议包括：（1）机构建议：在时机成熟的时候成立"国家人权委员会"监督行动计划的实施。③ （2）内容建议：迁徙自由应成为《国家人权行动计划》的一个重要内容。④ （3）实施方式建议：应将现有的"司法推进"方式改为"司法、立法联动"推进方式。⑤

二、"国家人权行动计划"现有研究的主要特征

在付子堂等编著的《〈国家人权行动计划（2012—2015年）〉解读》及72篇文章中，从时间、内容侧重点、学科视角、作者特征、发表杂志等看，具有如下特征：

（一）从发表时间上看，与国家发布计划时间吻合度较高

从文章发表时间上看，2008年1篇，占1.4%；2009年31篇，占43.1%；2010年9篇，占12.5%；2011年10篇，占13.9%；2012年21篇，占29.2%。2009年出现了国家人权行动计划的高峰，2010—2011年相对平稳，2012年再度出现新的高峰，包括唯一的一本专著也是于2012年出版。相关规律如图1所示。

---

① 参见郭春镇：《〈行动计划〉·计划·行动》，载《厦门大学法律评论》2009年第21期。

② 参见张扩振、汪进元：《〈国家人权行动计划〉的心理分析》，载《延边大学学报》2011年第2期。

③ 参见黎尔平：《〈国家人权行动计划〉中的政府职能研究》，载《太平洋学报》2009年第2期。王孔祥：《国家人权机构与人权教育——韩国国家人权委员会的实践及其启示》，载《广州大学学报（社会科学版）》2010年第11期。

④ 参见邢爱芬：《论迁徙自由在中国的确立与实现——价值、契机与措施》，载《北京师范大学学报（社会科学版）》2009年第2期。

⑤ 参见朱立恒：《人权保障与社会主义司法文明》，载《科学社会主义》2012年第5期。

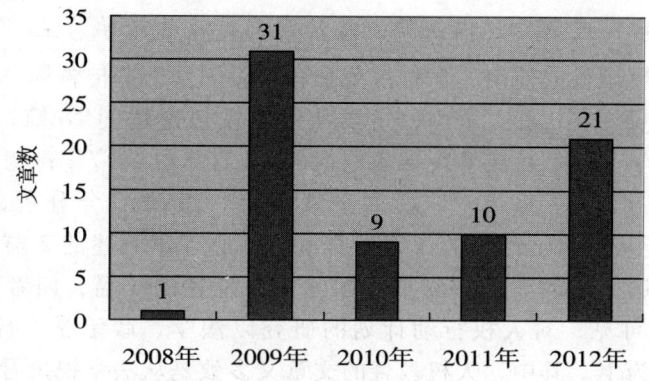

图 1　国家人权行动计划相关文章发表时间

可见，国内学者对国家人权行动计划的研究与国家发布人权行动计划的时间具有高度吻合性。尤其是 2009 年，我国第一次发布以人权为主题国家规划，引起了学术界普遍的重视。考虑到 2012 年 12 月 31 日，可能还有些论文没有在 CNKI 网上体现，所以，2012 年的统计量有可能会低于实际发表的文章量。

（二）从内容上看，侧重于对计划的解读、宣传和贯彻

从文章内容上看，侧重于宣传告知、新闻通报的文章共有 11 篇，占 15.3%；侧重于国家人权行动计划的内容解读、意义阐释的文章共 33 篇，占 45.8%，付子堂等主编的专著也是从解读的视角来进行研究的；侧重于理论探究的文章共 11 篇，占 15.3%；侧重于批评、建议的文章共 4 篇，占 5.6%；侧重于结合某一领域如何进行贯彻落实的文章共 13 篇，占 18.1%。可见，既有研究多侧重于对国家人权行动计划的宣传、解读、贯彻，三者共占总数的 79.2%；对国家人权行动计划的理论分析、缺憾分析、政策建议的文章较少，总共占总数的 20.9% 左右。该类型分布如图 2 所示。

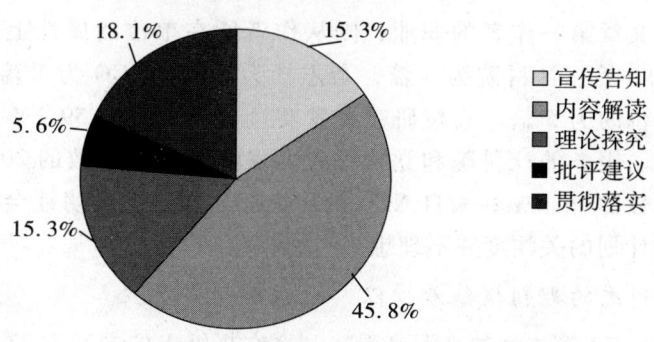

图 2　国家人权行动计划相关文章的内容类别

（三）从学科视角看，以法学、政治学、行政管理学为主

从文章所属学科或使用的学科视角来看，除侧重于宣传告知、新闻通报的11篇外，在剩余的61篇文章中，主要从法学视角论述的28篇，占45.9%；侧重于从政治学、国家行政管理视角论述的12篇，占19.7%；侧重于从人权教育论述的7篇，占11.5%；侧重于从政治、法律综合分析的4篇，占6.6%；侧重于从传播学论述的3篇，侧重于从心理学论述的2篇，侧重于经济、环保、健康论述的2篇，侧重于国际关系论述的3篇，四者共计10篇，共占16.4%。可见，对人权行动计划的研究以法学、政治学、行政管理学、人权教育研究为主。其中，人权教育的文章又多数是从法学视角看的，唯一的专著也是从法学视角出发的，因此，也可以认为法学视角出发的研究占据半壁江山。该分布规律如图3所示。

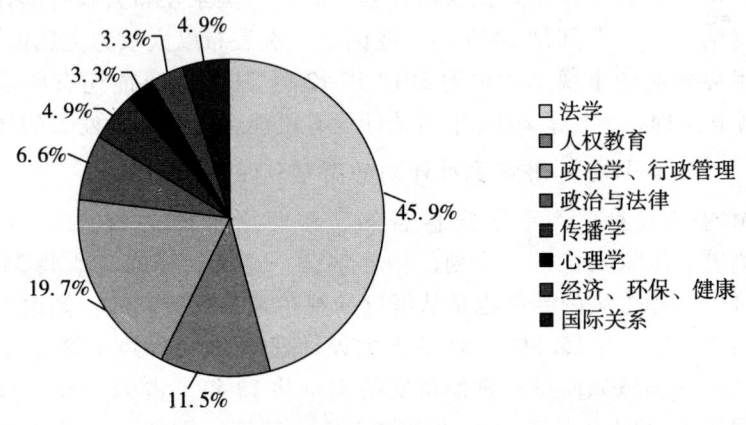

图3 国家人权行动计划相关文章的学科视角

（四）从作者职业上看，以高校教师占绝大多数

若只统计文章第一作者的职业，则从作者所在单位的属性上看：高校为43篇，政府为9篇，社科院为4篇，杂志社为8篇，NGO为1篇，党校为2篇，未注明单位的为5篇。高校研究者发文量占据总数的59.7%；政府及直接为政府参谋、服务的社科院和党校三者的发文量共占总数的20.8%；杂志社发文量占总数的11.1%；来自NGO的研究相对较少，表明社会组织层面对国家人权研究计划的关注度并不理想。

（五）从刊文的期刊报纸看，以"大报小刊"为主

从所统计的72篇文章的来源来看，刊登在报纸上的文章为27篇，占总数的37.5%；刊登在期刊上的文章为45篇，占总数的62.5%。

若再进行细分，刊登在报纸上的27篇文章中，中央级大报或中央直属单位主办的报纸为24篇，占88.9%，其中，《人民日报》9篇，《光明日报》2篇，《法制日报》2篇，《人民法院报》2篇，《人民代表报》2篇，《学习时报》2篇，《中国社会科学报》4篇，《中国纪检监察报》1篇。可以明显看出，刊登国家人权行动计划相关文章的报纸绝大多数是级别较高的"大报"。

从刊登在期刊上的45篇文章看，若以CSSCI来源期刊（2010—2011）为标准，非CSSCI刊物登载文章数为35篇，占总数的77.8%；CSSCI来源期刊登载数为10篇，占22.2%。从相关CSSCI期刊来看，均为一般意义上的C刊，没有国家权威学术期刊。相对于报刊的级别而言，也可以认为，登载国家人权行动计划的刊物以"小刊"为主。

如果上述规律继续深入分析的话，报纸类文章多数以新闻宣传、告知、意义阐释、大众普及为主，重在宣传性；而期刊的文章则重在理论探索、理论分析，重在理论性。则上述"大报小刊"的现象从一定程度上可以折射出，在当前中国对国家人权行动计划的相关文章看，从政府层面讲，高层政府的重视度要高于地方政府或基层政府；从学术研究看，还缺乏高质量的研究成果，或者说国家人权计划的相关研究还没有引起学术界的足够重视。

三、"国家人权行动计划"现有研究的缺陷及其影响

从国家人权行动计划的现有研究来看，主要存在以下缺陷：

（一）缺乏全球化的国际比较研究

人权是一个高度国际化的领域，不同国家、国际组织对于人权的保障和推进都有其独特的实践，也形成了相对具有共性的认识。从1993年世界人权大会到现在，先后有29个国家制定了38期国家人权行动计划；[①] 有些国家制定

---

① 这些国家分别为：马拉维（1995—1996）、拉脱维亚（1995）、澳大利亚（1996，2004）、菲律宾（1996—2000）、巴西（1996，2009）、厄瓜多尔（1998）、印度尼西亚（1998—2003，2004—2009）、墨西哥（1998，2004—2006，2008—2012）、南非（1998）、委内瑞拉（1999）、玻利维亚（1999，2009—2013）、民主刚果（2000）、挪威（2000—2005）、瑞典（2002—2004，2006—2009）、立陶宛（2002）、佛得角（2003）、毛里塔尼亚（2003）、尼泊尔（2004）、摩尔多瓦（2004—2008）、新西兰（2005—2010）、秘鲁（2006—2010）、尼日利亚（2006，2009—2013）、韩国（2007—2011）、危地马拉（2007—2017）、西班牙（2008）、哈萨克斯坦（2009—2012）、泰国（2009—2013）、中国（2009—2010，2012—2015）、巴拉圭（2011）。其中有澳大利亚等8个国家制定了第二期国家人权行动计划，有1个国家（墨西哥）制定了第三期国家人权行动计划。参见联合国人权高级专员办公室网站：http://www.ohchr.org/EN/Issues/PlansActions/Pages/PlansofActionIndex.aspx。

了多期人权行动计划；有些国家则制定实施了人权行动计划后，就没有再制定新的人权行动计划；更多的国家并未制定国家人权行动计划，尤其是一些具有全球影响力并经常以人权作为国际社会交往重要话题的大国并没有制定国家人权行动计划，可以说，国际社会对于人权行动计划的认识差异较大，不少国家已经有了长期的实践，并积累了一定的经验和教训。与此不相匹配的是，国内已经出现的研究极少有涉及其他国家人权行动计划制定和实施情况的介绍和研究，更没有出现专门的系统的深入研究。这种对国际经验研究的不足，将对我国人权行动计划的制定和实施的科学性和有效性产生明显的制约，也不利于我国从全球的人权话语体系中寻找共识和经验，不利于相关理论研究的深入和实践的科学推进。

（二）缺乏跨学科的问题导向的综合研究

从既有研究来看，从法学视角进行的相关研究占据了半壁江山，其他学科的研究相对分散且不成规模。事实上，虽然国家人权行动计划具有法律的某种性质，但其从制定机构、实施机制、评估机制、实施周期等相关结构性要素上看，"计划"更具有国家政策的性质，涉及公共管理、公共政策、政治学、社会学、经济学、哲学、心理学等众多学科，而且计划的有效实施及实践经验的总结和提炼需要多学科的问题导向的综合研究，而不仅仅是法学的研究。跨学科综合研究的缺乏将导致：（1）无法全面认知国家人权行动计划制定和实施的必要性、功能边界、有效实施机制、评估机制；（2）无法深入分析在中国社会中，人权政策与人权法律的相互关系及互促机制；（3）无法将人权行动计划与国家发展规划、战略定位、国际交往有效地进行结合研究；（4）无法对人权行动计划的制定、实施和评估作为一个动态的过程来加以深入研究。

（三）学理性的独立、深入的研究不足

从既有研究来看，从学术角度进行独立的、深入的研究普遍不足，主要表现为以下三个方面：（1）多数研究将焦点集中在如何理解和贯彻国家人权行动计划上，对行动计划存在的问题研究不多，下一步改进的建设性建议不多；（2）旨在如何贯彻行动计划的文章，缺乏实质性的创新，多数囿于泛泛的表态，或是将人权行动计划与某一领域的工作进行一些相关性的论述，对人权行动计划执行中可能存在的困难和问题考虑不足，分析不深；（3）总体来看，相关研究多数是在较表层进行分析和论述，站位不够高，缺乏理论抽象和深度追问。上述这些现象在不同学科中的表现没有显著差异。

之所以存在这些现象，原因是双方面的。从理论研究的角度看，对国家人权行动计划的研究，前期缺乏必要的积累，学术的成熟度需要一定的研究周期和前期积累，需要一定规模的研究者进行长期的追踪研究，而对国家人权行动计划的研究在足够多的研究者、长期的追踪研究、一定量的前期成果等方面都是不足的，这就制约了现有研究的水准；从实践需要的角度看，国家人权行动计划的相关规定缺乏刚性的措施来保证其落实，尤其是地方政府层面，没有成为其公共管理实践的核心问题，没有成为指导和制约政府实际工作的具有硬性规定的关键性政策文件，这就导致地方政府在众多社会问题缠身的情况下，对国家人权行动计划的执行和贯彻缺乏足够的重视和关心，而这又反过来使理论研究缺乏必要的资源支持。

为了有效地贯彻和落实人权行动计划，必要的宣传和解读都是必须的，但同时，也需要学理性的、具有建设性的深入独立的研究，否则，将无法对国家人权行动计划的有效实施形成实质性的认识，也无法总结经验，提高政策制定的水平，长期以往，将使人权行动计划更多的停留在宣传、国际人权斗争的层面，而限制其国内人权保障水平提高的功能发挥，这就会进一步阻碍人权观念和人权政策在国内公共管理实践中的有序推进，进入一种非良性的循环。

四、未来研究应当侧重的问题及基本路径选择

国家人权行动计划发布后，在国内外产生了重要影响。2013 年 10 月 22 日至 25 日，在联合国进行的对中国第二轮国别人权审议中，对中国制定和实施国家人权行动计划的肯定，高居各国肯定中国人权事项提到次数最多的前三位，共有 19 个国家对此加以特别肯定，这对中国顺利通过这次审议并在此后的人权理事会改选中第三次高票当选人权理事会成员发挥了重要作用。但是，我们也应该看到，我们对国家人权行动计划的深入研究还远远不够，还必须在选准问题，并选择适当的方法进行深入研究方面还需要下大功夫。

（一）未来研究应当侧重回答的几个问题

未来的研究应当着力回答下述四个方面的问题：（1）整体性问题。主要对国家人权行动计划的整体功能定位与其他经济、社会、文化、政治发展的国家规划的相互促进进行深入研究。（2）过程性问题。重点回答在计划制定、实施、检查、评估等环节还存在哪些可以改进的方面，有哪些缺项，如何促进整体过程的优化？同时，需要考虑计划的实施如何和本国的公共管理体系、司法体系、社会文化心理相契合？影响国家人权行动计划有效性的因素有哪些？它们之间存在着什么样的结构性关系？如何控制这些相关因素来使计划的效能最大化？（3）内容性问题。主要回答在特定的历史阶段和背景下，各项权利之间应当如何协调共进？如何处理不同权利之间的优先序？当不同权利发生冲突时，如何进行协调和统筹？（4）连续性问题。主要回答国家人权行动计划

之间如何衔接？如何将国家人权行动计划实施中的问题在后续计划中有效地进行改正和弥补？

（二）未来研究应当采取的基本路径

第一，学科内深入研究与跨学科综合研究并重。应该鼓励不同学科就各自的特点对国家人权行动计划的相关问题进行深入研究，比如，法学可着重于国家人权行动计划与国际法、国际人权条约的关系，国内相关法律的改革完善，司法改革与人权保障等问题深入研究；公共管理和公共政策可着力于从政府（政策）过程的角度，研究国家人权行动计划的制定、实施、评估过程中的问题及优化策略；政治学可从比较政治的角度着重探究不同人权文化背景下如何有效地推进国家人权行动计划的制定和实施，从宏观的权力结构上讨论国家人权行动制定中可以改进的方面；历史学可从不同国家不同时期的人权发展道路及其效果着眼对国家人权行动计划进行研究；社会学可重点从社会保障、特殊群体人权改善等角度对国家人权行动计划进行深入研究等。同时，对于一些综合性或交叉性的问题，应该以跨学科的视野对这些问题进行综合研究，比如对国家人权行动计划的整体功能定位、与其他国家规划的共融和衔接等问题、行动计划实施与中国人权发展的道路选择问题、其他国家人权行动制定与实施的经验借鉴问题等。

第二，纵向历史比较与横向国际比较并重。要重视国家人权行动计划对中国社会产生的作用及存在问题的跟踪分析，从时间的纵向发展维度，对中国的人权事业发展作出描述，对国家人权行动计划与人权状况改善的相关关系进行深入分析，在这种纵向分析中，结合中国人权发展道路的独特性，更充分地挖掘行动计划的可能功效。同时，要注重以国际的视野进行比较分析，尤其是从地域、历史、文化、政治体制、经济发展阶段等多个角度，探究不同发展水平、不同政治结构、不同文化心理的国家如何有效地制定和实施国家人权行动计划，探索其他国家将国际的要求和普遍的认识如何与本国的实际情况相结合；深入研究那些与中国具有一定文化共性的国家、处于相类似经济发展水平的国家、与中国具有类似政治体制的国家都是如何具体的面对和解决国家人权行动计划在推进过程中的具体问题。对于那些具有特殊借鉴意义的国家，有重点地深入剖析其历史过程与实际做法，以为中国国家人权行动计划制定的科学性与实施的有效性提供更具体的参考和借鉴。

第三，质性整体研究与量化实证研究并重。定性的规范研究对于把握国家人权行动计划的总体情况，研判总体发展的方向和存在的问题，深入认识中国独特的历史与文化背景，并在中国人权发展道路的总体框架下，界定国家人权行动计划的功能，制定相关的实施战略，具有适用性，这也是中国人权研究学术界更习惯用的研究方法。同时，我们也需要看到，科学的监测和评估对于发现问题、调配资源、制定具体的对策也是必不可少的，因此，要大力发展对行动计划进行动态监测的指标化的量化的实证研究，对于存在的人权问题，也尽可能用搜集到的具体的量化的数据，这样才能在制定和实施计划过程中，做到"心中有数""有的放矢"。大量的实证也就也会增强相关研究的深度，为政策制定和完善提供必要的研究基础。

（载《广州大学学报（社会科学版）》2014 年第 5 期）

人格尊严保障与宪法正当性的判断

仪喜峰[*]

摘　要▶ 人格尊严的规范被誉为现代宪法的核心价值，保障人格尊严既是"规范宪法"的必然要求，也是判断宪法正当性的重要基石。规范宪法要求涉及人格尊严的宪法规范必须完备、充分，并积极吸收国际条约中的人格尊严条款；宪法的正当性可以通过人格尊严保障的主体广泛性、标准复合性以及方式多样性等途径得以体现和证明。

关键词▶ 人格尊严　规范宪法　宪法正当性

一、引言

在宪法之中，"人的尊严"具有极为重要的意义，被誉为现代宪法的"核心价值"，甚至被德国学界定位为"最上位之宪法原则"[①]，现代宪法基本都有关于"人的尊严或人格尊严"的"宪法规范"条款。宪法的正当性问题属于宪法哲学范畴，对该命题的证明与判断，主要沿循两个不同的理论路径展开：一是向宪法规范之外追寻。宪法的正当性没有任何上位法可以依据和证明，故而源远流长的西方宪政史一直将"自然法思想和社会契约论"作为宪法的"高级法"背景，把"上帝和基督教"视为宪法的"超验之维"。[②] 二是向宪法规范之内追寻，"在理论上确认权利规范于整个宪法规范中的价值核心地位，进而追求宪法规范向规范宪法的升华"，[③] 此时，宪法的正当性问题转化为对"规范宪法"的判定，一个具备正当性的宪法必定是一部体现了立宪主义精神、承载了特定理念并嵌入了内在价值取向的理想类型的宪法，换句话

---

*　仪喜峰，上海海事大学法学院讲师。

① 参见林来梵：《人的尊严与人格尊严》，载《浙江社会科学》2008年第3期。

② 参见［美］爱德华·S. 考文：《美国宪法的"高级法"背景》，强世功译，生活·读书·新知三联书店1996年版。［美］卡尔·J. 弗里德里希：《超验正义——宪政的宗教之维》，周勇等译，生活·读书·新知三联书店1997年版。

③ 林来梵：《从宪法规范到规范宪法》，法律出版社2001年版，第8页。

说，宪法的正当性需依赖于蕴含了价值判断的宪法规范的正当性。自近代立宪国家产生以后，"人被确立为一切政治制度与行为的目的"，① 于是近现代宪法几乎均将尊重和保障人权、限制和规范公权力作为最高宗旨，涉及"人格尊严"条款的内容及其完备程度既是"规范宪法"对宪法规范的必然要求，也是判断宪法正当性的重要基石。鉴于此，笔者不揣浅薄，拟采取文本比较和价值分析的方法，从人格尊严保障的角度，对该宪法规范与宪法正当性（第二个证明路径）的关系予以学理论证和阐释，以就教于学界同仁。

二、人格尊严的文本考察与宪法释义

人格是指作为社会主体的人能独立享有权利并承担义务的资格，每个人不论其自然属性有何差别，都有其天赋的不可剥夺的存在资格。虽然关于人格尊严的思想早已有之，但人格尊严正式进入宪法却是 20 世纪 40 年代的事情。在早期的宪法文本中，并没有人格尊严的用语。例如，1776 年美国《弗吉尼亚宣言》《独立宣言》以及 1789 年法国《人权宣言》均没有出现该词语；第一次出现"人格尊严"用语的法律文件却是国际条约。1945 年的《联合国宪章》在前言中确认了"为免后世再遭今代人类两度身历惨不堪言之战祸……重申基本人权、人格尊严与价值，以及男女与大小各国平等权利之信念"。"人的尊严"最早入宪当属 1946 年德国巴伐利亚州的宪法，该法第 100 条规定，"立法、行政及司法，应尊重人的人的尊严"，这是人类历史上首次把人的尊严转化为宪法上应受保障的权利，② 其后《德意志联邦共和国基本法》第 1 条第 1 款规定"人之尊严不可侵犯，尊重及保护此项尊严为所有国家机关之义务"。尊重和保护"人之尊严"确立为国家对人民的一项义务，德国人民承认不可侵犯的和不可转让的人权是一切社会、世界和平和正义的基础。德国的这一规定具有划时代的历史性意义，这应该与德国人在战后深刻反思本国纳粹主义对人格与人权的大规模践踏有关。1946 年《日本宪法》第 13 条前段规定，"所有国民，均作为个人而受到尊重"。1947 年的《意大利共和国宪法》第 32 条规定："在任何情况下，法律均不得破坏人格尊严应有的界线。"《俄罗斯宪法》第 21 条规定，"个人尊严受到国家保护。任何事情都不得成为贬低个人尊严的理由。任何人都不应受到拷打、暴力、其他残酷或贬低个人尊严的对待或惩罚。任何人都不得在非自愿同意的情况下被用来进行医学、科学或其他试验"。

---

① 龚祥瑞：《宪政的理想与现实》，中国人事出版社 1995 年版，第 9 页。
② 参见刘志刚：《人格尊严的宪法意义》，载《中国法学》2007 年第 1 期。

此后，"人的尊严"逐渐在各种的国际公约得到体现，并被许多国家写入宪法当中。① 1966 年联合国大会通过的《经济、社会及文化权利国际公约》在序言中强调"按照联合国宪章所宣布的原则，对人类家庭所有成员的固有尊严及其平等的和不移的权利的承认，乃是世界自由、正义与和平的基础，确认这些权利是源于人身的固有尊严"。我国现行《宪法》第 38 条也规定："中华人民共和国公民的人格尊严不受侵犯。禁止用任何方法对公民进行侮辱、诽谤和诬告陷害。"1993 年第二次世界人权大会上制定的《维也纳宣言和行动纲领》也在序言中规定"一切人权都源于人类固有的尊严和价值。"1997 年《波兰宪法》清晰地表述如下："人的内在的、不可剥夺的尊严不得侵犯，它是人和公民的自由和权利的来源，国家机关负有尊重和保护之责。"

康德说："一个有价值的东西能被其它东西所替代，这是等价；与此相反，超越于一切价值之上，没有等价物可替代，才是尊严。"② 宪法以人的不可替代性作为逻辑起点，要求任何人在法律面前都必须被平等对待，而不能把人当作手段或工具。具体来说，它涵盖以下四个方面的内容：一是人格独立权，即每个人所享有的不受任何组织和个人支配和干涉的权利。宪法不允许任何人或组织以任何方式否定他人的独立人格，也不允许国家侵犯个人的人格独立。二是人格自由权，是指人格不受非法约束和控制的状态。自由乃与生俱来，它是维持人内在价值独立不可或缺的重要基础，如果一个人充分享有人格自由权，他就能充分发挥自己的潜力和积极性，反之，"当一个具体的个人，被贬抑为物（客）体、仅是手段或代替之数值时，人性尊严已受伤害"。③ 三是人格平等权，一个人不论民族、职业、政治地位等社会因素的不同，或是性别、外貌以及身高等自然因素差别，都平等地享有人格尊严权，不因主体自身的差异而不同。倘若人格尊严受权利主体特质的影响，就会"有许多人被视为非人、下人或物质而遭社会排拒，甚至被消灭"。④ 四是人格受尊重权，尊重和保障人格尊严，实际上是满足人的一种天生的精神需求，必须保证人在精神方面受到尊重，以"确保人在精神上有一种充实感"，⑤ "不仅意味着健康和

---

① 参见李累：《宪法上"人的尊严"》，载《中山大学学报（哲学社会科学）》2002 年第 3 期。

② ［德］康德：《道德形而上学原理》，苗力田译，上海人民出版社 1986 年版，第 87 页。

③ 李震山：《人性尊严与人权保障》（修订版），元照出版有限公司 2001 年版，第 13 页。

④ 李震山：《人性尊严与人权保障》（修订版），元照出版有限公司 2001 年版，第 15 页。

⑤ 参见［日］大须贺明：《生存权论》，法律出版社 2001 年版，第 222 页。

活下来的权利，而且也意味着享受人生的权利，这包括避免某种形式的心理上或生理上痛苦，不致担心自身受伤害和损害……免遭个人隐私的侵犯等"。①

从宪法文本中涉及"人格尊严"的条款及内容来看，一方面，我们可以认为人格尊严权是一项不能被剥夺的、与生俱来的权利。只要公民出生，他们无须作出任何意思表示或进行任何行为，即当然地取得人格受尊重的权利。"人的生命一形成，即有其尊严，至于其是否能意识或知道自行保有尊严，并不重要。"② 另一方面，它更是公民的一项基本权利，保障人格尊严是宪法的要旨，也是规范宪法的必然要求。人格尊严在宪法秩序中的价值极高，正在"以其一般化、抽象化之人权实质，有别于藉由具体之契约及法律关系所形成之个别权利，成为社会生活、国家生活成立是否具备正当性之价值判断基点"。③

三、规范宪法对人格尊严保障的要求

从规范宪法的角度来说，它要求涉及人格尊严的宪法规范必须完备、充分，并积极吸收国际条约中的人格尊严条款，同时还必须将基本权利规范的价值覆盖和渗透到部门法领域，通过宪法本身、国际条约及下位法三者所形成的法律体系来具体表现宪法的"正当性"。

（一）宪法层面上的人格尊严保障应予完备

在宪法中，"人的尊严"一词得到了最广泛的应用。例如，《德意志联邦共和国基本法》第1条第1款规定，"人之尊严不可侵犯，尊重及保护此项尊严为所有国家机关之义务"；第2条第1款规定，"人人有自由发展其人格之权利，但以不侵害他人之权利或不违犯宪政秩序或道德规范者为限"。我国《宪法》第38条规定，"中华人民共和国公民的人格尊严不受侵犯。禁止用任何方法对公民进行侮辱、诽谤和诬告陷害"。该条前段"中华人民共和国公民的人格尊严不受侵犯"一句，可理解为是一个相对独立的规范性语句，表达了类似于"人的尊严"这样的具有基础性的价值原理，该条后段"禁止用任何方法对公民进行侮辱、诽谤和诬告陷害"一句，与上述的前段共同构成了

---

① ［美］范伯格：《自由、权利和社会正义》，王守昌译，贵州人民出版社1998年版，第15页。

② 李震山：《人性尊严与人权保障》（修订版），元照出版有限公司2001年版，第16页。

③ 李震山：《人性尊严与人权保障》（修订版），元照出版有限公司2001年版，第19页。

一个整体的规范性语句，结合成为一项个别性权利的保障条款，"从第 38 条前后段之间的直接勾连关系来看，前段的规定，同时还可理解为是确认了作为一项个别性权利的人格尊严的条款"，即"人格尊严"也可理解为宪法上的一般人格权。① 这种理论体现了"人之尊严"理论，理顺了二者之间的关系，"人的尊严作为人权的基础和来源也就获得了正当性"。②

我国《宪法》第 51 条规定，"中华人民共和国公民在行使自由和权利的时候，不得损害国家的、社会的、集体的利益和其他公民的合法的自由和权利"。这条在宪法理论上往往称之为"权利义务相对性"条款，对《宪法》第二章规定的诸多权利构成实质性限制，但该规范对"人格尊严"条款并不构成限制。原因在于，"禁止用任何方法对公民进行侮辱、诽谤和诬告陷害"已经昭示了人格尊严的绝对性，它内在蕴含着无论任何人均不得以任何方式侵犯公民的人格尊严，这凸显了人格尊严具有超越一般宪法权利的独尊地位。基于以上分析，一部规范宪法就必须使人格尊严保障的宪法规范具有绝对性。

（二）国际条约中的人格尊严规范应予借鉴和吸收

为避免再次发生世界大战及对基本人权和人格尊严的践踏，1945 年《联合国宪章》在序言中首先宣布："我们联合国人民决心，使今后世世代代的人们不再遭受我们这一代两度经历、给人类造成无穷痛苦的战争灾难，重申基本人权、人的尊严与价值、男女及大小各国平等权利的信念。"1948 年《世界人权宣言》在序言中写道："对人类家庭所有成员的固有尊严及其平等的和不可剥夺的权利的承认，乃是世界自由、正义与和平的基础"；第 1 条规定，"人人生而自由，在尊严和权利上一律平等"。第 22 条规定，"每个人，作为社会的一员，有权享受社会保障，并有权享受他的个人尊严和人格的自由发展所必需的经济、社会和文化方面各种权利的实现，这种实现是通过国家努力和国际合作并依照每个国家的组织和资源情况而促成"。1966 年《经济、社会及文化权利国际公约》和《公民权利和政治权利国际公约》均在序言中进一步重申："依据联合国宪章所宣布的原则，对人类家庭所有成员的固有尊严及其平等的和不可剥夺的权利的承认，乃是世界自由、正义与和平的基础"，"确认这些权利源于人的固有尊严"。《公民权利和政治权利国际公约》第 7 条规定，"任何人均不得施以酷刑或残忍的、不人道的或侮辱性的待遇或惩罚。特别是不得对任何人未经其自愿同意而施以医学或科学试验"；第 10 条第 1 款规定："所

---

① 林来梵：《人的尊严与人格尊严》，载《浙江社会科学》2008 年第 3 期。

② 韩德强：《论人的尊严》，法律出版社 2009 年版，第 236 页。

有被剥夺自由的人应给予人道及尊重其固有尊严的待遇"。国家加入的国际条约是宪法的渊源之一，我国宪法必须与所参与的国际条约具有一致性，坚持和遵守相应的人权精神和人权规范，履行对内保护国内人权、对外接受国际人权公约监督的义务，如此才能够符合其正当性的要求，更体现出宪法对于人的尊严保护的趋同性。因此，宪法正当性视野下的人格尊严保障要求该规范与国际接轨，并对条约中的人格尊严规范充分借鉴和吸收。

（三）部门法应予落实宪法的人格尊严规范

人格尊严并不能仅依靠宪法本身进行维护，宪法作为法律体系的顶端，具有提纲挈领的意义，但是只有整个法律体系都体现出人的尊严和人的价值，才能够真正反映宪法本身的正当性。由此我们看到人格尊严在法律上的层次是：由人格尊严——宪法的根本原则，引申到人格尊严权——宪法的基本权利，并最终升华为具体人格权——人格尊严权的在普通法律的具体化（一般人格权作为兜底）。宪法上的人格尊严不仅是一般法律规定人格尊严的立法依据，是对一般法律有关人格尊严规定进行违宪审查的审查依据，而且是一般法律上人格尊严的解释依据，即在适用一般法律上的人格尊严条款时，应当依照宪法上的人格尊严条款及其精神来理解和解释其含义。

四、人格尊严保障对宪法正当性的证明

宪法有别于其他法律的特征之一，在于它确认了公民的基本权利。"维持宪法的正统性和框定基本权利功能之间的关系问题……不可忘记的是，宪法中关于基本权利的确定实际上是宪法维系自身正统性存在的基石所在。"[①] 随着世界宪政与人权事业的发展，人格尊严获得了广泛而充分的保障，我们可以从主体的广泛性、标准的复合性以及保障方式的多样性等多角度对宪法正当性进行综合考察与证明。

（一）人格尊严的主体范畴体现了宪法正当性

在近现代社会中，人格尊严的主体被限定在一定的范围之内。闻名于世的美国宪法从一开始并未规定黑人和妇女的选举权，后来也只是规定了有色人种不完整的选举权；《法国人权宣言》规定只有成年并且有财产的白种人，才具备完整的生存和发展的权利。在当代，每一个具体存在的个体，不论其自然属性和社会属性有何差异，都平等地拥有其人格尊严，故人格尊严的主体应及于所有自然人的范围，即"人格尊严"具有广泛的普遍性。具体而言，究竟哪

---

① 刘志刚：《人格尊严的宪法意义》，载《中国法学》2007 年第 1 期。

些人是人格尊严的宪法主体？笔者认为，应当包括本国人和外国人。从宪法的适用范围来看，宪法适用于整个主权国家，国家的每个公民都应当享有宪法规定的一切权利，履行宪法规定的所有义务，故本国公民是人格尊严的当然主体。对外国人而言，其也应当是人格尊严的宪法主体。从人格尊严的含义上可以看出，人格尊严是人之所以为人的基本要求，是人生存和发展的根本保障，它体现的是人本身的内在价值，所以外国人在任何空间领域也应当享有基本的人权。同时，人格尊严的主体应是作为个体的人，而不宜将"作为集体的人类"当作人格尊严的主体。"经验教训已经证明，集体人权须以个体权利为基础并且最终还原为个体权利"，① 鉴于此，将人格尊严的主体定位于作为个体的人是恰当的。

（二）人格尊严的保障标准维护了宪法正当性

"各国宪法在实现人格尊严问题上，有所差别，但概括起来，主要包括：尊重、保护和促进三种方式"，② 这三项既是国家的基本义务，也是判断宪法正当性的基本维度。第一，尊重。尊重意指尊敬和重视，国家把每一个公民当"人"看待，这不仅是国家在道义上的宣示，也是宪法对国家的羁束性要求，国家负有尊重人格尊严、不侵犯人格尊严的消极义务。第二，保护。保护的义务是指国家应该积极采取措施，排除对人格尊严造成妨害的各种情形，国家通过建立制度限制权力的恣意而为。第三，促进。如上文所述，人格尊严有其内在的最低限度标准。国家有义务保障每一个人的人格尊严都达到该最低限度，即国家有适当给付的义务。福利国家的兴起与国家保障制度的建立，也都是为保障人格尊严的实现所作出的回应。问题的关键不是国家有无义务主动促进人格尊严的实现，而在于如何进行促进，如何确定人格尊严的最低标准。这牵涉到国家财富的分配与再分配，"财富再分配因其对物质生活与精神生活、个人生活与公共生活的巨大影响，已成为宪法的核心问题"。③

（三）人格尊严的实现方式保证了宪法正当性

宪法通过积极和消极两个方面来保障人格尊严。宪法的正当性能够通过赋权和惩罚两个方面来进行考察。宪法的本意是限制公权力，保护私权利。宪法上的人格尊严，不同于私法上的保护，它是用来防御和对抗来自国家权力的侵害，而后者是用来防御和对抗来自平等主体的侵害。公民的人格尊严不仅是体

---

① 李累：《宪法上"人的尊严"》，载《中山大学学报》2002 年第 3 期。
② 李累：《宪法上"人的尊严"》，载《中山大学学报》2002 年第 3 期。
③ 李累：《宪法上"人的尊严"》，载《中山大学学报》2002 年第 3 期。

现在公民面对"私人"时，更是体现在面对公权力时。当与公民地位平等的"私人"侵犯到公民的人格尊严时，公民首先可以先择私力救济，当私力救济不能解决问题时，公民则可以选择公力救济。考察宪法的正当性，不仅要看宪法是否承认人的主体地位和人的尊严，还要看宪法是否限制了国家权力的滥用，是否规范了国家权力的运行，是否真正有效地被实施。在宪法的统领下，行政法、刑法和诉讼法等部门法也积极保障人格尊严。它们主要是防御和对抗行政权或司法权。一般公法上的人格尊严受到侵犯，是通过行政诉讼、刑事诉讼等方式得到救济。我国刑事诉讼法以犯罪嫌疑人的人格尊严权为核心，对犯罪嫌疑人所享有的基本人权作了明确规定，包括不受刑讯逼供权、不受非法搜查权、不受非法拘留权、不受非法逮捕权、受强制措施后的向家属通知要求权、拘留未转逮捕的释放要求权、与案件无关问题拒答权、释放证明权、对讯问笔录的核实权、重新鉴定申请权以及补充鉴定申请权等。

五、结语

我国宪法规定了公民的人格尊严不受侵犯，在 2004 年的宪法修正案中"人权入宪"亦是对人格尊严保护的进一步推进，这些足以看出国家对于人格尊严的重视。人格尊严的保障不仅需要宪法条文的宣示，更重要的是落到司法实践的实处；不仅要明确其在宪法中的基本价值和重要地位，成为一般法律乃至宪法的制定与修改的依据，更有必要成为司法实践中可以明确适用的原则。我们不能将实现宪法正当性的希望寄托于设计理想宪法蓝图的学斋倾向，而是在尊重宪法的基础上，将现有体制的功能得到完全发挥，这既是建设性的态度，也是负责任的方案。

（载《广州大学学报（社会科学版）》2012 年第 9 期）

中国废止死刑的条件尚不成熟

——基于人道视角分析

刘晓虎[*]

摘　要▶ 从人道并非刑罚的价值要素这一命题，可以得出基于人道废止死刑是有条件的结论。只有当死刑能够激发宽容的情感、社会已经形成稳定的宽容氛围、废止死刑所带来的风险后果能够被社会容认时，死刑才可能因崇尚人道理念而被正当地废止。当前，中国的暴力犯罪率还居高不下，死刑难以激发宽容的情感，社会没有形成稳定的宽容氛围，公众不能接受废止死刑所带来的风险后果，可见，中国基于人道废止死刑的条件尚不成熟。死刑废止运动的倒退与反复现象启示，不成熟地废止死刑必将导致死刑的恢复运动。因此，中国目前不宜废止死刑。

关键词▶ 人道　死刑　废止　宽容

与自由一样（美国学者培里持这种观点），[①] 人道于人之可贵并不在于它有一个重要的能够自圆其说的论证，而在于人道是人的生命的一种需求；人道于人的意义不在于它是如何阐述出来的，而在于是否为人们以这种或那种方式感受并得以坚持。[②] 因此，在很大程度上说，社会对人道的需要是一种形而上的，[③] 而对刑罚的需要是形而下的；前者是道，而后者是器；前者是长远性的，而后者是时务性的。

---

*　刘晓虎，中国政法大学人权学博士后。

① 参见沈恒炎、燕宏远：《国外学者论人和人道主义》，社会科学文献出版社 1991 年版，第 188 页。

② 上述是苏力教授对自由的一段描述，笔者借以描述人道。参见苏力：《批评与自恋》，法律出版社 2004 年版，第 150 页。

③ 任何人道主义都是形而上学的（M. 海德格尔语）。沈恒炎、燕宏远：《国外学者论人和人道主义》，社会科学文献出版社 1991 年版，第 16 页。

一、基于人道废止死刑的条件分析

（一）人道与刑罚的取舍是有条件的

关于人道并非刑罚的价值要素这一命题，我们在《刑法中的人道问题》这篇论文中已作详细论证。人道是一种形而上的追求，所以人道远不如公正、效益等刑罚的价值要素给死刑的发难那么恒定有力。后者一旦被证实出瑕疵，则意味着刑罚的根基存在问题，一经发难，则必然导致死刑的废止。而前者则是一个形而上的理念抉择问题，即使某种刑罚体现的人道性有所缺失，也未必导致该种刑罚的废止，毕竟社会对刑罚的需要比人道更为直观、现实。在民意测验中支持死刑保留的人数远多于支持死刑废止的人数莫不具有这方面的因素。在司法实务中，人道的魅力往往显得缥缈，而杀人犯罪率的上升往往会使民众感受到社会对刑罚的切实需要，当后一种感受占绝对支配时，人道对死刑的发难就显得苍白无力。因此，取人道舍刑罚还是取刑罚舍人道，不是一成不变的。在社会形势一片良好、暴力犯罪明显减少时与社会形势一片混乱、暴力犯罪居高不下时取舍结果可能是截然不同的。正如马克思所论："（人的本质）既和他们生产什么一致，又和他们怎样生产一致。因而个人是什么样的，这取决于他们进行生产的物质条件。"① 在马克思看来，人道主义不存在是绝对抽象的，人道获取价值或意义必定脱离不了具体的社会情状。申言之，人道能否对死刑进行废止性的发难也是有条件的，即具体性的，而非抽象性的，需要结合具体的条件予以判断。

（二）取人道舍刑罚的条件

在刑法领域，作为人道核心要素的宽容不能仅理解为一种基督教义，而应理解为一个人作为自然人、社会人所潜在的怜悯、宽恕、容忍情感，否则就等于否认了非基督成员作为宽容的主体。宽容首先体现出怜悯或宽恕的道德情感；其次宽容意味着克己，即对自己眼前利益或主张的放弃。现举例说明：

某甲无端操起木棍打秀才乙，乙的反应在某个层面揭示了宽容的条件。（之所以选择秀才这个角色，是为了与人道的辞源形成某种脉络和对照。因为人道最早是指一种有教化的人（paideia）行事的原则和方法，这种有教化的人与中国语境中的秀才在角色上有相似之处。

其一，乙选择防卫行为还是宽容，首先取决于乙如果选择防卫行为给甲造成的可能性后果。即该可能性后果能否激发乙的宽容情感，如果连一般这种激

---

① 《马克思恩格斯选集》（第1卷），人民出版社1972年版，第25页。

发的可能都没有，那么乙一般不会选择宽容。

其二，乙选择防卫行为还是宽容，取决于乙具备宽容情感机制的强弱。一般而言，乙的涵养、文明程度越高，乙就越易于形成宽容的情感机制。

其三，宽容意味着眼前利益或主张的放弃，乙选择防卫还是宽容，最主要取决于所放弃的利益或主张的性质。利己主义是人之为人根本。没有利己主义，人简直不能生活。[1] 俄国"人本学"思想家车尔尼雪夫斯基也认为"所有的人都是利己主义"。[2] 刑法学之父费尔巴哈基于利己主义构建了著名的"心理强制理论"。从眼前考虑，利益或主张的放弃与利己主义背道而驰，触及人之根本。然而从长远考虑，放弃眼前的利益或主张则未必不是舍小求大，放弃往往能换取更多的精神愉悦和长远利益，基于这一角度而言，宽容其实蕴藉着利己主义的深层哲理。不过，不管怎么说，宽容给人最直观的感受还是放弃，放弃利益或主张的性质往往会直接影响主体的态度。试想，如果甲的攻击可能是致命或致残的，乙的涵养、文明程度再高，一般也不会选择宽容。

社会是由个人组成的，因此个人的宽容与社会的宽容并无本质的区别。根据孔子推己及人的思路推理，差序格局的社会对本应处罚的犯罪行为选择宽容，也会面临上述因素的权衡，即社会取人道而舍刑罚时，必须成就以下条件：

其一，刑罚所造成的损害能够激发宽容的道德情感；

其二，社会已形成了一个比较稳定的宽容氛围；[3]

其三，放弃刑罚可能带来的利益损害可以被社会容忍接受。

（三）取人道舍死刑的条件

死刑废止论者将人道作为废止死刑最有力的一种武器，忽略了取人道弃死刑是相对性、具体性的，而不是绝对性、抽象性的，即是否废止死刑，必须根据具体的条件予以判断。根据上述取人道舍刑罚的条件，基于人道废止死刑必须成就以下条件：

---

[1] 参见 ［德］费尔巴哈：《宗教本质演讲录．费尔巴哈哲学著作选集》（下卷），商务印书馆 1984 年版，第 551 页。

[2] 参见 ［俄］车尔尼雪夫斯基：《哲学中的人本主义原理．车尔尼雪夫斯基选集》（下卷），生活·读书·新知三联书店 1959 年版，第 281～284 页

[3] 一般而言，社会文明程度越高，宽恕氛围就越易于形成。个人的神经系统比社会反馈的灵敏度要高得多，个体系统在价值观上差异迥然。社会文化系统要求整个系统维持"进化范式"。参见《系统哲学讲演集》，转引自胡义成：《人道悲歌——马克思主义人道主义新论》，华夏出版社 1995 年版，第 187～188 页。

其一，死刑所制造的杀人场面能够激发社会的宽容情感。近代废止死刑的狂澜基本是由这种宽容情感所掀起，如废止死刑的首倡者贝卡里亚认为，"刑场与其说是为罪犯开设的，不如说是为观众开设，当怜悯感开始在观众心中超越其他情感时，立法者似乎就应当对刑罚的强度做出限制"。[①]

其二，社会对死刑犯已形成一个稳定宽容氛围。宽容说穿了就是一种怜悯情感，这种情感必须以一定的方式为人所认知，通常而言，这种认知是以民意调查的形式进行的。民意调查虽然难以准确反映死刑存废双方的理论的真伪，但绝对能反映社会公众对死刑的宽容态度。另外，不同于个体的是，社会毕竟是多个群体组合，个体的宽容情感可以随性所发，而来自社会的宽容要理性多了，所以社会宽容需要一个稳定而理性的氛围。

其三，废止死刑所带来的风险后果可以被社会接受。废止死刑，必然遭受一种已经积淀几千年之久的报应情感的冲击，社会对这种情感的冲击必须有足够的准备和承受力。另外，刑罚总体威慑力的减弱极有可能导致犯罪率的上升。虽然无法证明废止死刑会带来这种后果，但同时也无法证明废止死刑不会带来这种后果，然而对于安全防范意识强烈的社会主体而言，考虑的是废止死刑可能带来的风险后果（且往往是最坏的风险后果），而不是废止死刑实际带来的后果。[②]

二、中国基于人道废止死刑条件的分析

（一）执行死刑能否激发大众的宽容情感

首先，火刑、车刑、分尸、凌迟等古老的死刑执行方式已然消逝在古老的历史长河。自近代始，死刑一直在朝着人道的方向迈步前进，即如是同一种死刑执行方式，当政者也在致力研究出一种较先前更为人道的方式。如在法国，曾经有多名博士致力于研究如何减少被铡者的痛苦，事实是改进后的断头刑，明显比先前的更人道。[③] 当代的枪决、电椅、注射、毒气和绞杀等执行方式也无不在尽量减小死刑犯的痛苦，因此，以今日面孔出现的死刑已经体现了相当

---

① ［意］贝卡里亚：《论犯罪与刑罚》，中国大百科全书出版社 1993 年版，第 47 页。

② 参见 Hood. R，The Death Penalty：A World – wide Perspective. Oxford：Oxford，1996，pp. 180 – 212。

③ 参见 ［德］布鲁诺·赖德尔：《死刑的文化史》，生活·读书·新知三联书店 1992 年版，第 116～129 页。

的人道化元素。[①]

其次，绝大多数国家（包括中国）都规定执行死刑必须在刑场或指定的羁押场所内执行，不允许示众。[②] 这种规定使死刑的残忍场面逐渐在公众的印象中淡逝，死刑的血腥往往只能凭借回忆和想象获知。杀死一名罪犯，对罪犯家属而言，可能是一辈子难以承受的不幸，但在公众眼中，却宛若过眼云烟，根本难以激起大众的怜悯、宽容情感。废止论者所描绘的血淋淋的场面基本成了对历史的写照。

此外，采取枪决、注射方式执行的死刑所制造的恐怖气氛比起大多数碎尸杀人、强奸杀人、绑架杀人相形见绌。这些犯罪手段的残忍，不但使死刑难以激发公众的恻隐之心，反而使公众对死刑的信仰和依赖程度进一步得到加强。

（二）一个稳定的宽容氛围是否形成

难以激发大众的宽容情感，自然也就难形成一个稳定的宽容氛围。当前在中国，民愤往往是导致判处死刑立即执行的主要因素之一，刘某案件便是一个很好的说明。[③] 在该案中，民众不但提出要对被告人刘某判处死刑，而且对死刑执行方式提出了更为残酷化的要求。如有不少网民公然提出"不毙不足以平民愤"，反对以注射代替枪决。[④]

民愤虽然不能把原本罪不致死的案件改变为死罪案件，但是民愤却能深深影响司法人员的宽容，即把本来可以宽容的死刑犯影响为不敢宽容、不愿宽容。从近年来的司法实务概况来看，民愤是宽容氛围形成的主要障碍。在当代中国，包括其他任何保留死刑的国家，为什么对死刑依赖的情感要远甚于宽容呢？分析起来，不外乎以下两大原因：

1. 对他人生命的尊重程度不够

在一天不知有多少生命因为吸烟吸毒、交通肇事以及暴力犯罪而遭扼杀时，[⑤] 他人生命的缺失并不为日常生活所关注，贩毒者、酒后驾车者、暴力犯罪者等人数的居高不下迫使民众本能地反映出这么一种态势。既然对他人的

---

① 参见 Robert M. Bohm, Keith N. Haley, Criminal Justice. Glencoe: Mc Graw – Hill, 2002, p.325。

② 我国现行《刑事诉讼法》第263条对此有明确的规定。

③ 参见《专家权威的倒掉》，载新华网，2003年12月25日。

④ 参见《注射死刑遭障碍，不毙不足平"民愤"》，载人民网，2003年3月26日。

⑤ 全球每年大概有500万人因吸烟而死亡，在中国大概有120万人因吸烟而死亡，占全球1/4。据统计，我国近十年来，每年的交通肇事导致的死亡率为世界最高，在2001—2004年间，平均每年超过10万人，占全球1/5。

生命缺少尊重与关注的热情，那么当他人被执行死刑时，公众自然就难以泛生宽容的情感。

2. 宽容在思想文化里的渗透力不强

思想文化对情感塑造有着非常的渗透力，在中国，宽容之所以难以形成稳定的氛围，与传统思想文化不无关系。儒家文化对中国思想文化的影响颇深，但孔子的忠恕思想只是阐明了"己所不欲，勿施于人"，儒家的仁爱讲的也是"己所立，而立人；己所达，而达人"。可见，孔子的忠恕思想与小乘佛教的善恶报应，两者都没有融入浓厚的宽容色彩，相反，孔子还特别声明，如果以德报怨，何以报德？所以应该以直报怨。在中国传统思想文化中，虽然老子提倡过"善者，吾善之；不善者，吾亦善之；德善"，但这种容忍的主体说的是圣人，老子并没有推及到俗人，因此这种容人思想就难以走向太俗。总之，宽容思想的缺失是导致现行中国稳定的宽容氛围难以形成的重要原因。

（三）废止死刑带来的风险后果（且往往是最坏后果）能否被接受

废止死刑会带来怎样的后果？严格上说，是无法准确预知的，只能着眼于法秩序的稳定，顾及国民的不安感，将最坏的可能后果考虑进去。

死刑废止后暴力犯罪率是否急剧上升，暴力犯罪能否被遏制？这是首先应被考虑的问题。在中国，由于不存在无假释的终身监禁，死刑废止后，替代死刑的是有假释的无期徒刑，有假释的无期徒刑的刑期幅度是 12 ~ 22 年，但实际刑期一般只有 15 年左右。因此死刑废止前后，刑罚威慑力的比较是在死刑与 15 年左右的有期徒刑之间，刑种如此悬差势必会引发死刑废止后暴力犯罪率是否会急剧上升的思考。

经验显示，想要精确地测算出死刑废止后暴力犯罪率的变化是不可能的，但是这个结论的意义并不大，因为：一是不管刑罚威慑力的悬差有多大，哪怕是死刑被拘役刑取替，犯罪率的变化也无法精确证实；二是人们完全可凭借对当前社会形势的了解感知到刑罚究竟是处于紧缺还是过剩的状态，而无须通过死刑废止后犯罪率升降的数据来反证死刑究竟处于何种状态。当前社会总体的形势是好的，但是最严重的犯罪还在发生，如毒品犯罪猖獗等。这种境况给国民的直觉是刑罚有待于加强，而不是减弱。因为这些严重的犯罪将会使国民产生严重的不安感，而出现这种不安感时，刑罚实际就处于严重的休眠状态。如外国学者所描述，当大城市、小乡镇，住宅、餐厅、宾馆、公园、教堂都会出现游乐性杀人（spree killings），甚至那些无家可归的人也会惨遭游乐性杀害时，① 国民就会感到无一处安全（no safe place），而这种感觉则会严重波及社会稳定与发展。② 这个时候，绝大多数国民的愿望是希望多判处几个死刑，而不是将死刑予以废止。

犯罪率上升也许不完全是刑罚的原因，但是面对上述正在肆虐猖獗的犯罪，死刑无疑是最可靠的治标或遏制措施。在当前中国这种社会形势下，废止死刑就等于废置了一套最可靠的治标或遏制措施。

死刑废止后能否彻底消除一些特殊罪犯的人身危险性？

对于有组织的、黑社会性质的犯罪、恐怖主义犯罪，不能认为对这些特殊的罪犯实施了终身监禁（我国目前还没有真正的终身监禁刑）就彻底消除了其危险性，这种罪犯即使被关押，也仍能在监狱颐指气使，掀起风波，至少对羁押在监狱的其他罪犯构成相当的危险。据笔者了解，一些有组织犯罪的首要分子，被关进监狱后，还继续在监狱"坐把"（牢头狱霸别称），继续在监狱残压其他囚犯。这种处罚效果能否被接受？至少在目前是值得疑惑的。其实，对于有着严重后续影响的犯罪分子，废止死刑的先驱——贝卡里亚也认为，如果在被剥夺自由之后仍然有某种联系和某种力量影响着这个国家的安全；或者他的存在可能会在既定的政府体制种引起危险的动乱……那么处死他就变得必要了。③ 在国际上，恐怖主义犯罪分子以人质挟制政府释放恐怖主义犯罪分子并不是鲜见之事，而且这些犯罪分子也有着足够的破坏力，所以将某些恐怖主义犯罪分子列入贝卡里亚所指的处死行列不会存在什么疑问。联系当前，中国的反恐工作刚刚开始，④ 在这个时候废止死刑，将会带来怎样的后果？国民、政府能否接受这种风险？民意测验和政府的态度实际已间接对此作了回答。

综合上述三点，我们认为，中国目前基于人道废止死刑的条件尚不够成熟。

三、死刑废止运动倒退和反复的启示

（一）死刑废止运动的倒退和反复

自18世纪80年代奥地利统治者采纳贝卡利亚废止死刑的主张以来，全球

---

① 参见 Hilary Hylton. Death Rides the Rails, Time［A］. June. 28, 1999. 45; Associated Press. Latest Homicides Leave Denver Homeless Wary. Honolulu Advertise,［A］. November. 19, 1999. A. 10, p. 45。

② 参见 James A. Fagin. Criminal Justice［M］. Pearson Education, Inc. 2003, pp. 462 – 463。

③ ［意］贝卡里亚：《论犯罪与刑罚》，中国大百科全书出版社1993年版，第45页。

④ 赵秉志、杜邈：《我国反恐怖主义立法完善研讨》，载《法律科学》2006年第3期。

废止死刑的国家逐渐过半。截至 2005 年 10 月，完全废除死刑的国家达 81 个，废除普通犯罪死刑的国家 12 个，事实上废除死刑（10 年内在司法中未执行过死刑的国家 35 个，总数加起来 128 个，占全球总数的 60%。[①] 但是值得注意的是，在整个 20 世纪，全球废除死刑的运动也曾经出现过一些倒退和反复，如 20 世纪 20 年代中期至 50 年代，由于发生"第二次世界大战"，原来废除死刑的部分国家（如德国），恢复了死刑。[②] 南美洲废除死刑起步很早，但也遭遇几次倒退。如巴西分别于 1937 年和 1969 年因政治暴乱和军政统治两次恢复死刑，阿根廷 1853 年在宪法上禁止对政治犯适用死刑，1921 年废除死刑后，1971 年和 1976 年曾经两次在法律上恢复了死刑，到了 90 年代，还出现了恢复死刑的政治运动。秘鲁于 1979 年对普通犯罪废除了死刑，但至今仍没有完全废除死刑。

再从全球判处死刑的人数来看，1980—1999 年 20 年中，全世界经报道或有记录的为 55330 人，每年为 2766.5 人；被执行人数为 400035 人，每年平均为 2001.75 人。1993—1999 年是判处死刑的高峰，平均为 3000 人，1996 年被判处死刑的人数竟高达 7107 人，被执行的人数达 4272 人。[③]

不少人认为，废止死刑是国际潮流，[④] 我国加入 WTO 后，应尽快与国际接轨。把废止死刑作为一种国际潮流，无非是看到越来越多的国家废止死刑，但是应该看到，不少国家却是迫于国际交往的压力而废止死刑的。[⑤] 另外，假使废止死刑是国际大潮流，那么为什么有些国家在顺着国际潮流废止死刑后又逆着国际潮流恢复死刑呢？[⑥]

---

① 参见［英］罗吉尔·胡德：《死刑的全球考察》，刘仁义、周振杰译，中国人民公安大学出版社 2005 年版，第 628 页。

② 参见苗延波：《20 世纪各国死刑废除运动的回顾及评述》，载《刑事法学》2006 年第 1 期。

③ 参见苗延波：《20 世纪各国死刑废除运动的回顾及评述》，载《刑事法学》2006 年第 1 期。

④ 参见贾宇：《中国死刑必将走向废止》，载人民法治网，2005 年 7 月 21 日。

⑤ 如欧洲理事会大会在 1994 年通过的 1044 号决议和 1246 号建议中，该大会对希望成为理事会成员的国家提出了一个先决条件——同意立即暂停执行死刑。这种政策在 1999 年关于无死刑的欧洲的 1187 号决议中得到重申。俄罗斯在 1999 年就属于迫于压力而废止死刑的。

⑥ 有些国家虽然暂时没恢复死刑，但国家委员会却提出议案要求恢复死刑。参见《达吉斯坦国家委员会要求在俄恢复死刑》，载人民网，2002 年 5 月 13 日。

（二）死刑废止运动倒退和反复现象的启示

如果说死刑废止的原因值得关注，那么死刑废止后再恢复的原因更值得关注。从法追求稳定的角度去看，在那些没有废止死刑的国家，废止比保留的难度要大；但是在那些已经废止死刑的国家，恢复比废止的难度也更大。那么是什么理由促使立法者恢复了死刑呢？对于那些恢复死刑呼声很高的国家，是什么理由促使他们有了这种要求呢？

"二战"时期的德国恢复死刑是把死刑作为一种种族和政治操纵的工具，南美洲的阿根廷、巴西也基本是因为政治暴乱和军政统治而恢复死刑，这种恢复死刑现象似乎不能在法律角度说明一个什么道理。但是像美国这样的大国呢？2005年12月2日，美国北卡罗来纳州执行了1976年以来的第1000名死刑犯，该名罪犯是因为谋杀妻子和岳父而判处死刑的，此前的多名罪犯也基本是因为谋杀而判处了死刑，所以，美国恢复死刑现象不能认为是因为政治暴动或军政统治的原因，2002年之前，对青少年犯适用死刑更能说明恢复死刑的非政治性。

保留死刑也显然不是因为经济落后，像美国[①]、日本、新加坡这样的发达国家依然没有废止死刑，但是它们的经济水平都非常高。当今世界，印度，新加坡、巴基斯坦、孟加拉国、缅甸、越南是强烈支持死刑的国家，新加坡是世界上死刑执行率最高的国家，菲律宾呼吁恢复死刑的呼声也非常高。[②]究竟是什么原因促使这些保留死刑的国家坚定保留的立场呢？又究竟是什么原因促使废止死刑的国家重新回到保留死刑的立场呢？

从目前的调研结果来看，首先是客观因素。主要是犯罪率的上升和犯罪危害程度的加剧，如杀人犯罪率的上升和恐怖主义犯罪的破坏力加剧，美国、菲律宾、新加坡很能说明这一理由。最近，俄罗斯发生地铁爆炸案后，上议院立法者针对爆炸犯罪行为拟恢复死刑更是一个鲜活的说明。[③]其次是主观因素。因为客观因素导致绝大多数人感觉到对死刑的一种依赖和需要，这一主观需要直接冲淡了人道的社会价值理念，导致宽容情感的漠然，这样的话，取严刑弃人道成为主流思潮，死刑复位便是自然之事。

---

① 美国50个州，只有23个州废止了死刑，值得惊奇的是，还有23个州允许对不满18周岁的青少年执行死刑。参见杨一帆：《美国：徘徊在死刑存废的边缘，23个州已经废除》，载《国际先驱导报》2003年11月24日。

② 参见王薇：《死刑困扰菲律宾》，载《环球杂志》2004年6月1日。

③ 参见《俄罗斯上议院考虑针对爆炸案件恢复死刑》，载《武汉晚报》2010年3月31日。

经过上述分析，可以认为，废止死刑是一个具体的政策问题，这种政策需要根据具体的条件制定或贯彻。如果条件不成熟，那么废止死刑就不是一个科学的抉择。如果不顾国情，强行废止死刑，那么若干年后死刑还会死灰复燃。

四、结语

犯罪率上升和犯罪破坏力加大是死刑保留和恢复的主要原因。这一方面说明，死刑的公正、效益价值是得到民众认可的，这已是个不可证明也无须证明的经验法则。尽管还有部分废止论者在理论上提出了一些非常有见地的诘难，但是道理已经很简单，你可以怀疑死刑的价值，然而当犯罪率上升或犯罪危害加大时，为什么人们还是把期待的目光投向死刑呢？即便在这个国度死刑已经废止。另一方面说明，保留或废止死刑，不应追赶国际时潮，保留或废止应根据各国的国情，条件成熟时可以废止，条件不成熟就必须保留，否则，即便废止了死刑也还会恢复死刑。

鉴于这些考虑，联系中国目前的国情，废止死刑为时尚早。在暴力犯罪有所上升，恐怖主义犯罪有所抬头的形势下，国民的不安感导致的是国民对死刑的需要，而不是对人道的崇尚。因此，中国基于人道废止死刑的条件尚不成熟，中国目前不宜废止死刑。

（载《广州大学学报（社会科学版）》2010 年第 9 期）

检察官客观义务及其人权保障功能

魏腊云[*]

摘 要▶ 检察官客观义务是检察官协助法官发现真实、守护法律、维护公正的义务，其价值取向是公正，包括实体公正与程序公正。在立法中，检察官客观义务作为制度已成为国际趋势，在大陆法系国家、英美法系国家及中国均有相应的规范。在司法和执法中，检察官客观义务凸显了人权保障功能，主要通过制约国家公权力对私权利的侵犯，客观公正保护双方当事人的权利，客观公正收集、审查证据等途径来实现。

关键词▶ 检察官 客观义务 人权保障

一、检察官客观义务的法理分析

检察官不仅负有法定性义务——因法定原则而必须履行的义务，必须严格依照法律的规定，没有自由裁量的余地；而且负有客观性义务——协助法官发现真实、守护法律、维护公正的义务。

（一）检察官客观义务的内涵

检察官在诉讼中不是一方当事人，而是法律事实的发现者、真实的判断者和忠实正义的公仆。检察官的职能不仅仅在于追究犯罪，而且必须考虑到犯罪嫌疑人和被告人的合法权益，守护法律的真实。这种法律设置可以避免公诉人为追求胜诉，而置犯罪嫌疑人和被告人权益于不顾的当事人化倾向，使公诉方与被告人在诉讼中最大限度地保持实质平等，实现诉讼程序的公正性。所谓"客观义务是指检察官为了发现真实情况，不应站在当事人的立场上，而应站在客观的立场上进行活动"。① 具体要求如下：（1）监督审判公正进行。（2）保护双方当事人的合法权利。（3）收集、审查证据要客观公正。（4）为

---

* 魏腊云，浙江财经学院讲师。

① ［日］松本一郎：《检察官的客观义务》，郭布、罗润麒译，载《法学译丛》1980年第 2 期。

被告的利益提供法律救济途径。"而且应为被告之利益执行职务，不但应一律注意于被告有利及不利之情形，亦得为被告之利益提起上诉、再审和非常上诉。"① （5）为确保诉讼公正进行，检察官有回避义务。

（二）检察官客观义务的价值取向

检察官客观义务的价值取向是公正，包括实体公正与程序公正。实体公正的内涵必须包括三项内容：（1）准确地认定案件事实；（2）正确地适用实体法律；（3）对案件作出公正合理的裁判。② 法官在认定事实时可能会出现随意性；在适用实体法律时，在法律的原则性规定和空白条款面前，也有可能出现不遵循立法精神、不准确适用法律的情况；法官也极有可能因不能抗拒外界干扰和诱惑而作出不公正合理的裁判，因此，实体公正这三个方面的内容都要求检察机关对法院适用法律进行监督。为保证实体公正，检察官必须就案件事实、实体法律、量刑等方面发表意见。"以立法论言之，检察官不仅为追诉人，且为公共利益之代表人，故应使其如何量刑始能合乎社会及被告之利益，表示意见，方妥当。"③ 关于案件事实认定方面，检察官可以就案件事实展开辩论，即检察官之事实论告，"系指关于证据之证据能力及证明力之意见，说明根据调查证据之结果，得据以认定犯罪事实之理由"。在适用实体法律方面，检察官可以就案件事实展开辩论，即检察官之法律论告，"系指信证据所认定之事实，在刑事实体法上应如何适用之意见，即对起诉事实应适用之法条与理由，包括犯罪构成要件之说明量刑之轻重，均应予以论述"。④ 检察官监督法院适用法律，既要使有罪的人受到惩罚，又要做到不使无辜的人被错误地定罪判刑。"检察官并力求审判之公正，以达无枉无纵之目的，除诉讼权外，检察官有干预与监督权。"⑤

"在实体的正义被纠纷所涉及的关系越来越复杂的当代社会中，以利害关系者的参加和程序保障为中心内容的程序正义观念在其固有的重要意义基础上获得了前所未有的重要性，这也是我们必须更加重视程序的理由。"⑥ 检察机关必须对法院审判是否遵守正当程序进行法律监督，以确保程序公正。为此，

---

① 林钰雄：《刑事诉讼法》，元照出版有限公司 2005 年版，第 122 页。

② 参见邓思清：《论审判监督的理论基础》，载《法律科学》2003 年第 3 期。

③ 黄东熊：《刑事诉讼法》，三民书局 1992 年版，第 373 页。

④ 林俊益：《程序正义与诉讼经济》，月旦出版社股份有限公司 1997 年版，第 172 页。

⑤ 黄东熊：《刑事诉讼法研究》，三民书局 1981 年版，第 490 页。

⑥ ［日］谷口安平：《程序的正义与诉讼》，王亚新等译，中国政法大学出版社 1996 年版，第 22 页。

必须在制度设计上体现程序公正，保障法律监督的正常进行。公正的诉讼程序就是将司法权限制在合理范围内的程序，达到限权与司法权之间的平衡。正如庞德指出："法律的历史表明人们始终是在推崇广泛的自由裁量权和坚持严苛详尽的规则之间来回摆动"，"一个法律制度之所以成功，乃是因为它成功地在专断权力之一端与受限权力之另一端达到了平衡并维续了这种平衡。这种平衡不可能永远维续下去。文明的进步会不断地使法律制度失去平衡；而通过把理性适用于经验之上，这种平衡又会得到恢复，而且也只有凭靠这种方式，政治组织社会才能使自己得以永远地存在下去"。① 可以说，公正程序的所有制度设计都是为了达到这种平衡，例如审级制度、辩护制度、回避制度、公开审判制度、上诉（抗诉）制度等都旨在对法官的自由裁量权进行适当的限制，而对法官自由裁量权的限制越适当，则诉讼程序表现得越公正。检察官监督程序公正主要体现在监督程序是否合理、法官是否处于中立、当事人双方是否平等参与诉讼等。

二、检察官客观义务的规范分析

检察官的客观义务理念，起源于 19 世纪末叶的德国。德国 1879 年生效的《刑事诉讼法典》第 160 条第 2 款就明确规定，检察官不仅要侦查证明有罪的，而且还要侦查证明无罪的情况，并且附有提取有丧失之虞的证据。检察官监督法官审判，保障司法权行使的客观性与正确性。可以说检察官天生具有法律守护人的角色，不能简单地将其视为一方当事人。"即使在审判中，检察官莅庭实行公诉之目的，亦在于协助或监督法院发现事实，不是与被告对等之当事人。故检察官之莅庭实行公诉，如发现法院所发现真实与事实有误，检察官即提起上诉，以资纠正。反之，如发现被告有利之事证，亦应为被告利益提起上诉，以资保护被告之权利。"② 在德国，检察官被认为是客观的"法律守护人"，检察官自始有监督法官裁判、控制警察侦查的功能。"其一，在案件审理过程中，对证据及其认定的合法性，对判决的合法、公正性负有监督义务。对一审判决，有权提起上诉。其二，检察官并非当事人，检察官不仅须收集对被告人不利之证据，亦应收集有助于使被告人免受刑责之证据，并注意保

---

① ［美］E. 博登海默：《法理学——法律哲学与法律方法》，邓正来译，中国政法大学出版社 1999 年版，第 148 页。

② ［日］松本一郎：《检察官的客观义务》，郭布、罗润麒译，载《法学译丛》1980 年第 2 期。

障被告人诉讼上的权利。"① 作为法律的守护人，检察官既要保护被告人免受法官擅断专权的侵害，也要保护其免受警察恣意的侵害。创制检察机关的重要功能在于，建立一个受严格法律训练和法律拘束的客观公正的官署守护法律，控制警察活动的合法性，摆脱警察国家的梦魇；另一个重要的法治国功能是守护法律，使客观的法意旨贯通于整个刑事诉讼程序，反对法院专制和法官擅断。所谓客观的法意旨是除了追诉犯罪以外，更重要的是保障人权。检察官代表国家参与诉讼，其目的是实施法律，维护国家利益、公共利益。因此，检察官履行职责时，还必须防止警察为了破案而片面地收集证据，避免一味地追求对被追诉人不利的结果。如果检察官以单纯的当事人身份参加诉讼，对保障被告的权利、实现诉讼目的极为不利。检察官不是片面打击罪犯的追诉狂，而是客观公正的法的守护人，应保护被告在诉讼上的应有权利。

由于大陆法系将检察官作为一种"法律守护人"来看待，检察官既是法律的守护者，就必然要承担起守护法律的客观义务。所以，检察官的客观义务理论很快为欧洲大陆法系国家所普遍遵循。在欧洲大陆国家如比利时、丹麦、希腊、意大利、荷兰、葡萄牙、西班牙、法国，以及亚洲的日本、我国的台湾地区、澳门特别行政区的刑事司法制度中都或多或少地体现了检察官的客观义务理念。法国检察官（检察院、检察长）对各类法院的判决无论是否生效，均可提出抗诉，该抗诉既可以不利于被告人，也可以为了被告人利益，如《法国刑事诉讼法典》第 572 条规定："重罪法庭宣告的无罪释放裁定，只能在为了维护法律而且不损害被释放一方的利益时，方得上诉。在法国，检察官指挥警察收集证据中，对于有利和不利的证据都要收集。"② 第 567 条规定，"刑事审判庭的裁定、重罪法庭、轻罪法庭和违警罪法庭的终审判决和裁定如果违反法律，检察院可向最高法院提出要求撤销的上诉"。第 621 条规定，"对上诉法院、重罪法院、轻罪法庭或者违警罪法庭作出终审裁定或判决后，在规定期限内没有提起上诉的案件，最高法院的总检察长为了维护法律的利益，可依职权提出要求撤销原判决、裁定的非常上诉"。同时，根据《法国刑事诉讼法典》第 33 条的规定，检察官"笔受拘束，口却自由"，即对于上司要求起诉的案件，检察官要根据上司的指令提出公诉意见书，但庭审时"可以发表自

① 晏向华：《法律守护人："检诉合一"诉讼机制的着陆点》，载《检察日报》2006年 8 月 30 日。

② ［法］卞斯东·斯特法尼等：《法国刑事诉讼法精义》，罗结珍译，中国政法大学出版社 1998 年版，第 128 页。

己认为有利于司法审判的口头意见"。①

英美法系国家传统上将检察机关视为纯粹的公诉机关，使其成为法律诉讼中的一方当事人，当事人色彩比较浓厚，即便如此，检察官的客观义务理念，在英美法系国家也逐渐被人们所接受。正如世界著名法学家梅里曼所说："努力将公正客观地进行活动的检察官发展成为诉讼活动的核心，是欧洲近一个半世纪以来刑事诉讼程序向更为公正和人道的方向发展的两个主要成果之一。"英国1994年通过的《皇家检察官守则》规定："皇家检察官应当是公平的、独立的和客观的。他们不应该让被告人、被害人或者证人的种族或者国籍、性别、宗教信仰、政治观点或者性别取向的个人观点影响他们的决定。他们也不应当受来自任何方面的不适当或者正当压力的影响。""皇家检控团的责任是确保以准确的罪名指控应当被起诉人，并确保所有相关的事实提交给法庭。""检察官应当始终为着司法公正的利益行事，而不应单纯地追求有罪判决：检察官应当确保法律的正确实施，确保将所有相关证据提交给法庭，并确保证据开示义务得到遵守。"

美国检察官客观义务的确立是在司法实践中通过判例逐步确立的。美国检察官的客观义务包括检察官收集、开示有利于被告人证据的义务，避免提起不当诉讼的义务，保护被告人实体权利和程序权利的义务，回避义务，非法证据排除义务，公开行使自由裁量权义务等重要内容。在1935年联邦最高法院就伯格诉合众国一案作出的判决中强调："美国检察官代表的不是普通的一方当事人，而是国家政权，他应当公平地行使自己的职责。因此检察官在刑事司法中不能仅仅以追求胜诉作为自己的目标，检察官应当确保实现公正，也就是说，从这个特别的、有限的意义上讲，检察官是法律奴仆，具有双重目标，既要惩罚罪犯，又要确保无辜者不被错误定罪。检察官可以而且也应当全力以赴地追诉犯罪，但在他重拳出击时，却不能任意地犯规出拳。不允许使用可能产生错误结果的不适当手段追诉犯罪，与用尽合法手段寻求公正的结果，二者同样属于检察官的职责。"②检察官应当追求公正的司法判决意见也成为随后美国律师协会制定有关检察官行为准则时重要的参考依据。美国律师协会制定的《律师职业示范法典》和《律师执业行为示范规则》中均体现了检察官客观义务的理念，其中《律师职业示范法典》规定检察官的职责不同于普通律师，他的职责是实现法律公正，而不仅仅是寻求被告人的有罪，而《律师执业行

---

① 参见《法国刑事诉讼法典》，余叔通、谢朝华译，中国政法大学出版社1997年版，第193页、第206页。

② 参见 BERGER V. United States，295 U. S. 78（1935）。

为示范规则》则规定检察官不仅仅要承担普通律师的职责，更要承担作为实现司法公正的国家官员所应当具有的职责。① 由此可见，美国法律在极其重视对抗制度设计的情况下，还力主检察官具有客观义务，要求检察官尽力避免利益冲突和任何表面的不适当。英国和美国刑事诉讼中证据开示制度要求检察官不仅应当开示对被告不利的证据，而且应当开示那些明显对被告有利、可能影响案件结果的无罪证据，但检察官不负有为辩方收集无罪证据的宪法义务。②

检察官客观义务还为有关国际性法律文件所认可，成为一种国际趋势。如《联合国关于检察官作用的准则》中明确规定了检察官的客观义务包括：（1）不偏不倚地履行其职能，并避免任何政治、社会、宗教、种族、文化、性别或任何其他形式的歧视。（2）保证公众利益，按照客观标准行事，适当考虑到嫌疑犯和受害者的立场，并注意到一切有关的情况，无论是否对嫌疑犯有利或不利。（3）如若一项不偏不倚的调查表明的起诉缺乏根据，检察官不应提出或继续检控，或应竭力阻止诉讼程序。（4）依法保护犯罪嫌疑人的合法权益。当检察官根据合理的原因得知或认为其掌握的不利于嫌疑犯的证据是通过严重侵犯嫌疑犯人权的非法手段，尤其是通过拷打，残酷的、非人道的或有辱人格的待遇或处罚，或以其他违反人权办法而取得的，检察官应拒绝使用此类证据。或将此事通知法院，并应采取一切必要的步骤确保将使用上述手段的责任者绳之以法。（5）检察官应根据法律授权或当地惯例，在调查犯罪、监督调查的合法性、提起刑事诉讼，和监督法院判决的执行和作为公众利益的代表行使其他职能中，发挥积极作用。《国际刑事法院罗马规约》第 54 条与第 81 条的规定明确地体现了检察官的客观义务理念，2000 年 10 月 6 日欧盟部长委员会通过的《关于"检察官在刑事司法中的角色"的建议》，该建议在 2004 年再次得到了欧洲议会的肯定与推广。其中列举的检察官的客观义务包括：在庭审程序中必须保持客观与公正，特别是要确保提供给法庭所有相关的事实与观点以实现司法公正；在履行职务过程中检察官应当公正地、无偏倚地、客观地行事。

我国《检察官法》第 8 条③明确了检察官忠于事实和法律的客观义务。该条规定，检察官应当严格遵守宪法和法律；履行职责必须以事实为根据，以法

---

① 参见 Model Code of Professional Responsibility EC 7 – 13；Model Rules of Professional Conduct，Rule 3.8。

② 参见 FRED C. Zacharias. Structuring the Ethics of Prosecu – torial TriaL Practice：Can Prosecutors Do justice？［J］，anderbilt Law Review，January 1991。

③ 现行《中华人民共和国检察官法》第 10 条。

律为准绳，秉公执法，不得徇私枉法；维护国家利益、公共利益，维护自然人、法人和其他组织的合法权益；接受法律监督和人民群众监督。1997 年《刑事诉讼法》[①] 第 8 条规定，检察机关依法对刑事诉讼实行法律监督。第 44 条规定，人民检察院起诉书必须忠于事实真相，故意隐瞒事实真相的，要负法律责任。第 76 条规定，"检察机关对于侦查机关的违法办案活动，应当予以纠正"。第 43 条规定，"审判人员、检察人员、侦查人员必须依照法定程序，收集能够证实犯罪嫌疑人、被告人有罪或者无罪、犯罪情节轻重的各种证据"。第 139 条规定，"人民检察院审查案件，应当讯问犯罪嫌疑人，听取被害人和犯罪嫌疑人、被害人委托的人的意见"。《人民检察院组织法》第 7 条第 2 款的规定体现了全面收集证据的客观义务要求。《人民检察院刑事诉讼规则》[②] 和《检察官法》对检察官的回避制度的规定也体现了检察官客观义务的要求。这些规定是检察官客观义务在我国立法中的体现。可见，检察官客观义务不仅是一种原则，而且走向了制度性的规定。检察官承担着公正执法的客观义务，应保持客观公正的立场，以事实为依据，法律为准绳，真正做到"不仅要保护国家和社会的利益，而且要保护公民个人的利益；不仅要保护被害人的利益，而且要保护被告人的利益；不仅要注意收集证明被告人有罪、罪重的证据，而且要注意收集证明被告人无罪、罪轻的证据"。

三、检察官客观义务的人权保障功能

在司法实践中检察官的人权保障功能通过以下途径得以实现。

（一）制约国家公权力

在检察制度建立之前，由于法官集侦查、控诉职能与审判职能于一身，法官在追究犯罪动因的刺激下，往往辅以大量的刑讯逼供摧残被告的身体，刑讯逼供被合法化，造成权力的滥用。"不受制约的政治权力乃是世界上最具动力的、最肆无忌惮的力量之一，而且滥用权力的危险也是始终存在的。正如德国历史学家弗里德里希·迈内克所指出的，一个被授予权力的人，总是面临着滥用权力的诱惑，面临着逾越正义和道德界线的诱惑。"[③] 也正如英国学者凯伦·法林顿指出的："生命并不宝贵，人的痛苦更不值得在意，这可以说是中世纪的欧洲权贵们的基本信条。历史上，这个时期的欧洲因其野蛮的死刑和刑

---

① 本文发表于 2009 年，故此处为 1997 年刑事诉讼法。

② 本文发表于 2009 年，故此处为 1998 年修订后的《人民检察院刑事诉讼规则》。

③ ［美］E. 博登海默：《法理学——法律哲学与法律方法》，邓正来译，中国政法大学出版社 1999 年版，第 374 页。

讯室而显得十分恐怖。代表着君主、教皇和政府的执法者们心如铁石，以法律的名义折磨他们的囚犯，而对犯人的任何惨痛无动于衷。这些大量存在的忠实酷吏无条件地专注于自己的职业——他们实施折磨的目的是让一切被认为有罪的人认罪——无论付出多大代价。"① 创设检察制度，可以说是西方国家法制催生法治国家并克服警察国家的里程碑。萨维尼在探讨检察官制度时曾指出，"警察官署……的行动自始蕴藏侵害民权的危险，而经验告诉我们，警察人员经常不利关系人，犯下此类侵害民权的错误。检察官的根本任务，就为杜绝此等流弊并在警察一行动时就赋予其法的基础，如此一来……此新创制（指检察官）才能在人民眼中获得最好的支持"。② "检察官应担当法律守护人的光荣使命，追诉犯罪者，保护受压迫者，并援助一切受国家照料的人民。"③

从司法实践看，审判机关或审判人员在对冲突进行裁决时，极有可能造成权力的滥用，从而进一步侵犯诉讼参与人的权利，司法权侵犯人权的现象时有发生，有时还相当严重，如不立案就对他人采取强制措施；为获取证据不惜采取刑讯逼供等非法手段；办理案件久拖不决，超期羁押等。洛克曾指出："纵然存在诉诸法律的手段和确定的裁判者，但是，由于公然的枉法行为和对法律的牵强歪曲，法律的救济遭到拒绝，不能用来保护或赔偿某些人或某一集团所作的暴行或损害……在这种情况下就只有一条救济的办法：诉诸上天。"洛克没有具体解释诉诸上天的含义，但他赋予这一行为"最后决定权"。显然，最后决定权是在法律救济穷尽后才使用的权利。"因为这种决定权，非到弊害大到为大多数人都已感觉到无法忍耐，而且认为有加以纠正的必要时，是不会行使的。"④ 但是，洛克并没有看到，正因为审判机关可能存在公然的枉法行为和对法律的牵强歪曲，从而造成对私权利的侵害，而这种侵害又是无法通过私力来实现救济的，依然必须寻求国家公权力的救济，通过法律的手段来解决枉法的问题，而不应首先采取其他手段来解决枉法问题。在此种情况下，就要求国家公权力积极作为，必须能积极主动地对实现法律适用和执行过程中的法律问题进行监督，确保法律的公正与正义。检察官监督法官在行使国家权力的过程中不违反法定程序，不违反法律的实体规定，既要遵守程序正义，又要遵循

---

① ［英］凯伦·法林顿：《刑罚的历史》，陈丽红、李臻译，希望出版社 2003 年版，第 21 页。

② 林钰雄：《刑事诉讼法》，元照出版有限公司 2005 年版，第 117 页。

③ 林钰雄：《刑事诉讼法》，元照出版有限公司 2005 年版，第 31 页。

④ ［英］洛克：《政府论（下篇）》，叶启芳、瞿菊农译，商务印书馆 1964 年版，第 15 页、第 104～105 页。

实体正义，由此制约国家公权力对私权利的侵犯，切实保障人权。

（二）客观公正保护双方当事人的合法权益

检察官客观义务的人权保障功能通过既保护犯罪嫌疑人、被告的合法权益不受法官的侵犯，保护犯罪嫌疑人、被告免受警察的恣意侵害，又保护受害人的权利；既保障无罪的人不受刑事追究，也保障有罪的人受到公正追究。受害人的权利遭到侵犯后，对其权利进行救济的最有力的形式是国家公权力的救济。权利的公力救济，既是国家的权力，也是国家的义务。在马克思主义国家理论产生之前，至少有两种理论在解说国家的职能："一种理论认为国家应当接受伦理和道德标准的评判，并且应当致力于实现伦理和道德上的目标（比如古典自然法理论或者理想的基督教共和国理论）；另一种理论则认为国家应当致力于满足自身及其公民们的世俗需要和利益，公民们只是把政府作为有助于实现其目标（比如和平、秩序和自由）的一种手段而已。"① 马克思主义的国家理论把国家视为一种凌驾于社会之上的公共力量，使社会冲突可望在国家确定的秩序范围内得以缓和。在讨论雅典国家的起源时，恩格斯指出："国家是承认：这个社会陷入了不可解决的自我矛盾，分裂为不可调和的对立面而又无力摆脱这些对立面。而为了使这些对立面，这些经济利益互相冲突的阶级，不致在无谓的斗争中把自己和社会消灭，就需要一种表面上凌驾于社会之上的力量，这种力量应当缓和冲突，把冲突保持在'秩序'的范围以内；这种从社会中产生但又自居于社会之上并且日益同社会相异化的力量，就是国家。"② 这三种理论可分别概括为国家义务至善论、国家义务救济论和国家义务冲突论。其中，只有国家救济义务论明确了国家的基本职能在于维护权利主体的权利不受侵犯，并在权利受到侵犯后通过国家公权力给以必要的救济。

国家救济义务论是建立在权利主体与救济主体分离基础上的，只不过这种分离使国家与权利主体之间出现了新的平衡关系，使得获得救济权作为权利的一个质的规定，从权利的总要素中分离出来而成为国家的权力或职责。列奥·施特劳斯有过精辟的概括："所有的义务都是从根本的和不可离弃的自我保全的权利中派生出来的。因此，就不存在什么绝对的或无条件的义务——唯有自我保全的权利才是无条件的或绝对的。按照自然，世间只存在着一项不折不扣

---

① ［美］阿兰·S. 罗森鲍姆：《宪政的哲学之维》，郑戈、刘茂林译，生活·读书·新知三联书店 2001 年版，第 124～125 页。

② 《马克思恩格斯选集》（第 4 卷），人民出版社 1995 年版，第 170 页。

的权利，而并不存在什么不折不扣的义务。"① 正是从这个意义上说，国家的义务并不仅仅是至善的追求，而且负有救济公民权利的义务，履行救济的义务不是消极的而是积极的，国家应当创造条件履行救济的义务。

那么，国家怎样积极地履行救济的义务呢？一是要制定法律，通过规则来确认公民的权利；二是要完善救济渠道，即创建、提供有效的救济制度、设施等。检察机关提起诉讼就是国家履行救济义务的重要渠道之一。检察机关负有主动追诉犯罪分子的权力，是对受害人权利的主动救济，检察官一旦提起公诉，不得在中途停止追诉，且不得放弃上诉权，以保障公民的权利在遭受侵害后能获得救济。

检察官除了保护受害人的权利外，客观义务还要求其保护犯罪嫌疑人、被告的合法权益。检察官对犯罪嫌疑人、被告的人权保障功能体现在刑事诉讼的各个阶段。如在侦查阶段，检察官通过对公安机关提请批准逮捕的案件进行审查后，根据情况分别作出批准逮捕或不批准逮捕的决定，确保公民不受错误的逮捕，监督侦查机关有无违反法律规定侵犯犯罪嫌疑人人权的情况；检察机关如果发现公安机关的侦查活动有违法情况，则向公安机关出具"纠正违法通知书"，通知其纠正，使当事人的合法权益不受侵害；对于一些疑难或重大案件在正常侦查羁押期限内不能如期结案的，如果要延长侦查羁押期限，承办案件检察官则对案件进行审核，根据情况决定是否予以延长，不该延长的不予批准，以保障犯罪嫌疑人的合法权利不受侵犯。在起诉阶段，检察官在审查起诉时对侦查活动进行监督，认为侦查机关提供的证据不足的，可以要求其补充侦查，以使犯罪嫌疑人和被害人双方的合法权益在公平的原则下得到保障；如果认为没有必要追究犯罪嫌疑人刑事责任或可以免除刑事处罚等情况，可以对犯罪嫌疑人作出不起诉决定，对于需要追究被不起诉人其他责任的，则提出检察意见，使犯罪嫌疑人的人权得到法律保障。

检察官的客观义务还要求为被告的利益提起法律救济途径，如通过抗诉监督和检察建议等。检察机关应当对人民法院无罪判有罪、轻罪重判、一罪判数罪等情况提出抗诉，即是为被告利益提起法律救济的明证。实践中一些检察机关逐步开展了对无罪判有罪、轻罪重判等错误判决的抗诉工作。对刑事判决中错误计算羁押期限、错误认定量刑情节等事项，检察机关则坚持以检察建议的形式提出纠正意见。

---

① ［美］列奥·施特劳斯：《自然权利和历史》，彭刚译，生活·读书·新知三联书店 2003 年版，第 185 页。

（三）客观公正收集、审查证据

检察官客观义务很大程度上是一种证据义务，检察官证据收集和运用的全过程都受制于检察官客观义务的潜移默化的影响。检察官既要收集对犯罪嫌疑人不利的证据，也要收集对犯罪嫌疑人有利的证据。有学者从证据法学的角度对检察官客观义务的体现进行了总结，主要体现在以下五个方面：一是证据收集的客观性，不论检察机关仅仅只作为公诉机关，还是同时作为侦查机关，检察官都有调查取证权，并且应该全面。如德国检察官不仅要侦查证明有罪的，而且还要侦查证明无罪的情况。在英美国家虽然检察官没有收集无罪证据的义务，但如果其已经获悉无罪证据，那么根据宪法判例在证据展示过程中就负有展示给辩方的义务，并且对于辩方的调查取证负有协助的义务。二是证据运用的客观性，即审查判断证据的客观性，"检察官代表政府执行法律，他的首要任务是维护正义。它既要使有罪的人受到惩罚，又要做到不使无辜的人被错误的定罪判刑。在决定是否应对案件提出起诉时，检察官必须客观考虑证据和其他有关情况，做出合理和公正的判断"。① 三是证据展示的客观性，检察官在开庭审判之前有义务向辩护人开示其掌握的证据材料。四是证明责任承担的客观性，从客观义务的角度而言，检察机关必须提供确实充分的证据来证明被告人的行为已经构成犯罪，应当依法追究刑事责任，履行证明责任达到证明标准是检察机关客观义务的基本要求。如果达不到上述要求，法院就应当作出有利于被告人的结论。五是证明标准凸显的客观义务。②

（载《广州大学学报（社会科学版）》2009 年第 9 期）

---

① ［英］詹妮·麦克埃文：《现代证据法与对抗式程序》，蔡巍译，法律出版社 2004 年版，第 256～257 页。

② 胡常龙：《证据法学视域中的检察官客观义务》，载《政法论坛》2009 年第 2 期。

具体人权

知识产权人格论

蔡晓东[*]　张宇勍^{**}

摘　要▶ 权利（包括权利客体）不仅仅依靠宪法和法律（是否准确?）的规定获得合法性，而且应有哲学理论基础作为支撑。像土地、机器设备、装备这样的有形财产客体在洛克财产劳动论和黑格尔财产人格论中，有较为完整系统、令人信服的理论论证。这里运用黑格尔的人格财产论初步论证无形财产的客体：思想（专利、商标、版权的客体）存在的正当性。

关键词▶ 知识产权　自我实现　个人表达　无形财产　黑格尔

财产人格论认为财产是个体自我实现、个人表达、尊严和个体确认的特定的或者合适的手段，也就是说实现自我发展——成为独立的个体——个人需要控制外在于自己的资源，按照人格论的观点，控制的方式最好是赋予个人不同的财产权。人们凭直觉也知道：思想属于个人，因为思想是其创造者人格或者自身的体现。在知识产权领域，黑格尔财产人格论对艺术作品的论证最具说服力，[①] 大陆法系也在理论和法律制度当中确认了财产人格论。[②]

一、财产人格论基础与知识产权

（一）黑格尔哲学观点

黑格尔哲学中心问题是晦涩难解的一些概念：意志、人格、自由等。[③] 个

＊　蔡晓东，天津商业大学基础课部讲师，从事知识产权法学研究。

＊＊　张宇勍，北京大学法学院硕士研究生。

① 参见斯蒂尔曼：《黑格尔的财产、自由、个体和马克思的政治思想》（1980）：财产所有权就是客体体现主体意志并由主体对客体进行"占有"。

② 参见卡茨：《精神权利原理和美国版权法——一个建议》（1951）：提议普通法系引进大陆法系作品精神权利的概念。罗德：《精神权利原理：艺术家、作者、创造者法研究》（1940）一文也提出了同样的观点。

③ 参见冯晓青：《知识产权法哲学》，中国人民公安大学出版社2003年版，第148页。

体存在以个人意志为中心，意志不断地在世界中寻求现实化和有效性。个体精神组成部分是分层次的，其中意志居于最高地位，可以说思想、冲动、智力、心灵的自由组合就是意志。人格就是意志自身现实化的结果，"一个人作为理念的存在必须把他的自由转化到外部世界中"，"人格是首先、完全抽象地界定绝对和无限的意志"，"人格努力摆脱自身主观性的限制并给自身现实化"。黑格尔哲学上的自由是随着个体自决程度提高而增长的，例如动物比物体自由，人比动物自由，家庭比个人自由，社会组织比家庭自由，世界历史比国家自由。专制君主的愿望没有受到什么限制好像是世界上最自由的人，黑格尔认为人民在这里成了体现君主意志的物，至少在个体自由的水平上，黑格尔否定把意志强加于他人。

（二）财产与个体

意志居于个体的最高位置，自我中其他"较低"成分好像是一种财产，洛克也认为"每个人有个属性，他属于他自己"，不同之处在于外在于自我的财产可以转让。意志和外部世界发生不同层次的关系，像认识、分类、解释被看作是用思想占有外部世界，认知、知识则是外部世界把自己强加给思想，意志是不受他们的限制，而是用不同的方法占有外部世界，财产的目的也不是用来满足身体感性欲望的。[①] 作用于物是自我现实化的第一步，财产的法律化不会自动引起自我现实化，它只是个体占有世界的一种手段，一旦我们承认自我现实化体现在对客体的持续性占有及其一系列行为，财产权就达到了它的一个重要目的：避免每个人为了自我的现实化，可能把他人作为猎物而彼此间处于无休止的争斗中。财产成了意志的表达，人格的一部分，为将来的自由行为创造了条件。[②] 有了财产，人们也能在非财产领域寻求自由或者利用财产发展自己。财产不仅是物质世界对自我的确认，社会也得承认个体的财产需要，社会承认个体对客体的需要，占有就变成了财产，个体的存在变得更具有客观性

---

① 参见［德］G. W. F. 黑格尔：《法哲学》（1821 年；T. M. 诺克斯译，牛津大学出版部印刷所 1952 年版），转引自［澳］彼得·德霍斯：《知识财产法哲学》，周林译，商务印书馆 2008 年版，第 88 页。

② 参见伊尔亭格：《黑格尔"权利哲学"结构：黑格尔的政治哲学》（1971）：财产首先是自由、个性的体现。

了，① 社会承认私有财产表明个人的需要符合社会意志。

对于先占和劳动理论，黑格尔语焉不详。对客体的先占是获取财产的第一步，意志只占有无主物或者抛弃物。个体和客体之间的关系不是固定的，个体可以抛弃物，对客体的先占不足以证明所有权存在，因为意志通过占有物体现自身，这种占有具有持续性特点，因时效期满持续性终止个体就失去了对客体的占有。个体也能通过物的转让而收回其意志对物的占有。通常劳动是意志占有物的一种手段，但是劳动或许是占有的充分条件而不是必要条件，例如在海滩上捡回的一块鹅卵石或者是受赠的礼物，对于礼物或者鹅卵石的占有就没有附加什么劳动在它们上面，这说明占有的非条件性，个体对客体的占有不必以使用为前提。意志占有有客观性的标志，黑格尔提到了意志占有客体的三种方法：身体对物的直接占有；以某种形式（例如不动产登记）占有；标记。使用者非消费性使用客体相当于"标记"，其意志要求把该客体作为自己财产永久性的一部分。

（三）黑格尔与知识产权

有形财产的正当性论证不是知识产权正当性的来源，把它与有形财产类比，还可能扭曲对人格和精神特质的描述。黑格尔写道：心理特征、学问、艺术技巧甚至像布道、弥散、祈祷之类的宗教活动及发明也成了"物"，双方以之为合同标的进行买卖。值得疑问的是，对这些"物"的占有可能是商业交易或者合同标的，好像它们是"物"，但是它们包含内在的、精神的东西，从法律角度描述对这些"物"的占有其实是很复杂的……这些"物"属于思维所有，是内在的而不是外在的，即使这样，人们却能使用外在的东西表现它们进而转让它们，也就是说人格特质可以"物化"。

黑格尔认为："任何人不能转让或者放弃自身任何普遍性的东西，因此不允许奴役。"② 而把自己所有的时间凝结在工作成果中，然后把这些成果转让给他人，就是把自己的人格、现实性、普遍性、自身存在转化成了别人的财产。该原则有助于解释：为什么作者转让其作品的复制件的同时，仍然保留该作品复制权。例如，雕刻家或者画家在进行艺术创作时，使用线条、色彩等媒介表现自己的意志并制作成一件艺术作品，要是其他的艺术家手工复制了这件

---

① 参见 John Plamenatz：《黑格尔政治哲学关于自由实现的历史》（1971）：需要不是欲望的发泄，也不是动物的那种要求。需要具有道德性，是人与人之间彼此确认……生物的自由是社会的一种存在，只有在社会中，或者用黑格尔的说法它（自由）属于一种道德普遍性且只能在社会中获取。

② 冯晓青：《知识产权法哲学》，中国人民公安大学出版社 2003 年版，第 177 页。

作品，因为这种复制品凝聚了复制者自己的思想和技巧，就没有侵害原作作者的财产权。① 黑格尔认为复制权是专属于作者，是一种表达的普遍手段和方法……转让作品的一件复制品不是转让生产复制品的权利，正如人不能自己卖身为奴，表达的普遍性方面属于作者自身。复制件是供购买者自己消费的，也只允许购买者吸收作品的思想。

二、知识产权人格论的困境

财产权人格论面临理论问题上的尴尬，有些特定客体没有"人格"因素，即使个体对客体的占有具有人格因素，我们也会发现不同客体体现出的人格程度不同。问题是：更多人格就意味着更多的财产保护吗？不同种类的知识财产体现了不同程度地"人格"吗？艺术作品好像比商业秘密更具人格性，古琴曲比数据库更人格性，艺术作品比商业秘密受到更多的保护吗？或者有些作品就不受保护吗？另外人格论解释知识产权转让问题也面临困境。

（一）知识财产的不同程度人格表现

雕刻、绘画、诗歌、小说、音乐之类的作品明显具有个人风格特征，这些作品是作者对自然、社会独特的反映。个人形象也具有明显的人格特征，它是个人在公众面前的形象总和包括个人的外形特点、举止及其给他人留下的印象，个人形象是否属于知识财产呢？即使没有激励手段，人们仍然会注重个人形象，看来个人形象要是作为知识财产，也不是劳动的结果。② 人格论者却认为个人形象是理想的财产形式，个人形象不需借助"表达""表现"之类的概念，个人形象本身具有社会烙印和人格，个人形象的财产权直接来自其人格。③

有些知识产品没有明显的社会价值或者没有付出什么劳动，洛克的财产劳动理论对这些财产的解释是牵强的，但是权利的赋予以激励更多的知识创造可

---

① 可能黑格尔在世时没有考虑到大规模复制模仿艺术家作品的可能性，一件艺术复制品含有复制者的技巧，但是书籍的复制只是机械式的工业化生产。

② 个人形象保护有助于个人创造性活动，尽管有些政治家和摇滚明星很注重自己在公众面前的形象，还是有些运动明星、演员不在乎这些。

③ 个人形象的好多方面被财产权或者准财产权保护，如保护个人昵称，禁止他人随意使用原告的声音和形象。很难说是作者的作品还是作者形象能更好表现人格，形象或许更重要是因为它代表了整个性格、相貌、生活风格，而作品只是表现特定的方面。然而对有些作者来说，一部小说就是创造者的有意识的表现，形象则是个体有意识行为和无意识行为的混合体，个人形象很难用财产劳动理论和人格理论进行论证。

以弥补其缺憾。有些知识产品没有表现或者是较少表现创造者的人格，人格论者对这些知识财产的解释同样是牵强的。大多数属于人格丰富型的客体受到版权法的保护，还有一些人格色彩比较淡的作品，像地图就是一个很好的例子，地图也含有艺术性的内容如颜色选择、识别符号及相关的信息，但地图使用目的在于其信息的准确性，其结果与地图的模样差不多。用人格论解释计算机软件和其他技术性的知识财产：专利、掩膜作品、商业秘密就面临更多问题，这些客体有很强的实用色彩，我们一般不会认为它们体现了什么人格特征，爱迪生发明灯泡时，选择发光最长久的灯丝材料而不是他偏爱的材料；马可尼为收音机选择特定波长，是因为这种波长发射得更远，而不是他喜欢这种波长。在芯片掩膜作品保护的立法过程中，发明者要求把芯片设计当作艺术设计一样用版权法保护，国会司法委员会认为工程类的设计没有个性和人格特征，消费者也认为技巧不是艺术。① 技术和地图也有相似的地方，例如计算机软件编程中的逻辑运算可能涉及美学的因素，受到软件程序运行效率的制约，可以用简单或者是更为复杂的方法编写程序，每种编写方法体现了编写者解决问题的特定风格。编写相同运行效率的程序要是有十种方法，编写者在其中选择一种就体现了其个性（人格特征）。②

虽说知识创造者的个人表达受到经济、效益、物质环境的限制，也不能简单地认为有些知识财产就没有人格色彩。例如观众的注意力和成本因素会影响到电影和戏剧的欣赏；地段、城市规划、建筑材料会影响到建筑作品；计算机软件和制图也会受到外在条件的限制；但是它们的创造者还是有余地展现个人风格。有时个人风格的展示极具专业性，像围棋能体现专业棋手的棋风，计算机软件的运行和化学工程也能体现发明人的个性。对于生物遗传学家和飞船工程师来说，一点点个人风格表现可能就意味着毁灭。创造过程越是受到外在条件的限制，展示个人风格的可能性就更小，因知识财产表现形式受到极大的限制，几乎不能表达个人风格了，其受到的保护也是很有限的。③

人格——财产论关注的焦点是：通过创造这个媒介表现创造者的意志，创造只是人格表现的管道。黑格尔认为：确认个体的财产权就是确认个体的人格，要是某人拥有专利，人们就会知道他是"那一个人"——某个新技术的

---

① 一部小说创作具有独创性、不可替代性，只有唯一的作者（包括共同创作），它不像特定的技术发明，技术发明最终会被他人找到。

② 苹果计算机公司诉富兰克林计算机公司（第三巡回法院1983年）一案判决：计算机软件设计可用不同手段表现时，被选择的表现手段受版权保护。

③ 科学发现因缺乏人格特质而不受财产权保护。

发明者。个体必须和财产有直接内在联系，这种联系不必是客体（财产）"表现"了所有者的人格，只要通过客体确认他自己就行了。发明之类的客体本来先于发明者的人格，但是随着时间的推移某人就成了某种科学或者技术的代称，说起声学人们就想起了多普勒；说起电灯人们就知道爱迪生；说起电话人们同样想起了贝尔。但是某人不能说："我想人们通过国贸大厦来确认我。"人格不能证明客体，但是透过客体和其创造者之间的关系就看到了人格。

（二）人格论与财产转让

黑格尔认为转让是个体与客体之间联系的最后一个因素，转让对于转让者来说等同于放弃：我能转让我的财产是因为我的意志使然，然后我放弃……①例如，两个个体进行实物交易时，一方认为对方的财产更能表现自己的人格，就会用自己的书来交换对方图片，财产转让是把"个人"财产变成了"可替代"财产。个人财产分为内部价值和外部价值，购买者以合理价格购买该财产时，其价格相当于财产所有者的内部价值，该财产也就没有附着卖者的人格。人格论解释货币经济面临困难，一般来说以投资为目的转让财产，比起个体保有财产更能实现自我，但是因通货膨胀或者经济短缺，个体不能确保实现财产的保值、增值。

知识产权转让有两种基本形式：（1）一次性转让所有权利；（2）转让其复制品但是限制复制品的使用。② 第一，知识产权的一次性转让。要是转让全部版权，原权利人在客体上没有人格因素，为何还能决定谁出版？谁销售？或者把原作改编成戏剧？知识财产客体是无形的（知识财产的复制品不是知识财产本身），与创造者的人格很难区分开来，很难想象如何放弃它？要是没有"物"放弃，转让如何发生？即使能放弃，黑格尔也禁止之——放弃思想就是人格放弃。当我把家里剩余的东西扔弃时，就不会再看到它们，它们也不再是我生活的一部分，这些有形财产与我的人格之间相互独立的。知识财产是否独立于其创造者？艺术表达是否神圣？有一千个读者就有一千个哈姆雷特，表演艺术家一般也按照自己的理解来表演某个剧本或者曲子。剧作家和演员；作曲者和指挥、乐队；表演艺术家常常与作家、作曲家为之发生冲突。一个艺术家甚至可能声明收回或者否认早期的某个作品。黑格尔却认为：全部转让知识财

① 参见［德］G. W. F. 黑格尔：《法哲学原理》，范扬、张企泰译，商务印书馆1961年版，第50页。

② 专利许可就采用了两种形式：一种是专利权人允许他人使用专利技术生产产品，这就像转让复制品；另一种是专利权人只收取固定的许可费而把所有权利转让他人，就像物权的全部转让。

产是错误的——就像奴役或者是自杀，放弃了自身"普遍性"，知识客体作为创造者的人格表现，不是能随便抛弃的。即使创造者本人认为放弃了某个作品，他仍然可以反对对作品的扭曲和篡改。第二，转让知识财产的复制件。复制件转让后，"复制件的所有者"在其客体上没有人格利益了，有形财产的转让也是如此。不过复制件的转让不影响知识财产上原权利人的人格色彩。黑格尔还关注知识财产创造者的经济福利，表面上经济因素与人格理论不相关，以黑格尔主义者的视角，知识财产的使用者支付报酬给权利人是一种人格确认行为，知识财产体现了创造者的人格，这种确认不只是嘴巴上说说而已，例如我说"这块森林是你的财产，但是我在那里砍伐树木，打猎，其实我没有把这块森林当成你的财产"。相似的口头承认知识财产不等同于承认权利人在其上的经济利益，购买作品版权或者专利许可就是对创造者人格的确认。人格转让理论有两个必不可少的前提条件：确认作品的创造者；不得违反创造者本意或者未经创造者同意改动作品。黑格尔禁止知识财产的"完全"转让就与这两个条件有关，尽管他允许转让复制件却不赞成转让人格及自我意识……

三、知识产权人格论的法律实证

除了经济权利作者和发明人对作品还享有精神权利，即使作者转让了作品的经济权利，他对作品还享有四种人格权：归属权（署名权）；公开权；保护作品完整权；收回权。作者不仅有权禁止他人假冒作品而且禁止他人对自己的作品随意篡改，这就好像占有作品和占有自身一样，他人不得分享我的人格。公开权保护的是创造者自己首先公开思想的权利，一旦作者或者发明人公开了自己的思想，虽说思想就进入了公共领域，但是权利人并没有把所有经济权利和精神权利放弃。例如，每个人不能把他人的思想说成是自己的，也不能故意篡改或者扭曲并把它们归之于权利人。作者或者发明人有权公开或者不公开其知识作品，有权选择性地向他人公开或者出版，不管这些思想是观点、计划、事实、知识、发明还是规划。因为思想占有在本质上更具有排他性。思想首先是在每个人的脑海里形成的，随着个人意愿，思想可能终生保持秘密。专利发明人有署名权，但没有明确规定保护发明创造完整的权利，这或许反映了专利作品人格色彩不同于和淡于版权作品，考虑到人格权因素禁止协议双方转让全部版权。唐纳森拓印有限公司一案中，被告把原告的石版画用作马戏团的广告，美国最高法院否认了作品保护的前提是达到艺术高度，印刷作品达到"有限的想象力"即可。霍姆斯代表多数法官撰写了法律意见："作品具有有限的艺术因素就行了，除非法律另有规定。人格总是含有特有的东西，甚至手写字迹也具有独特性……""伟大艺术品"具有特定人格，对多数作品来说是门槛太高了，工匠使用机械生产的商业艺术或者实用艺术作品几乎没有创作者的人格因素，按照"伟大艺术品"的标准这些作品不会受到版权的保护。

相对于作品，专利要求在现有技术上增加了新的技术特征，一般技术人员所熟知的技术改进不受专利保护。作品与之则不同，它不像专利那样需要与现有技术比较，而是只要主观上"有限的想象力"即可，即使是计算机软件创作的作品也受版权保护。最高法院开始拒绝给予商标以财产地位，因为商标与劳动理论相差甚远，如果版权保护的较低标准也适用于商标，那么把一些抽象符号和"字词"组合成"臆想"商标，[①] 这些商标就具有独创性和人格特征，例如可口可乐、麦当劳标志。那些没有人格性的标记如描述性商标一般不受商标法保护。学者一般认为商标保护的理论基础在于"消费者的知情权"，[②] 最高法院也认为，商标财产就是消费者有权……购买特定厂商的产品。然而这种解释比较勉强，消费者购买商品的知情权由广告法或者反欺诈法保护而不是由商标法保护。商标法是产品的生产者表达的权利而不是消费者的知情权，实际上商标就是用来辨认商品的生产者及其人格的。

四、民事权利与知识产权人格论

诽谤控告也能间接保护知识产权，像剧作家控告导演曲解原作，小说作者控告制片人加入了原作没有的暴力和性方面的内容，但成立（构成？）口头诽谤和书面诽谤的要件要求比较严格，还有两个民事权利可以保护知识产权即隐私权和言论自由权。

（一）隐私权

未出版的书稿受到版权保护有经济上的考虑——作者有权选择什么时候出版、利用其经济价值，或者是出版后公众对作品的反应让他感到满意，作者有时不愿意把作品、艺术品公之于众，而只是为了个人娱乐。塞缪尔·沃伦和路易斯·布兰代斯《论隐私权》一文认为，隐私权允许写信人禁止他人出版私人信件，即使出版者是收信人也不例外。一旦作品出版了，隐私权的理论好像碰上了麻烦，作者对作品还有什么隐私呢？作品出版不是作者放弃个人全部隐私，哪怕是自传性的作品作者公布一部分个人隐私，但并不意味着作者有义务公布更多个人隐私，没有人可以被强迫公布他不愿意公开的信息。隐私分为两

---

① 参见［美］麦卡锡：《商标和不公平竞争》（1984年第2版第137页）：臆造商标的词汇或者符号以前是不存在的，无关联和非描述性地把用词汇或者符号随意组合成商标。臆造、组合、暗示商标都属于显著性固有显著性商标包括臆造商标、组合商标、暗示商标。

② 麦卡锡认为，真实性是消费者作出最终购买商品的必要保证而不是标示商品的生产者。

种："在场隐私""居所隐私"，"在场隐私"就是个体在公开场合中匿名；"居所隐私"就是个体对住处、私家车、个人行李物品享有私人利益。有个案例原告是一部政治题材电影的歌曲作者，起诉被告制片人在影片中公开了自己的名字。① 还有一个案例原告起诉被告在玩具产品上贴上自己姓名，被告却认为贴上的是原告商号名称或者是原告的笔名。② 这两个案例中原告目的是要避开公众的视线，而被告没有泄露什么隐私，被告可能在电影作品中歪曲性使用他人音乐作品，构成诽谤。他人披露作品出版前被作者删除的内容，这些内容涉及作者个人隐私的某些细节，这种行为侵害了作者的隐私。对原作的校注不符合作者意愿，校注的内容要是泄露了作者与某个演员的恋情，则可能侵害隐私。

（二）表达自由

宪法上规定的言论自由好像与知识产权的保护是矛盾的，言论自由者一般主张削弱知识产权的保护，言论自由是版权侵权抗辩的有效手段之一。从另一方面看不能曲解言论者原意，知识产权也是保护言论表达，所以知识产权保护和言论自由的宪法权利是一致的。有的宪法解释者认为言论自由本身是目的，有时言论自由被看作是渗入民主生活和市场自由的一种手段，这就要求听众能接收到言论者的真实信息。要是言论被曲解而与言论者的意图相去甚远，民主进程和市场效率就会受阻，任何制度要保证听众接受到言论者的真实意图，就得保护言论者言论免受歪曲。例如作为舆论焦点的公众人物也面临被他人歪曲形象的可能，但是公众人物一般能通过媒体澄清误解，相比较而言普通人物面对舆论的曲解就处于弱势地位，因此可通过诽谤侵害保护。艺术家和作家使用线条、色彩、语言文字言说自己对于人生、社会的理解，面对较为强势的编辑、出版者"曲解"作品原意，他们几乎没有机会"纠正"。在吉列姆诉美国广播公司一案中，被告把原告 90 分钟的喜剧节目删除了 24 分钟，被告损害了原告作品的完整性，法院对这种歪曲行为颁布初步禁令，原告马戏团成功阻止了被告广播这些大幅度被编辑修改了的喜剧节目。布伦南法官针对本案核心问题发表了如下观点：没有有效的沟通手段，所谓言论自由也是空洞的，言论自由不仅保障公民免受非法限制的权利，而且保障个人利用合适和有效的手段表达意见，目的是确保创作者能有效地表达。③

① 参见 Shostakovich v. Twentieth Century – Fox Film Corp. 196 Misc. 67, 80 N. Y. S. 2d 575 (1948)。

② 参见 Geisel v. Poynter Products, Inc. 295 F. Supp. 331 (S. D. N. Y. 1968)。

③ 参见 Gilliam v. American Broadcasting Companies, Inc. 538 F. 2d 14 (2d Cir. 1976)。

随着信息时代的来临，人们好像觉得思想的自由流动比版权保护更加重要，本杰明·卡普兰在《版权漫谈》（1967年）① 一文中写道："随着信息流动从书籍转向电子手段，古腾堡印刷机体制的解体，新技术使得侵权变得更加容易，不仅作者与读者的关系要发生很大的改变而且作者的版权也要打折扣。"个人在写作和艺术上创造性活动和成就更容易被他人攫取，知识产权劳动理论和人格理论说服力变得更加脆弱。例如在不知不觉情况下，在线或者计算机上的信息比起印刷文字更容易被篡改，复制一部电影很困难但是复制电影录像容易得多。阻止这些行为不仅保护了作者的利益，而且使得公众能欣赏创作者的原创性成果，从而维护文化遗产的完整性。以前印刷出版是对作品的集中复制，强化了作者保护作品的能力，从经济上看未经授权的盗版也是得不偿失：首先，盗版和正版一样面临出版费用压力，而且盗版逃避版税的成本远超合法出版的支出。其次，正版书籍一般比盗版书籍先行印刷，在销售市场上占有先机。计算机新兴技术改变了这一切，无须人工重新输入文本内容，盗版使用扫描设备直接从正版书籍获取版权作品的计算机文档，这样降低了盗版者的复制成本并缩短了与正版书籍出版在时间上的差距。桌式打印设备能复制高质量的文本、标记、徽章，盗版的新手会发现复制一本书籍比起购买正版书籍便宜得多。还有一种观点反对版权保护，认为没有价值的思想不需保护，有价值的思想和表达哪怕是被删改了仍有生命力因而不用保护。然而即使在不完善的市场上还需要一定限度的版权保护，不完善的市场环境中，人们的社会价值观和信仰还存在惰性，过了若干年甚至是一代人作品的社会价值才被人们发现，这还是需要保护作品的完整性或者"人格"。

（载《广州大学学报（社会科学版）》2013年第1期）

---

① 转引自 M. Mcluhan：《古腾堡图谱：印刷者》，加拿大多伦多大学出版社1962年版。

试论纳税人税法上的生存保障

高 军[*]

摘 要▶ 在现代社会，生存权是一项受国际人权公约保障的基本人权，并在大部分国家已实现了宪法的明文化保障。生存权源于"以人性尊严与个人基本价值为中心"的要求，体现了宪法的基本价值，在制定及适用法律、法规时，悉应加以遵守。税法整体秩序所表彰的价值体系与宪法的价值体系亦必须一致，在税法上不得侵犯人性尊严，危害纳税人生存权。

关键词▶ 纳税人 生存权 税收 税法

在现代社会，生存权是一项基本的人权，人只有在生存能够得到保障的前提下，才有可能去发展、创造、规划更为美好的生活。因此，生存权是指"人为了像人那样生活的权利"，而所谓"像人那样生活"，就是说人不能像奴隶和牲畜那样生活，是保全作为人的尊严而生活的权利。[①] 具体而言，生存权包括人们的生命得以延续的权利，包括生命、健康、劳动、休息和获得生活救济的权利等。它不仅要求政府不得侵害国民的生命和健康，而且要求政府积极保障国民的生存条件，使国民得以享受健康的生活。生存权的基础在于现代社会对人性尊严的尊重。现代国家，不仅追求传统民主多数决的形式意义，更进一步要求"以人性尊严与个人基本价值为中心"。实质正义国家要求所有国家行为须与宪法上价值观相一致，而以人性尊严为最高价值。生存权由宪法基本价值所决定，在制定及适用法律、法规时，悉应加以遵守。税法整体秩序所表彰的价值体系，与宪法的价值体系必须相一致。因此，在税法上，也不可以有侵犯人性尊严，危害纳税人生存权的情形。[②]

---

 * 高军，江苏技术师范学院副教授，苏州大学法学院博士。

① 参见［日］三浦隆：《实践宪法学》，李力、白云海译，中国人民公安大学出版社2002年版，第158页。

② 参见杨小强：《税法总论》，湖南人民出版社2002年版，第116～117页。

一、人性尊严与最低生活不课税

税收属于对人民财产权的侵犯，对于公民宪法基本权利仅得限制，不得剥夺，税收行为属于干预行政，因此必须有节制。"要把国家的收入规定得好，就应该兼顾国家和国民两方面的需要。当取之于民时，绝不应该因为国家想像上的需要而排除国民实际上的需要。""没有任何东西比规定臣民应缴纳若干财产，应保留若干财产，更需要智慧与谨慎了。""计算国家收入的尺度，绝不是老百姓能够缴付多少，而是他们应当缴付多少。如果用老百姓能够缴付多少去计算的话，那么至少也应当用他们经常的缴付能力作标尺。"① 熊彼特认为，租税本身有其不容逾越的界限。当国家产生异化，逾越了租税的界限，则租税国家将失去存立基础。越过了课税的界限，政府所每多一分的增税，所象征者，并非每多一分的税收，反而只是生产力的减损一分。从财政学的观点来看，倘借用拉弗曲线——税率与税收的正比关系，将会因为达到一个最适顶点而终止，倘课征的税率，超越该顶点所对应的最佳税率，则税收反而会减少。进而认为国家有一整体经济负担的税负，过度课征的结果，经济的诱因将因而减损，反而可能流失税源。从宪法的角度来看，国家对于公权力的课税权，对于人民在社会经济的私领域的经营成果，其所要求的分享，势必不能过度，此即过度禁止原则的体现。②

因此，人民虽有依法纳税的义务，但人性尊严及生存权同时也受宪法的保障，任何课税均不得侵犯纳税人为维持符合人性尊严的最低生活所必需的费用。税收所限制的基本权利核心领域，是符合人性尊严基本生活需求之经济生存权，因此应以人民可支配的剩余财产权，作为国家课税权行使之对象，以符合宪法秩序下税法之规范内涵，并且以维持人民重新运营经济生活所必需之再生利益，作为国家课税权之宪法界限。亦即宪法保障的私有财产有所收益时，须在发展人格及维护尊严所必要者仍有剩余，始为公共利益之必要而课征所得税和其他税。"禁止税法对于纳税义务及其家庭之最低生存需求采取税捐侵犯，已成为课税禁律。"作为国家课税权行使的对象或符合宪法秩序的税法的规范内涵，是以人民可支配余额的财产权作为合宪性的界限，属于人民不可支配的财产权部分，应为"非税标的"，换言之，维持人民重新营运经济生活所

---

① ［法］孟德斯鸠：《论法的精神》（上），张雁深译，商务印书馆1997年版，第213页。

② 蓝元骏：《熊彼特租税国思想与现代宪政国家》，台湾大学法律学研究所2005年硕士学位论文。

必需的再生利益，应作为国家课税权的宪法界限。① "基于生存权之保障，国家之课征租税，不得侵害人民之最低生活要求……租税之课征，应依人民之纳税能力为之，而人民必也先维持其生存，而后有余力缴纳租税。因此，人民之最低生活水准，实为国家课税权之禁区，不得染指。"② "最低生活水平线，乃课税之禁区。"③ "就最低物质及文化水准之下，加入课税之侵害，因危及生存权，纵其所受侵害之程度极微，亦有背于公共利益与社会安全。"④ 当前，人性尊严与最低生活不课税的价值得到社会普遍的承认，1985 年日本社团法人自由人权协会发布的《纳税者权利宣言》以及 2005 年我国台湾地区由民间团体提出的"纳税者权利保护法（草案）"均将"最低生活费等不受课税之权利"作为纳税人的权利而明列其中。

（一）个人所得须减除保障生存所必须费用及课外负担才可作为课税的起征点

由于宪法上人的图像，并非独立的个人，而是与他人共同生活的个人，家庭主要的功能之一，即为抚养共同体，纳税义务人不仅要维持自己的最低生活水准，同时要抚养家人，使其具有尊严地生存，这种法定抚养义务，降低了纳税义务人负担税捐之能力，须先扣除此种抚养义务，始有纳税能力。⑤ 因此，租税国家负有婚姻家庭保障的义务，"最低生活水平，不仅指纳税义务人物质及文化之最低生活水准，还包括纳税义务人的家庭在内"，⑥ 个人所得部分只有超出其个人及其家庭最低生活所需费用后才有担税能力，故所得必须减除保障生存所必需的费用及课外负担，才可以作为课税的起征点，以保障纳税人及其家庭的生存权。因此，在国际上，对个人所得税的征收，通常实行按就业人口收入与家庭负担因素相结合的综合征收方式。例如，美国个人所得税征收就有单身申报、夫妻联合申报、丧偶家庭申报等多种申报方式，据纳税人家庭不同收入状况分别确定个税起征点；德国政府针对不同家庭情况采取不同的个税起征点，已婚家庭子女未满 18 岁，或者子女在 27 岁以下但仍在上学等情况

---

① 参见黄俊杰：《纳税者权利保护法草案之立法评估》，载《月旦法学杂志》2006 年第 7 期。

② 陈敏：《宪法之租税概念及其课征限制》，载《政大法律评论》第 24 期。

③ 葛克昌：《论纳税人权利保障法的宪法基础》，载《曾华松大法官古稀祝寿论文集——论权利保护之理论与实践》，元照出版公司 2006 年版，第 108 页。

④ 葛克昌：《国家学与国家法》，月旦出版社 1997 年版，第 205 页。

⑤ 参见葛克昌：《租税国家之婚姻家庭保障任务》，载《月旦法学杂志》2007 年第 3 期。

⑥ 葛克昌：《国家学与国家法》，月旦出版社 1997 年版，第 202 页。

可以少缴个税。

（二）生存权保障对象除自然人及其家庭以外，还应包括作为纳税人的中小企业

北野弘久指出，在现代社会大企业与中小企业有不同的宪法地位。中小企业即使具有法人资格，因其所有权与经营权是相一致的，所以从生存权论的延伸意义上来理解，作为企业所有者的股东等应具有自然人的宪法地位，即中小企业在法理上可以作为生存权或产业权的适用对象。而与此相反，大企业不能作为生存权论的适用对象，因为它在法理上属于超越股东等的独立实体。① 此外，由于工薪阶层税源征收制度的采用，以及工资所得扣除、必要经费扣除等方面存在的缺陷，北野教授认为，在日本占国民的大部分的工薪阶层被一般地从租税关系中疏远，甚至连自己的"存在意识"也无法表示，即使说日本工薪阶层处于奴隶之下，亦不为过分。因此，特别强调工薪阶层的税制研究和改革，以维护工薪阶层的生存保障与人性尊严。②

（三）对生存权财产不课税或轻课税

在现代社会，应将一定的生存权性质的财产作为人权加以确定。对财产进行课税时，对于如一定的住宅用地和住宅、农业用地和农用工具、一定的中小企业业主的经营用地和经营场所、一定的小公司股份等生存权性质的财产，应区别于大企业的经营用地等资本性财产以及作为商品的土地、拥有的企业的土地、别墅用地等投机性财产，由于这些财产在宪法上有不同的价值，在质的方面有不同的税负能力，因此在宪法价值上应作不同的税负分担，应对生存权财产不课税或轻课税。例如，就固定资产税来说，对生存权财产不课税，或即使课税也不以买卖时的价格而是以可供生存用的利用价格（收益还原价格）课税，税率也应当采取低税率。对供继承人为了生存继续使用的一定生存权性质的财产，不课征继承税。若课税也以不卖出为前提，根据继续使用时的利用价格（收益还原价）进行课税，税率应为低税率。③

（四）最低生活费的认定标准

首先，最低生活费在宪法上的底线为"绝对的生存最低所需"，即维持个

---

① 参见［日］北野弘久：《税法学原论》，陈刚等译，中国检察出版社2001年版，第108页。

② 参见［日］北野弘久：《纳税者基本权论》，陈刚等译，重庆大学出版社1996年版，第141～157页。

③ 参见［日］北野弘久：《税法学原论》，陈刚等译，中国检察出版社2001年版，第103～109页。

人生理上继续存活的最低所需。但无论是在宪法上还是在税法上，具有自行谋求生计能力并有多余资财可作为课税标的人，并不是一个只能"活下去"的人，而是一个能在具体社会环境中自立、工作换取收入、供应家计中食衣住行之基本需求后尚有剩余的国民。因此，所得税之课征对象中应退让之"基础生存所需"，并非"绝对的生存最低所需"，而是符合人性尊严的"社会通念中的最低生存所需"。① 其次，最低生活水平并非固定不变，而是一种动态的概念，随着社会经济发展而调整，昨日的奢侈品可能已成为今日之必需品，而且最低生活水平的认定标准，不能仅仅以食的需求作为基本生活需求，同时应当顾及衣、住、行及维持健康的基本需求，更包括精神上最低生活水平的需求，因此国家有义务对之予以因应调整。最后，税法上的最低生活标准应当与社会救济标准予以协调，避免出现部分社会给付仍然不免予所得税负担的情况，以形成整体上统一的法秩序。德国联邦宪法法院在 1992 年 9 月 25 日判决，认定所得税法中抚养子女免税额低于儿童津贴（基本）法中儿童津贴为违宪。在该判决中，首先肯认税法立法者的立法裁量权应予尊重，但立法者如果在社会救助法中如对最低生活所需费用已作考量决定，租税立法者则有义务，将基本免税额高于该最低生活所需费用，以避免课税侵及人民最低生存标准，而有产生法律溯及既往问题。因国家有义务，创设合乎人性尊严存在所需的最低条件，而在所得税法中予以免税。同时，国家亦有义务，对不能满足最低生活条件者，予以社会给付。②

二、所得税的课征

在税收制度中，德国学者 Neumark 认为，"没有任何税比所得税更为民主、更富有人性及社会性"。③ 所得税法一贯以斟酌纳税人生活所必需部分所得，注重生存权保障为著称，其中突出地表现在所得税扣除方面。所得税扣除的法理在于：税收是国家作用的前提，但个人的存续却是国家存立的前提。因而，得课征租税，但人民生存所必需的资产及生产工具却是不容侵犯的领域，此部分的资财应严格禁止作为课税对象，课税的起点必须是从人民足以自立维生之后开始，此部分对个人所拥有的、基础维生所需要的保护，即是所谓的消极之"基础生存所需保障"。因此，所得税课征中对于基础生存所需界定为

①　蔡维音：《全民健保财政基础之法理研究》，正典出版文化有限公司 2008 年版，第157 页。

②　参见葛克昌：《所得税与宪法》，北京大学出版社 2004 年版，第 41～42 页。

③　葛克昌：《所得税与宪法》，北京大学出版社 2004 年版，第 3 页。

"免税额"的规定，并非基于国家立法考量的宽待、或政策的优惠，而是宪法原理上的必然。在所得税法上将人民最低生活所需的部分视为"禁忌区域"，乃有宪法层次的根源。①

具体在所得税扣除上，《日本所得税法》规定所得扣除大致分为以下5种：第一，基本生活费扣除、老年人扣除、配偶扣除和抚养扣除；第二，残疾人扣除、寡妇扣除和工读学生扣除；第三，杂项损失扣除和医疗费扣除；第四，社会保险金扣除、低额企业保险等分期付款扣除、人身保险费扣除以及财产保险金扣除；第五，捐款扣除等。我国台湾地区"所得税"第17条规定了配偶免税额、抚养亲属免税额。1986年美国总统里根的税收改革，大量减少因经济目的的税收优惠，但对家庭予以大力支持，抚养亲属的免税额增至2000美元，并依物价变动予以指数化。欧洲各国近年来亦无不大量提高抚养免税额，提高的程度往往惊人。

规定所得税扣除的主要意义在于：一则在于与国家直接提供服务的计划相比，通过所得税扣除方式使个体独立最大化，保留了选择的自由，因此，个体更感受到受到尊重，更符合人性尊严；二则在于可以避免国家征税及发放福利之间所造成的浪费。因此，为保证国民最低限度生存权利的连续性，国家不应该先对于国民加以课税，之后，再以社会救助的方式退还给纳税人，以资补偿。一方面领受社会福利给付，另一方面需缴纳所得税，则使公权力过度不当干预。② 国民所获得的所得财产，首先应归属于自己，国家只能就不影响国民生存所必要的财产部分加以征收税捐。③ 法律不允许国家一方面扮演放火者角色，另一方面又扮演救火者角色；一方面课税侵犯人民所拥有担税能力之基本权，另一方面又借社会福利法来救助无能力者。德国公法学者 Isensee 将此比喻为古希腊戏剧中由森林之神合唱之 Satyrspiel 滑稽剧，乃因其具有半人半兽之两面性格。④

三、生存权保障与其他税的课征

（一）生存权保障范围及于间接税

除所得税外，生存权的保护范围应适用于其他可能影响个人生存的全部各

---

① 参见蔡维音：《全民健保财政基础之法理研究》，正典出版文化有限公司2008年版，第156页。

② 参见葛克昌：《税法基本问题》，北京大学出版社2004年版，第130页。

③ 参见陈清秀：《税法总论》，元照出版公司1997年版，第55页。

④ 参见葛克昌：《所得税与宪法》，北京大学出版社2004年版，第173页。

税。特别是现代政府在致力于降低税率、简化税制的同时，为保证财政收入又采取措施扩大税基，甚至增设新的税种，由于税基的重叠及税种的交叉，重复征税的现象亦比较普遍。因此，对纳税人构成一种累积性的税收负担，虽然个别税种可能考虑到纳税人生存权保障，但诸税种合致的结果又可能使这种期望不达。由于对纳税人生存权的保障，是由宪法的基本价值所决定，因此，在税务立法上必须综合予以考量，"此种基本权之保障，其衡量标准，不仅限于个别之税目，而应针对个人与家庭整体租税负担来权衡"。① 量能课税原则为所有以财政收入为目的租税的基础原则，所有税目（非财政目的租税为例外）构成"税法体系之整体"，相互矛盾之部分无法存在于此体系中。② 因此，对纳税人的生存保障，不仅单就所得税而言，还应包括其他直接税和间接税。特别是作为累退税的间接税由于不考虑属人因素，可能造成对生活必需品课税。因为低收入人把收入的更大份额花费在已经计税的商品和服务上了，因此，对其征税，势必影响低收入人的生存。在这种情况下，将出现国家一面通过税前扣除或直接给付等方式，促成低收入者及家庭的购买力，但因间接税又致其中的一部分由国家收回。因此，有学者主张应透过退税来确保最低的生存条件，而对于生存所必需的重要财货，例如食盐、糖等生活必需品，则不应予纳入课税，以保障人民的最低生活需要。③ 事实上，在许多国家，食品、服装之类的日用品不包括在间接税征收的名单中。例如，美国很多州把食品（45 个州中有 28 个州）、药品（ 45 个州中有 43 个州 ）和其他生活必需品列入免征销售税的行列。④

（二）避免隐藏性增税

隐藏性增税是指国民实质所得未增加，但因通货膨胀等名目使得所得增加，因累进税率效果，造成增税的结果。即立法者在立法上对税法未作任何变更下，较所增加的所得以超比例方式增加税收负担。北野弘久认为物价上涨意味着实质增税和不公平税制的扩大，这种"隐形增税"至少违反了日本宪法第 83 条以下规定的财政议会主义的宗旨，同时还加重了低收入者的负担，违反了《日本宪法》第 14 条、第 25 条等规定的应能负担原则的宗旨。因此，现代税法应当设置自动减税调整装置。这种"减税"并不是该词语原本意义

① 葛克昌：《所得税与宪法》，北京大学出版社 2004 年版，第 171 页。

② 参见葛克昌：《量能原则为税法结构性原则》，载《月旦财经法杂志》2005 年第 1 期。

③ 参见陈清秀：《税法总论》，元照出版公司 1997 年版，第 58 页。

④ 参见［美］B. 盖伊·彼得斯：《税收政治学——一种比较的视角》，郭为桂、黄宁莺译，江苏人民出版社 2008 年版，第 167～168 页。

上的减税，它是为纠正物价上涨导致的"不公平税制"而部分还原于公平的税制。① 在个税制度成熟的国家和地区，个税起征点早已与物价涨幅等经济指标挂钩，实现指数化、动态化调整。例如，当前世界许多国家已不同形式地导入了自动调整物价制度。美国联邦所得税中已于 1981 年制定了通货膨胀指数制度，于 1985 年实施。加拿大从 1974 年开始在个人所得税中导入指数化制度，并根据消费者物价指数进行各种扣除、税率的调整。法国规定物价上涨超 5 个百分点时，政府负有调整个人所得税的义务，反之亦然。瑞士联邦宪法对隐藏式增税的避免作出了设计，第 41 条第 5 项明文规定对所谓"因冷酷累进所造成之结果，在个人所得税发生时，应定期予以调整"。在德国，个税起征点每年也要做一次微调，以保障公众收入不受影响。除瑞士、德国、法国以外的其他西欧国家均有类似的法定调整制度。

四、生存权保障与税收债务的免除、停止执行

税收正义不仅要求实现税收制度总体上、普遍的正义，而且要求维护具体个案的妥当性。妥当性是从正义的理念所导出，它是个别案件的正义，在此妥当性和正义彼此不相冲突，妥当性要求对于法律加以修正变更，以便在个案中实现正义。② 妥当性即个案的正义要求对于纳税义务人的经济上负担能力，必须加以考虑。不仅是一般性的，而且在具体的案件上，课税也应当考虑纳税人经济上的能力。如果税收稽征机关依法平等强制课征的结果，将危害纳税义务人的经济上生存或个人的生存时，则有免除纳税义务的必要价值。例如，纳税义务人如果未被免除税收债务，则将暂时或不再能够负担必要的生活费用。在此情形下，基于个别案件正义的理由，必须留给纳税义务人必要的财产不予课税，以便纳税义务人可以维持简单朴素的生活。对此，《德国租税通则》第 163 条第 1 项第 1 句即规定"租税之课征，依个别之情形为不妥当时，得核定较低的租税，并得于核定税捐时，不考虑提高税额的个别课税基础"。该法第 227 条第 1 项也明确规定："依个别事件的状况，在相同的前提要件下，已经缴纳的款项可以退还或用以抵缴"。

五、对我国税法中纳税人生存权保障的简评

我国是联合国常任理事国和《经济、社会及文化权利国际公约》的签署

---

① 参见［日］北野弘久：《税法学原论》，陈刚等译，中国检察出版社 2001 年版，第 112～115 页。

② 参见陈清秀：《税法总论》，元照出版公司 1997 年版，第 615～616 页。

国，我国宪法高举人权保障的大旗，宪法中含有丰富的社会权条款是我国社会主义宪法的一个显著的特色。宪法为我国的根本大法，包含法律上的基本秩序以及基本的价值判断，由此建立价值秩序，为保证宪法在实践中得以正确的实施，维护其在法规范层级中最高性地位，我国的税收法律必须体现宪法保障公民生存权的精神。

我国现行税收法律中，有诸多条款虑及对纳税人生存权的保障，例如《消费税暂行条例》只选择 11 类"奢侈品"财产作为课税对象，对生存所需的财产则不予课征，以保障人民的最低生活所需。此外，营业税、增值税等税的税率设计，在不同程度上亦蕴含了保障纳税人生存权的成分。此外，《税收征收管理法》第 38 条、第 40 条、第 42 条规定，税收机关在采取税收保全措施或强制措施时，不得查封、扣押纳税人及其抚养亲属维持生活所必需的住房和用品，较好地贯彻了生存权保障的原则。但遗憾的是，当前在我国税收体制中，对纳税人生存权保障尚存在着一些不足之处，尤其是在所得税制方面，其缺陷较为严重。

与欧美国家以家庭为单位的"综合征收"模式不同，我国现行的个税征收模式是以个人为单位的"分类征收"，只是规定了全国统一的所得税基础扣除额，并未考虑纳税人的婚育、老人赡养、医疗、教育等负担差异，在客观上造成了同样的个税税率，运用到不同家庭条件的纳税人身上，压力感受很可能大不相同。另外，规定的免税额过低。事实上，目前 2000 元的免税额，在住房、医疗、高等教育都已实行"社会化"或"市场化"，纳税人生存压力巨大的今天，已远远达不到纳税人个人及家庭人性尊严的生活水平，以致于使强调利用课税来达到社会财富的重新分配的个人所得税在某种程度上沦为工薪阶层的"人头税"，在一定程度上背离了税收正义和个人所得税法的立法初衷。

（一）生存财产的认定方面有探讨必要

《消费税暂行条例》将化妆品、小汽车等 11 类财产作为课税对象，但随着人民物质、文化、精神生活水平的提高，化妆品已成为社会各阶层尤其是广大女性日常生活的必需品，对之予以课征高额消费税，显然不太妥当。此外，随着生活水平的提高，小汽车已改变了其昔日不可企及之奢侈品的身份，并将进一步普及为大众生活必需品，是否应对小汽车及汽车轮胎予以课征高额营业税，实有探讨的必要。

（二）我国应引入避免隐藏性增税的自动调整物价制度

我国个税起征点未与物价涨幅等经济指标挂钩，在通货膨胀的时候，只要纳税人的收入增长赶不上物价上涨，就意味着他们的实际生活水平下降。而近年以来，我国物价涨幅一直超出城乡居民收入的增长，即使某些年份全年收入增长略高于物价增长，但由于存在通货膨胀的预期以及要应对如教育、医疗这样的大额开销，人们还是不敢消费，实际生活水平还是下降。

（载《广州大学学报（社会科学版）》2009 年第 11 期）

关于平等权及其宪法保护的思考

邓剑光[*]

摘　要▶ 平等权是一项基本人权，也是宪法所规定的公民基本权利。平等权兴起于启蒙时代，于"二战"之后得到迅速发展。平等权的理论根源于人权的普遍性，其实质在于反对歧视，是国家权力正当化的基础。国家对公民进行区别对待需要有合理的理由，且采用一定的审查标准。平等权不仅是理论上的权利，也具有巨大的实践价值。保障公民的平等权，应当制定保障公民平等权的宪法性法律——《反歧视法》，以保障公民宪法平等权的实现。

关键词▶ 平等权　人权　宪法保护　反歧视

平等本来是一个十分朴素的观念。在近代以来，平等一直是激励人们进行革命斗争和争取自由权利的口号，法国思想家菲·邦纳罗蒂甚至喊出了"为平等而密谋"的口号。近代国家的宪法都确立了平等这一法治的最基本原则，平等成为现代法律的特征之一，如果法律不能做到起码的形式上的平等，那么就绝对不是公正的法律。平等的原则被载入宪法已经很久了，为什么还需要重新提出来讨论呢？因为平等不仅是一种价值，也是一种宪法权利，更重要的是，平等权在当今的中国具有重大的实践意义。随着社会的进步，各种维护公民平等权利的活动有增多的趋势，也出现了与平等权有关的诉讼。因此，宪法平等权究竟具有什么内涵，宪法如何保护平等权，就值得我们深思。

一、平等价值的思想渊源

平等的价值具有悠久的思想渊源，在古希腊的哲学中就存在着平等的思想。亚里士多德在《政治学》中就阐明了平等的思想。他提出，政治学上的善就是正义，按照一般的认识，正义是某种事物的平等观念。他把正义分为普遍正义和个别正义，其中个别正义又分为分配的正义和矫正的（平均的）正义，矫正的（平均的）正义反映的是人们之间的绝对平等关系。他从正义论

---

* 邓剑光，汕头大学法学院教授。

出发，认为法律就是正义的体现。古罗马思想家西塞罗进一步将平等与自然法联系起来，他认为，人是神创造的，在神的面前是平等的，因此人的权利也就应当平等地得到保护，法律对所有的人应当都是公平的、平等的，否则就是违反自然法。

进入中世纪以后，平等的观念又被加入了很多新的内容。基督教《圣经》宣传人人在上帝面前平等的思想。《新约》中多次说明，从人的本性看，人人都是上帝的儿女，在上帝面前一律平等。但是，中世纪的经院主义哲学家圣托马斯·阿奎那则认为，根据上帝的安排，自然秩序中不平等是普遍现象，社会中也是不平等的，因此统治与服从是自然的。

近代启蒙思想兴起以后，西方世界对平等价值的认识发生了翻天覆地的变化。在中世纪，不平等现象充斥着西方世界，人身依附关系严重，人的身份成为划分等级的标准，如法国的"三级会议"就是依照这种等级身份而召开的。启蒙思想的兴起首先在观念上冲击了统治与服从的不平等思想。洛克在《政府论》中提出了"法律面前人人平等"的法治原则，认为人人平等地享有法律规定的权利，平等地履行法律规定的义务，并不因特殊情况而有差异。英国思想家哈林顿提出了政治上的平等与财产的均势两种平等相结合的思想，使共和国能够成为建立在平等基础上的人民共和国。他认为如果两种平等都能够得以实现，国家将消除公民在经济和政治上的纷争，将带来人们的团结和国家的长治久安。政治保守主义者埃德蒙·柏克认为，公共社会给人带来的利益是社会权利，它是平等的但不是同等的，个人在国家事务上的权利并不是简单的原始权利上的平等，而是要通过契约的约定，缔结契约是平等的，但约定结果不一定平等。

英国思想家们的平等思想影响了美国和法国，并且通过美国和法国的革命思潮影响了两场革命。美国开国元勋托马斯·杰弗逊指出，"人人生而平等，他们都从他们的'造物主'那边被赋予了某些不可转让的权利，其中包括生命权、自有权和追求幸福的权利"，作为美国《独立宣言》的起草者——杰弗逊把这些语句写进了《独立宣言》之中。杰弗逊是人权的倡导者，他将平等的价值与人权紧密联系起来，并且将平等的价值写进了革命性的宪法文件，是对平等观念的一大发展。法国思想家卢梭对人类的平等问题进行了专门的研究，出版了《论人类不平等的起源和基础》一书。他认为，私有财产的出现，产生了所有权的不平等，私有制是导致人类不平等的根本原因，但是私有制是不可避免的，只能限制过分的不平等。卢梭指出，人类社会最基本也是最高的道德准则是自由与平等，而要实现自由，平等是前提，国内的平等要由法律确定，法律应对人民一视同仁。

18 世纪至 19 世纪英国的功利主义法学家边沁认为，在不违反安全的原则下，立法者应尽量提倡平等，即法律面前人人平等。第一种平等是伦理和法律上的平等；第二种平等是经济和财产上的平等。边沁认为，第二种平等实际上是不存在的，因为平均财产会侵犯安全，而安全是第一位的，平等是第二位的，两者发生矛盾时，后者要服从前者。

20 世纪的著名哲学家罗尔斯在《正义论》中提出了正义的两个原则。正义的第一原则是平等的自由原则，该原则要求每个人都有平等的权利；正义的第二原则是机会公平、平等原则和差别的结合，该原则要求社会、经济的不平等，只有在地位和官职对所有人开放并且这种不平等对所有人都有利（特别是对在社会中处于最不利地位的人有利）的情况下才符合正义。罗尔斯认为，在两者之间，第一原则优先于第二原则。罗尔斯的思想反映了带有平等倾向的自由主义思想。

总之，平等的价值观已经深刻地渗透到我们的社会生活中和我们的法律中。平等这个词成为一种原则、一种信条、一种信仰、一种宗教。① 从平等价值观的发展轨迹观察，我们可以发现一个很奇妙的过程。在古代社会，思想家们以比较朴素的观点去阐述平等观念，将平等与自然联系起来。在中世纪，平等观念与宗教观念相联系。近代启蒙思想兴起之后，思想家们更加热衷于讨论平等价值，他们将平等与法律联系起来，提出"法律面前人人平等"的法治原则，是法律思想的巨大进步。19 世纪中期以后，人们似乎不再那么热衷于谈论平等的价值，这与各种法律思潮的相继兴起有关，自然法思想不再占主导地位，历史法学、分析法学、社会学法学纷纷登上理论舞台。但是，"二战"之后，随着人们对法西斯暴行的反思，以及对社会公平问题的重视，福利国家开始兴起，平等价值观又重新唤起了人们的重视，这就促使罗尔斯带有平等倾向的自由主义思想的登场。这是平等价值在西方思想世界中的渊源，而我们将会在后面看到当代中国平等价值观兴起的背景。

二、平等权的理论基础

平等是指在利益方面或无利益方面都没有差别，但并非绝对平等，而是禁止根据通常认为不合理的理由而进行区别对待。② 从法律的角度上讲，平等亦即享有法律权利和承担法律义务没有差别。并非绝对平等，其实质在于人人

---

① 参见 [法] 皮埃尔·勒鲁：《论平等》，王允道译，商务印书馆 1988 年版，第 21 页。

② 参见 [日] 三浦隆：《实践宪法学》，李力、白云海译，中国人民公安大学出版社 2002 年版，第 104 页。

受法律的平等保护，禁止歧视——即在法律上不合理的区别对待。这里的法律包括所有具有普遍效力的规范性文件，既包括法律、行政法规、规章、司法解释，也包括其他规范性文件。宪法以国家根本大法的形式规定了公民的平等权，使平等不仅是一种价值理论，而且是一种基本权利。平等权作为公民享有的一项基本权利，其主体范围具有广泛性，也适用于各个法律领域。

平等权的理论根源于人权的普遍性。综观人类对平等观念的认识历程，人类早期并没有把平等与权利联系起来，至多认为平等是自然的属性，把平等与自然法联系起来。直至启蒙时代，思想家们高举自由与人权的旗帜，对平等的价值也重新重视起来，"自由、平等、博爱"也成为革命时代的主题。平等与自由、人权一样，成为近代以来的核心价值观。人权具有普遍性，平等是人权的普遍性的根本要求。"人人生而平等"的口号就是人权的普遍性和平等价值观的集中体现。"二战"的战火既摧残了受害者的人权，又严重损害了平等的价值权和各国人民的平等权。国际人权法中的普遍人权观念的肇始于对"二战"的反思，确立于1948年12月10日第四届联合国大会通过的《世界人权宣言》中，并且进一步体现在两个国际人权的基本公约中及其他国际人权文件中。

人权的普遍性着眼于关心每一个个体的人权，人权主体普遍性的实质就是人权主体的平等。《世界人权宣言》就宣扬了普遍人权的精神，其第1条首先宣示了在尊严和权利上的平等，规定"人人生而自由，在尊严和权利上一律平等。他们赋有理性和良心，并应以兄弟关系的精神相对待"。第2条规定了权利和自由的普遍性："人人有资格享受本宣言所载的一切权利和自由，不分种族、肤色、性别、语言、宗教、政治或其他见解、国籍或社会出身、财产、出生或其他身份等任何区别。"第7条直接规定了"法律面前人人平等"以及"平等保护"的精神："在法律面前人人平等，并有权享受法律的平等保护，不受任何歧视。人人有权享受平等的保护，以免受违反本宣言的任何歧视行为以及煽动这种歧视的任何行为之害。"

平等权和人权的普遍性是一个硬币的两面。承认人权的普遍性，就必须保障平等权；承认和保障平等权，实际上也是保障普遍人权。因此，我们才可以在《世界人权宣言》《公民权利和政治权利国际公约》和《经济、社会及文化权利国际公约》中看到"人人"或者"任何人"的字眼，这实际上就是对普遍人权和平等权的承认和保障。

三、宪法平等权的内涵

(一) 平等权的宪法地位

平等权的宪法地位可以追溯到资产阶级革命时代。在正式的成文宪法出现之前，美国和法国的宪法性文件就分别宣告了平等权的地位。《美国独立宣言》就指出，"我们认为下面这些真理是不言而喻的：人人生而平等，造物者赋予他们若干不可剥夺的权利，其中包括生命权、自由权和追求幸福的权利"。平等权与生命权、自由权和追求幸福的权利一样，成为人们建立政府的正当性基础，因此，"为了保障这些权利，人类才在他们之间建立政府"。《法国人权宣言》第 1 条宣布，"在权利方面，人们生来是而且始终是自由平等的。只有在公共利用上面才显示社会上的差别"。第 6 条规定，"在法律面前，所有的公民都是平等的，故他们都能平等地按其能力担任一切官职，公共职位和职务，除德行和才能上的差别外不得有其他差别"。《法国人权宣言》除了宣布"生而平等"之外，还第一次以宪法性文件的形式确立了"法律面前人人平等"的原则，对世界各国的宪法具有深远的影响，此后，各国宪法纷纷效仿《法国人权宣言》的这一原则，规定了公民的宪法平等权。此外，《法国人权宣言》也规定了平等并非绝对的，在公共利用、德行和才能上才能显示出差别。

1945 年的《联邦德国基本法》对平等权的规定是现代宪法平等权规范的典型。其第 3 条相当完整地规定了宪法上平等权的内容："一、法律之前人人平等。二、男女有平等之权利，国家应促进男女平等之实际贯彻，并致力消除现存之歧视。三、任何人不得因性别、出身、种族、语言、籍贯、血统、信仰、宗教或政治见解而受歧视或享特权。任何人不得因其残障而受歧视。"该规定不仅具体列举了平等权的领域，还强调了男女平等的原则，更重要的是，指出了平等权的实质在于反对歧视或享受特权。

在我国长期的封建专制社会中，不平等是制度化的。在近代化的过程中，我国的立法者接受了平等的价值观，使"法律面前（或法律上）人人平等"成为一项宪法原则。1946 年《中华民国宪法》第 7 条规定，"中华民国人民，无分男女、宗教、种族、阶级、党派，在法律上一律平等"。这证明了平等权作为人类社会共同的价值具有普遍性，而为我国宪法所吸收。我国 1954 年的《中华人民共和国宪法》第 85 条规定，"中华人民共和国公民在法律上一律平等"。现行《宪法》第 33 条第 2 款规定，"中华人民共和国公民在法律面前一律平等"。这说明，平等权作为一项公民基本权利，具有普遍人权的特征，并且宪法平等权统领着各个部门法，在诸多部门法中都可以见到适用法律平等的原则，因而宪法平等权在宪法中具有很高的地位。

在宪法理论与实践中，平等被认为是国家权力确认和保障个人权利的合法性与正当性的前提与基础之一。① 在社会中，即使人们希望得到人人平等，但是事实上，不平等现象却是客观存在的。人们不可能凭借只手之力去维护人人平等的地位，宪法赋予了公民的平等权，那么，政府就必须凭此来维护公民的平等权利，即反对歧视和特权。平等权除了作为公民的宪法权利，也是国家权力正当性的基础。

（二）平等权在宪法中的性质

平等权是一项独立的基本权利。之所以说平等权是一项独立的基本权利，是因为平等权并不隶属于某一类宪法权利，而具有独立的特征。但是，从另一个角度讲，"平等权并不是自有权以外的一种'额外'的权利，而是权利的一种保障形式"。② 平等权与其他权利相比较的不是其他基本权利的内容，而是权利主体是否被国家依据合理的标准和理由进行分类，它注重的是人与人之间在享有权利上是否有差别以及有什么样的差别。在形式上，权利分为两类：自由权与平等权。它们对应于美国宪法第十四修正案的两个不同条款：正当程序与平等保护。前者禁止政府"不经由法律的正当程序，即剥夺任何人的生命、自由和财产"，后者禁止政府"拒绝对任何人提供法律的平等保护"。③ 自由权关注的正是基本权利的内容，平等权关注的是个人之间在享有权利和承担义务方面的关系，强调的是人与人之间的比较关系，禁止国家不合理的差别对待甚至歧视。

（三）平等权的立法保障标准

平等权具有拘束国家权力的效力，既包括拘束国家立法权，即限制立法机关在立法时对公民享有权利和承担义务进行不合理的差别对待甚至歧视；④ 也拘束国家行政权，即限制行政机关在制定行政规范性文件和具体行政行为中对公民进行不合理的差别对待甚至歧视，即执法上的平等；还拘束国家司法权，

---

① 参见周伟：《宪法基本权利：原理·规范·应用》，法律出版社 2006 年版，第 47 页。

② 张千帆：《宪法学导论》，法律出版社 2004 年版，第 473 页。

③ 参见张千帆：《宪法学导论》，法律出版社 2004 年版，第 473 页。

④ 这里仅讨论立法技术上的禁止不合理的差别对待和歧视问题，而不讨论宽泛的"立法平等"问题。

即适用法律上的平等。后两种平等以合理的立法为前提，如果没有保障平等权的法律，也就没有执法平等和司法平等。如何确立平等权的立法保障标准，是宪法平等权的一个重大问题。换言之，平等权的立法保障并不排斥由于公民在自然上的和社会上的差异而为保障实质平等而采取的合理差别对待，但是，这种差别对待须符合一定的标准。

1. 根据人的生理差异而采取的区别对待。如获取物质帮助权，即是针对年老、疾病或丧失劳动能力的公民的权利保护；对残疾人的特殊保障则是相对于生理正常的公民在法律上所作的合理差别；对未成年人在犯罪与刑罚上的区别对待则是根据未成年人的生理和心理特点而所作的区别对待。

2. 根据民族和性别所作的区别对待。如国家对少数民族实行特殊的政策，如民族区域自治、经济上的优惠政策和升学就业方面的优惠，美国在 20 世纪中期民权运动兴起之后对少数民族实行的优惠政策也是如此；国家实行对妇女的特殊政策则是为了纠正长久以来历史形成的对妇女的不公正待遇。

3. 根据国家的政治需要而作的区别对待。如宪法规定成年公民享有选举权和被选举权；规定人大代表（国外则规定国会议员）的身份保障权（如言论免责权、非经人大批准不受逮捕权）；规定年满 45 周岁的公民才有权被选举为国家主席等。这些都是为了履行特定的国家职务的需要而规定的区别对待。

4. 根据特定职业的需要而作的区别对待。如法律规定了法官、检察官、律师、医生、教师、公务员等的特殊任职资格，即在文化程度、专业资格等方面进行限制，这是为了适用这些特殊职业的任职需要。

5. 根据公民的经济状况而作的区别对待。这主要是针对家庭经济困难的弱势群体而采取的政策，如经济困难的公民有获得法律援助的权利；在我国，农民工作为市场经济中的弱势群体，享有特定的权利；等等。

（四）对侵犯平等权的审查标准

立法可以根据实际情况和合理的理由对公民进行区别对待，而达到实质上的平等。那么，哪些情况下的区别对待属于合理的，哪些情况下的区别对待属于不合理的，这就需要进行审查，以确定平等权立法保障的标准。我国目前还没有针对我国立法的审查标准，但是，实行司法审查制度的美国发展出了法律平等权保护的审查标准，这些标准可以作为立法上衡量法律是否对公民进行合理的区分的标准。

1. 绝对（严格）审查标准。这是指立法或者国家行为不得以种族、宗教信仰、家庭出身或者其他身份上的原因进行区别对待，限制或者剥夺公民的基本权利。除非有正当的理由以达到实质平等的目的，才可以进行区别对待，但是必须执行严格的审查标准。

2. 适度（中等）审查标准。这是指立法可以根据年龄、性别、经济状况等作出合理归类进行区别对待，以纠正事实上的不平等。这主要是对这些特殊群体采取特殊的优待措施。这种审查不必采用严格的标准，适度即可。

3. 相对（宽松）审查标准。这主要适用于审查有关经济归类的立法。例如对失业者的救济措施，对生活处于最低保障水平者的保障措施等。这类审查比较宽松，是一种相对的审查。①

我国并没有规定具体的审查标准。我国《宪法》第 33 条第 2 款规定，"中华人民共和国公民在法律面前一律平等"。第 34 条所列举的民族、种族、性别、职业、家庭出身、宗教信念、教育程度、财产状况、居住期限，仅仅是针对选举权和被选举权的规定。但是，在理论上可以考虑参考上述理论进行分类，确定符合中国实际的审查标准。

四、反歧视：平等权的实践价值

平等权不仅是一个理论问题，更是一个实践问题。保障平等权的实质在于反对歧视，其保障手段除了通过给予特殊群体实行合理的区别对待以保障实质平等之外，反对歧视也是保障平等权的重要手段。

反对歧视是基于平等权是宪法和国际人权公约所确立的基本权利这样的理念。因此，无论是法律法规，还是意思自治等民法原则都必须受平等权的约束。平等权的实践价值也就具体体现在反对歧视的实践上。尽管我国在尊重和保障人权方面取得了长足的进步，但是，现实生活中的歧视现象仍然在很大范围内存在，例如在就业、升学、户籍等领域就存在着不同程度的歧视现象。这些歧视现象表现为公民的年龄、性别、户籍所在地、身高、相貌、健康状况等非合理因素成为对公民进行区别对待的重要条件。于是，平等权成为公民维护其具体权益，反对不合理侵害的重要权利。并且，我国已经有越来越多的公民以宪法平等权为武器，启动了平等权诉讼的司法程序。例如，有学者认为发生在四川省新津县的涉及土地转让补偿费的男女平等权诉讼案件是我国最早的宪

---

① 关于三种审查标准，参见张千帆：《西方宪政体系》（上册·美国宪法），中国政法大学出版社 2000 年版，第 285～303 页；张千帆主编：《宪法学》，法律出版社 2004 年版，第 250 页。

法平等权案件。① 蒋韬诉中国人民银行成都分行的招录行员身高歧视案直接指向了招录国家公务员的就业歧视问题，原告认为，被告招聘限制身高，违反了宪法关于"中华人民共和国公民在法律面前一律平等"的规定，侵犯了其担任国家机关公职的报名资格。② 虽然原告的起诉被驳回，但是仍然在我国宪法平等权的维护上具有实践意义。此外，发生在安徽芜湖的号称"乙肝歧视第一案"也成为宪法平等权诉讼的标志性案件。因感染乙肝失去公务员录用资格的安徽青年张先著将芜湖市人事局告上法庭，2004 年 4 月 2 日，芜湖市新芜区人民法院作出一审判决，被告芜湖市人事局在 2003 年安徽省国家公务员招录过程中作出取消原告张先著进入考核程序资格的具体行政行为，主要证据不足。依照法律规定，该行政行为应予撤销，判决被告芜湖市人事局承担诉讼费 100 元。但是法庭同时驳回了原告要求被录用至相应职位等其他诉讼请求。③ 这三个典型案例分别涉及性别平等和就业平等两个关于平等权的具体问题，其实质在于反对以非合理因素对公民进行歧视。无论原告是否胜诉，均具有实践意义，推动了我国宪法的发展和公民平等权的落实。

我国宪法权利虚置的现象是确实存在的，平等权就是其中的重要一项。正

---

① 案情是：在四川省新津县人民法院（1995）新民初字第 118 号原告王玉伦、李尔娟诉被告五津镇蔬菜村村委会案中，被告制定的村规民约规定，凡是本村出嫁的女性，必须将其户口迁出，否则不得享受本村村民的一切待遇。原告结婚以后，没有将其户口迁到男方的所在地。在分配土地转让费时，本村其他村民均分得土地转让费，依照该村规民约之规定，拒绝给予原告发放土地转让补偿费。原告不服被告的决定，向人民法院提起诉讼。受案法院经审理，在找不到有关法律规定的情况下，直接援引宪法关于男女平等的平等权规定，作为裁判涉讼违宪行为的法律效力的依据。该院指出："村规民约在性质上属于民事协议，而民事协议亦应符合宪法，涉讼条款要求妇女结婚后就必须迁走户口，系对妇女的歧视性对待，有悖于男女平等的宪法原则，因而无效，原告分得土地转让费的诉讼请求应予支持。"参见刘志刚：《对"中国宪法平等权第一案"的宪法学反思》，载《法学》2003 年第 3 期。

② 案情是：2002 年 1 月 7 日，四川大学法学院 1998 级学生蒋韬一纸诉状，将中国人民银行成都分行告上法庭，理由是该行招聘限制身高，违反了宪法关于"中华人民共和国公民在法律面前一律平等"的规定，侵犯了其担任国家机关公职的报名资格。该案于 2000 年 4 月 25 日在成都市武侯区法院公开开庭审理 2002 年 5 月 21 日，成都市武侯区人民法院对"蒋韬诉人行成都分行招录行员行政诉讼"一案作出一审判决，裁定驳回了原告蒋韬的起诉。参见刘志刚：《对"中国宪法平等权第一案"的宪法学反思》，载《法学》2003 年第 3 期。

③ 参见《"乙肝歧视第一案"原告名义上获胜》，载《北京青年报》2004 年 4 月 3 日第 A8 版。

因为事实上存在着权利虚置的现象，每一次有关平等权的诉讼才格外引起人们的关注。只有实践中的平等权对于公民来说才具有更加实质的意义，平等权不仅是一个理论上的权利，更是一个实践中的权利。

但是，宪法中的平等权毕竟比较抽象和原则。在缺乏司法审查机制的我国，要真正将平等权落到实处，还应当制定一部专门的《反歧视法》，以保障公民的平等权。《反歧视法》应当属于保障公民平等权的宪法性法律，必须规定具体的反歧视审查标准和审查机制，以保障实现公民的宪法平等权。

平等权是一项基本人权，也是一项宪法权利。启蒙思潮兴起以后，尤其是"二战"之后，平等的价值观已经深刻地渗透到我们的社会生活和法律中。平等权的理论根源于人权的普遍性，其实质在于反对歧视，是国家权力正当化的基础。应当允许国家根据社会的实际需要和合理的理由，采用一定的标准对公民进行区别对待，但是，这种区别对待必须适用一定的审查标准进行审查。在我国特定的社会历史时期，平等权具有巨大的实践价值，近年来的平等权诉讼案推动了我国宪法的发展和人们对平等权的关注。我国还应当制定保障公民平等权的宪法性法律——《反歧视法》，以保障公民宪法平等权的实现。

（载《广州大学学报（社会科学版）》2008 年第 11 期）

功能主义视域下的民生改善与社会权保障之关系

龚向和[*]　张颂昀^{**}

摘　要▶ 民生问题的本质是权利问题，与社会权基本对应，但民生绝不等同于社会权，民生内涵大于社会权，二者在功能上表现出极大的关联性，民生改善和社会权保障相互促进、互具工具性功能。从民生改善的工具性功能看，民生改善推动社会权品格重铸；从社会权的工具性功能看，保障社会权以架构民生结构。民生改善与社会权保障之关系定位有助于消解关于民生与社会权的认知迷点、促进民生问题的解决和强化社会权保障的力度与质量。

关键词▶ 民生改善　社会权　功能主义　工具性功能

学界对社会权保障研究主要集中在司法诉讼途径，且主要从宪法层面进行探究，但我国宪法暂不具有司法功能，社会权理论所产生的实际价值有限。"民生"已经成为党和国家的执政理念与治国目标，在实践中加快推进以民生改善为重点的社会建设，将保障和改善民生作为加快经济发展方式转变的根本出发点和落脚点。民生问题从表面上看是一个社会、经济问题，但实质则是一个典型的权利问题。民生问题的解决除需要社会学外，还需要法学，且法学在破解民生难题方面具有独特优势。在当今多元目标并存的背景下，仅仅从权利、道德伦理角度探讨民生与社会权，难以对社会政策、制度安排产生足够的

　＊　龚向和，东南大学教授，博士生导师。

＊＊　张颂昀，东南大学法学院硕士研究生。

影响力。因此，本文从功能主义①视角对民生改善与社会权保障予以研究，将民生与社会权作为社会关系调整工具对二者的双向作用机制进行深刻的、彻底的、自洽的解释，给出经验理性和逻辑理性的双重论证，以期能直接影响立法和政策，增加对决策者的说服力、影响力。

一、反思与重构：对"民生"话语的法学解读

"民生"在当下社会获得了压倒性的话语权，学界慷慨激昂地从各个维度予以研究，法学界亦积极回应，关于民生的法学解读主要有如下三种观点：（1）民生法治化。此观点认为法治是观察民生、解读民生、探索民生实现与保障之道的重要角度②，全面落实依法治国基本方略，必须深化研究民生法治理论。③ 法治需要关注民生，民生需要法治作保障，民生问题法治化是法治社会的重要标志。（2）民生权利。这种观点认为民生权利是民生的法治表达程式，④ 民生权利是一个开放的谱系，应以生存权和发展权等权利形式解读民生概念，而不是相对于自由权的社会权概念。⑤ 而所谓民生权利是指宪法赋予公民的基本权利，依据对人的重要程度不同，基本权利可分为绝对性权利和相对性权利。⑥ （3）民生即社会权。这种观点认为"社会权就是关于民生的权利"，⑦ 民生本质是社会权，从法理角度看，"人民生计"主要涉及生存权和发

---

① 功能主义（functionalism）肇始于西方社会学理论，后作为一种方法论广泛运用于生物学、哲学、心理学、法学、人类学等人类科学。功能主义有结构功能主义和系统功能主义等流派，帕森斯是结构功能主义的集大成者，认为一个社会行动结构性成分最低限度的区分有四个，即目的、手段、条件和规范，在社会系统中，其结构表现为功能。参见［美］T. 帕森斯：《社会行动的结构》，张明德译，译林出版社2003年版。系统功能主义代表卢曼认为法律制度的实证化是社会分化的极为重要条件，对于角色、程度及关系调整、协调合作具有基础性功能。功能主义分析范式并非重新引入一套范畴，而是对相关理论进行批判性审查。参见［美］罗伯特·K. 默顿：《社会理论和社会结构》，唐少杰等译，译林出版社2006年版，第151页。

② 参见冯威：《民生的法治解读》，载《求索》2008年第5期。

③ 参见付子堂、常安：《民生法治论》，载《中国法学》2009年第6期。

④ 参见邓慧强：《民生权利：民生的法治表达》，载《遵义师范学院学报》2008年第10期。

⑤ 参见曹达全：《民生保障：一种权利话语分析》，载《南京农业大学学报（社会科学版）》2009年第6期。

⑥ 参见杨聪敏：《民生权利的马克思主义新解读》，载《探索》2008年第4期。

⑦ 参见杨炼：《民生保障的宪法透视：权利的三重视角》，载《黑龙江社会科学》2010年第2期。

展权等社会权利。①

法学界对民生的解读具有重要价值，民生需要法律保障，没有法律保障的民生难以真正落实。法治的核心问题是权利问题，民生权利的提出抓住了民生的本质。从社会权理解民生具有正确的导向性作用。然而，民生的法学解读并不代表"民生法治化"，也不代表民生权利。第一，"民生"话语并不是凭空出现的，有其现实基础，包括教育、就业、收入分配、社会保障、医疗卫生和社会管理等方面，而在"依法治国"理念指导下，我国社会主义法治体系不断趋于完善，民生的各个方面已有坚实的法制基础。"民生法治化"并不是"民生"法学研究的最核心点。第二，认为"民生权利"是法治的表达程式。"民生并非宪法权利规范中所使用的术语，因而在规范意义上并不存在'民生权'或'民生权利'之说。"② 民生本身包含了教育、就业等内涵，而教育、就业的法学表达即受教育权、工作权，但并不代表民生就可用"民生权利"表示，这种表述存在标新立异、牵强附会之嫌。第三，民生即社会权观点缩小了民生内涵，而认为社会权包含生存权与发展权则是对社会权的误解。这种以缩小民生内涵、扩大社会权范围的做法不可能得出科学结论。

在国外并没有出现类似"民生"的称谓。笔者认为，民生是一种中国式的权利话语形式。"民生"内涵与"社会权"基本相对应，但民生决不等同于社会权，民生内涵大于社会权，诸如土地征用、城市拆迁中的民生问题，涉及的是关于公民生活资料与生产资料的财产权问题，公民的人身及其赖以休憩安居的住宅等私人空间不受非法侵入，也是重要的民生问题，但财产权和住宅自由权属于第一代人权。"民生"与"社会权"内涵有一定重合显示出关联性，其实二者最大关联表现在功能上，社会权是民生改善的重要动力；民生改善需纳入法治轨道，对社会权保障具有工具性功能。

首先，社会权保障是民生改善的重要动力。社会权不仅具有目的性价值，还具有工具性价值，社会权能促进民生改善速度与质量。诺贝尔经济学奖获得者阿玛蒂亚·森认为"扩展自由是发展的首要目的和主要手段。它们被分别称为'构建性作用'和'工具性作用'"。③ 受阿玛蒂亚·森的启发，笔者认为社会权具有工具性功能。社会权属于第二代人权，需要国家积极作为，国家

---

① 参见王太高：《民生问题解决机制研究》，载《江苏社会科学》2008 年第 4 期。

② 郑磊：《民生问题的宪法权利之维》，载《浙江大学学报（人文社会科学版）》2008 年第 6 期。

③ ［印度］阿玛蒂亚·森：《以自由看待发展》，中国人民大学出版社 2009 年版，第 30 页。

负有义务采取各项措施实现社会权，这是一种法定的国家义务，当国家消极不作为时，公民有权诉诸于各种救济途径。当前民生改善主要依靠政策，对政府没有强制约束力，对应的国家义务是一种道德义务。因此，基于社会权与民生内涵的关联性，通过社会权保障可推进民生改善。

其次，民生改善对社会权保障的工具性功能。从内涵看，教育、就业、收入分配、社会保障、医疗卫生和社会管理的改善，是受教育权、工作权、健康权、社会保障权等社会权利实现的基础性条件。从义务主体看，民生改善与社会权保障最终都由国家承担，具体表现为国家的尊重义务、保护义务与给付义务。国家在改善民生的同时也将促进社会权保障。

二、民生改善的工具性功能：民生改善推动社会权品格重铸

民生改善与社会权保障皆是系统性工程，需经过长期努力，然而二者并不是封闭的、固步自封的，而是开放的、不断进取的体系。随着"民生"旋风式崛起，占据政府工作主要席次，民生改善正推动着社会权品格重铸。

（一）民生改善改变了社会权的外在特征

1. 民生内容的日渐丰富拓展了社会权谱系

"民生"一词最早出现在《左传·宣公十二年》："民生在勤，勤则不匮。"最早系统阐释民生的是孙中山先生，认为"民生"是：人民的生活、社会的生存、国民的生计，群众的生命"，① "民生主义要做到'少年的人有教育，壮年的有职业，老年的人有养治，全国男女，无论老小，都可以享乐'"②。概言之，"民生"即维系人民生存的衣食住行的经济生活。"民生"在《辞海》中的解释为"人民的生活""人民的生计"。党的十七大报告对"民生"的含义作了精辟阐述，主要包括教育、就业、社会保障、医疗卫生、社会稳定等五个方面。

关于社会权谱系学界还存在争议，有学者认为社会权包括生存权、劳动权、受教育权和获得社会保障权等。③ 郑贤君教授认为社会权包括工作权、获得适当生活水准权、受教育权等各种经济、社会和文化权利。④ 日本学界认为社会权包括生存权、受教育权、勤劳的权利、劳动基本权等。⑤ 目前比较流行

---

① 孙中山：《孙中山全集》（第9卷），中华书局1981年版，第355页。

② 梁兆康：《三民主义哲学研究》，黎明文化事业公司1984年版，第196页。

③ 参见李步云主编：《宪法比较研究》，法律出版社1998年版，第529页。

④ 参见郑贤君：《全球化对公民社会权保障趋势的影响》，载《北京师范大学学报》2002年第2期。

⑤ 参见芦部信喜：《宪法》，林莱梵译，北京大学出版社2006年版，第232页。

的观点认为社会权包括生存权、工作权、受教育权。^① 随着民生话语的凸显，社会权谱系正逐步扩展，生存权、工作权、受教育权功能更加彰显，环境权等新型权利正纳入社会权谱系。

2. 民生法治化促进了社会权规范多样化发展

我国民生法治建设正稳步发展，目前形成了以宪法为基础、以社会法为核心、以民商法及其他法律为重要组成部分的保障和民生改善的法律体系雏形。温家宝总理的 2007 年《政府工作报告》，民生话题贯穿始终，并特别强调"解决民生问题，第一要有制度保障"。制度保障最重要的是法治保障，直接推动了民生法治化进程。《物权法》《就业促进法》《劳动合同法》等一系列与民生问题息息相关的法律法规的先后出台，使得 2007 年被称为中国民生立法的关键年。^② 司法系统也出台了一系列旨在保障民生的规章制度，如最高人民法院 2008 年 3 月发布的《关于充分发挥行政审判职能作用为保障和民生改善提供有力司法保障的通知》，要求各级法院把民生改善贯彻到审判和执行的每一环节。2009 年 3 月 25 日，最高人民法院公布的《人民法院第三个五年改革纲要》也特别提出："妥善解决司法工作中涉及民生的热点问题。"

社会权长期以来作为基本权利定位于宪法位阶予以供奉或膜拜，然而随着民生法治化进展，社会权法律规范趋向多样化，形成以宪法为基点，法律为重点，行政法规、地方性法规、规章为动力点的社会权规范体系。如《宪法》第 42 条规定："中华人民共和国公民有劳动的权利和义务。国家通过各种途径，创造劳动就业条件，加强劳动保护，改善劳动条件。"《劳动法》《劳动合同法》《就业促进法》等将宪法规定具体化，对劳动权实现作出了具有可操作性的规定。我国现行《宪法》第 45 条规定，公民在年老、疾病或者丧失劳动能力时，有从国家和社会获得物质帮助的权利。《社会保障法》对公民社会救助权、社会保险权、社会福利权等予以具体规定。

3. 民生改善责任主体的变迁扩大了社会权义务主体范围

传统主流人权理论中自由权与社会权二分法的依据即政府是积极作为还是消极不作为，社会权对应的义务主体局限于国家。国际社会对人权的国家义务高度重视，发展出了尊重义务、保护义务与实现义务理论；行为义务和结果义务理论；制度性保障功能、给付义务功能、保护义务功能等国家义务理论。然而随着福利国家的衰变、公共治理的兴起，大量非政府组织（NGO）成为多元权力中的一员，民生的责任主体不再局限于政府，非政府组织承担着民生改

---

① 参见龚向和：《作为人权的社会权》，人民出版社 2007 年版，第 8～18 页。

② 参见《2007：民生立法、健步前行》，载《中国青年报》2008 年 3 月 10 日第 1 版。

善的重要责任。与此相呼应，社会权义务主体也从政府扩展到非政府组织。奥地利著名人权学家诺瓦克教授甚至认为，"非政府组织已经成为普遍性的人权的良心"，"如果没有非政府组织，政府间人权保护就会是难以想象的事情"。①

与此相适应，我国《劳动法》《劳动合同法》《未成年人保护法》《义务教育法》《妇女权益保护法》等法律，都直接或间接规定了非政府组织的义务。《残疾人保障法》第32条规定："政府和社会举办残疾人福利企业、盲人按摩机构和其他福利性单位，集中安排残疾人就业。"第33条规定："国家实行按比例安排残疾人就业制度。国家机关、社会团体、企业事业单位、民办非企业单位应当按照规定的比例安排残疾人就业，并为其选择适当的工种和岗位。达不到规定比例的，按照国家有关规定履行保障残疾人就业义务。国家鼓励用人单位超过规定比例安排残疾人就业。"

（二）民生改善改变了社会权的内在品质

1. 民生改善推动社会权更加注重人的尊严

人的尊严是"人之为人"独特价值的反映。一个人，只因为是人，就必须被"作为目的"、受到尊重，在任何情况下都不能只被当作工具。② 20世纪以来，作为人权的核心内容，人的尊严已逐渐成为宪法价值秩序的根本原则，甚至成为价值体系的基础。人的尊严是宪法的核心概念，是一切权利得以演绎的基础。近年来，民生被提升到国家战略的高度，以保障人的尊严为出发点，温家宝同志在《2010年政府工作报告》中旗帜鲜明地指出："我们所做的一切都是要让人民生活得更加幸福、更有尊严，让社会更加公正、更加和谐。"

民生对人的尊严的推崇，直接推动社会权对人的尊严的关注。民生与社会权都注重实现社会平等，更加关注经济和社会生活中对弱者的保护，而弱者之所以为弱者一个重要原因是经济贫困，经济问题包括收入来源与财产的保护。如前所述，社会权谱系不断扩展，而人的尊严即社会权核心理念，也是社会权理论源头与依据。正如法国法学教授贝特朗·马蒂厄所指出的那样："享有尊严的权利乃是一系列正式法定的保证的母体，而对这些保证进行保护乃是确保尊重该原则本身所必需的。"③ 如果说民生强调普世的政府义务，那么与民生基本对应的社会权作为一项权利，更注重"救济性"，使人的尊严可以诉诸法律予以保护。

---

① 曼弗雷德·诺瓦克：《国际人权制度导论》，北京大学出版社2010年版，第263~264页。

② 参见罗玉中、万其刚、刘松山：《人权与法制》，北京大学出版社2000年版，第43页。

③ 陆象淦主编：《西方学术界新动向》，社会科学文献出版社2005年版，第220页。

2. 民生改善推动社会权价值向度的增进

《剑桥哲学辞典》将价值界定为某物之所值。法的价值包括秩序、自由、平等、利益、公平、正义等。从一定程度看，法学即权利之学，法学的核心使命就是保护公民权利。那么权利的价值又是什么？笔者认为作为第一代人权的公民权利与政治权利，其核心价值是自由，包括公民自由、政治自由和人身自由，从人类争取自由的历史看，争取"公民自由"和"信仰自由"就是为了反抗武断的权力和不公平的法律。

社会权主要是一种积极权利，要求国家采取措施干预经济、社会生活，以促进人的幸福，保障人有尊严的生活。与自由权不同，社会权更注重平等、公平价值。从民生角度看，保障和改善民生既要增加和扩大财富源泉，也要维护和促进社会公平。"民生问题很重要的一个理念就是要缩小贫富差距。"① 对实现社会公平正义、维护国家秩序稳定、保障人权都具有现实价值。② 与民生价值相适应，社会权对弱势群体的关注不再仅是形式平等、形式公平，更加注重实质平等与实质公平，实行合理差别补偿。

三、社会权的工具性功能：保障社会权以构建民生结构

民生改善更关注国家单向度义务，而社会权话语从权利角度凸显了权利主体与义务主体，是双向度的价值表达。社会权对民生改善具有工具性功能，主要表现在对民生结构（包括民生体系、民生性质、民生改善的行为方式等）的促进功能。

（一）社会权保障促进民生体系的拓展

民生主要包括教育、就业、收入分配、社会保障、医疗卫生、社会管理等方面，与社会权的受教育权、工作权、社会保障权、健康权、实足生活水准权等相对应。随着社会权法律保障机制的完善，不断促进民生内涵的拓展，包括民生系统要素的增加以及各要素内涵扩展。以受教育权为例，在学习机会权、学习条件权、学习成功权等受教育的子权利理论指引下，民生教育不再仅局限于义务教育，还包括中等教育和高等教育，包括对各级教育设施的投入等方面。传统民生更强调物质生活，而现代民生不再只关注衣食住行，更加强调生活质量，包括政治、经济、文化生活等方面，也包括草根民众的生存权、追求幸福的权利等。

---

① 陈默、陈培婵：《民权促民生》，载《21世纪经济报道》2007年10月18日第5版。
② 王涛：《改善民生的现实价值》，载《山东师范大学学报》2009年第3期。

民生并非抽象概念，而是由教育等要素有机结合的整体，民生体系中任何要素的缺失或保障不力，都将影响整个体系。与民生要素相对应的社会权各项子权利，更强调救济性，"有权利必有救济"，这是对民生体系完整性、科学性、有效性的保证。民生是生民之命，表达人类求生存的本能和理性欲望，反映人民群众物质文化生活需要，潜藏着一种呼唤对其永固存留的力量。这种永固存留，就是表达了对专制统治的排斥与怨恨，内蕴了对基本人权的关注。民生观念的逻辑升华，糅合民权信仰的法理叙事。① 因而民生不再是一个单纯的政治学、社会学概念，更多融合了法学权利（尤其社会权）的内涵，其体系不断趋于扩展与完善。

（二）社会权保障推动民生性质的转变

社会权实现需要一系列程序，从法律到现实，从义务主体的违反义务到权利主体的主张权利，从诉请保护到救济机构的施行等都体现程序价值。与之相适应民生改善也并非肆意的，而应遵照一定的步骤、方法、方式而为之。从民生改善过程看，民生"不应该是一个公民被动接受的过程，而应成为全体社会成员自觉共建、共享的持续追求"。② 不仅体现民生的工具性价值，也体现程序性价值。民生过程包含一定价值实现和多种功能满足，包括民生诉求主体、第三人、救济机关等方面的功能，民生诉求主体的程序功能使权利得以保证；第三人主要处于中介作用，以及涉及自己利益时的维护。救济机关主要是对社会公益与民生改善予以均衡，各方主体功能满足过程与民生性质转变休戚相关。

民生在各时期都是政治关注的话题，但由于政治权力性质的不同，民生具有不同意蕴与性质。在古代高度集权行政模式下，民生仅代表一种恩赐。然而在现代公共行政中，随着权利话语尤其是社会权话语在全球范围内占据重要地位，民生不再是恩赐，而成为一项权利，"从恩赐到权利的发展路径是民生问题发展的历史逻辑"。③ 民生关系到人的生存与发展，民生性质的转换，与法治有着莫大关系，庞德指出："我们主要是通过把我们所称的法律权利赋予主张各种利益的人来保障这些利益的。"④ "法律的存在，法律的演变蜕变，实乃

---

① 参见彭中礼：《从民权到民生——近现代中国社会变革的法理逻辑演变》，载《中南大学学报》2009 年第 4 期。

② 唐眉江：《民生的时代内涵及其实现途径》，载《山西师大学报（社会科学版）》2009 年第 5 期。

③ 张艺：《从恩赐到权利：民生话语表达逻辑的历史考察》，载《云南财经大学学报》2008 年第 3 期。

④ 庞德：《通过法律的社会控制法律的任务》，沈宗灵译，商务印书馆 1984 年版，第42 页。

人的生存所呈现的一种文化现象，法律之源于人、游于人、依于人，法律之以人为本，以人的社会生活为经纬，诚毋庸置疑。"① 法律凸显人本价值，将公民利益需求转化为权利，民生在这个过程中实现了由恩赐到权利的转变。

（三）社会权保障创设民生改善的行为方式

如上所述，社会权义务主体出现多样化势态，政府与非政府组织在各自领域承担起尊重义务、保护义务与给付义务。与此相适应，民生改善不再局限于传统的公共管理型模式，具有回应性、开放性、参与型的公共治理模式纳入民生改善的行为方式，具体包括建议型、契约型、直接给付型、审批型等方式。

1. 给付型行为方式。这是民生改善最传统的方式，采用政府直接对弱势群体予以一定物质权益（金钱或实物）或与物质相关的权利。包括基础设施给付，如交通、通信、能源、教育等；担保性给付，即为了实现共同福祉，以管制、参与或者监督等形式为设施建设提供各种保障；社会给付，如社会保险、社会保障与社会救助等方式。② 这是公共管理模式下民生改善的最主要的行为方式，政府主要采取一种单向度的行为方式。

2. 建议型行为方式。这种方式最主要的特征是行为在相对方同意或协助下做出，适时灵活地非强制性手段，不直接产生法律效果，如指导性计划、规划、劝告、建议、协调等方式。随着福利国家和社会国家观念的确立，在法国、英国、奥地利等国家得到越来越广泛的应用。最成功的是日本，日本"二战"后发生巨大变化，与其科学的指导有关。现行宪法还多处有引导、提倡、帮助、鼓励、奖励等提法。这种民生改善方式是公共治理模式的表现，有利于降低行政管理成本与社会成本，实现民生改善的目标。

3. 契约型行为方式。这种方式强调民生改善以行政主体与公民、法人或其他组织经过协商，相互意思表示一致达成协议，用契约形式对双方权利义务予以规定。这是公共治理模式下公民参与机制的直接体现，也是公法私法化的表征，如在道路、桥梁的基础设施建设，以及水利、电力、能源开发等民生领域，越来越多的采用契约方式吸纳多方主体参与建设。《土地管理法》《政府采购法》《城市房屋拆迁管理条例》《全民所有制工业企业承包经营责任暂行条例》《关于加快市政公用行业市场化进程的意见》等法律法规规章都对契约性民生改善方式有明确规定。在此行为方式下，非政府组织广泛参与了民生

① 杨奕华：《法律人本主义——法理学研究泛论》，台湾汉兴书局有限公司1997年版，第100页。

② 参见［德］汉斯·J.沃尔夫、奥托·巴霍夫、罗尔夫·施托贝尔：《行政法》，商务印书馆2002年版，第31～33页。

改善。

四、民生改善与社会权保障关系定位的意义

"民生"与"社会权"并非对等的概念，其内涵、外延、表现形式等都存在差别，但二者却有着极大的关联性。本文从民生改善与社会权保障的"正功能"维度厘清了二者的关系，二者存在双向度的工具性功能：民生改善推动社会权品格重铸，保障社会权加速民生结构的完善。然而，从"负功能"维度看，二者也存在反向的阻碍作用，民生改善的质量决定了社会权保障程度，民生改善如果流于形式，则社会权保障将变得异常困难，失去基础和前提；社会权保障促进民生从恩赐到权利的转变，如果社会权保障不充分或不顺畅，则将导致民生改善沦为政治口号，失去救济的可能性。民生改善与社会权保障之关系定位有利于凸显正功能，消减负功能，有利于二者正向促进功能的充分发挥。

首先，有利于消解关于民生与社会权的认知迷点。民生问题从表面上看是个社会、经济问题，但实质是典型的权利问题，法学在破解民生问题上具有独特优势，然而学界关于民生的法学解读存在诸多误解。民生改善与社会权保障关系之定位有助于消解对此问题的认识迷点，有助于走出理论误区、回归本真，对理论研究走向具有启发和导航价值。

其次，有利于促进民生问题的解决。民生问题事关人的生存与发展，国家政权的稳固与社会秩序的稳定，因此，应将民生置于应有的高度看待，从政策主导到制度保障。正确认知民生与社会权关系，有利于凸显民生的权利属性，加速民生法治化进程，提升人的生活质量，确定民生的义务主体，拓展民生救济途径。从人的需求看，民生问题具有层次性，从低层次到高层次体现出民生问题出现和解决的过程性，也促使民生内涵越来越丰富。

最后，有助于强化社会权保障的力度与质量。社会权保障以国家积极义务为实现条件，需要国家财力支撑，因此国际社会以"最低生活标准""最低国家核心义务"等术语来描绘社会权。厘清民生改善与社会权保障之关系，有助于强化社会权保障的力度与质量，社会权保障以民生改善为基本前提与基础，民生改善的质量决定了社会权保障的程度，诸如对教育的充分改善，将直接促成受教育权的实现；国家拓展就业机会，加强就业保障，将成为工作权实现的重要内容。

（载《广州大学学报（社会科学版）》2016 年第 7 期）

人权保障机制

论社会公民权的保障

——以国家义务的适当承担为出发点

张晓明*

摘　要▶ 社会福利制度与公民权的结合便形成社会公民权。社会公民权之目的是确保一定水平的福利水平，使公民过上一种"文明化的生活"。而国家一般通过宪法等形式来确认社会公民权。公民与国家在社会公民权方面的争议可通过社会公民权的适当限制、理性的公众参与以及相应的司法救济予以解决。

关键词▶ 社会公民权　国家　宪法　争议　司法救济

在欧债危机背景下，为应对债务风险，欧洲国家纷纷缩减公共福利水平。在这些国家的议会通过相应法律时，民众却走上街头通过集会或是罢工进行抗议。从欧洲一些国家的混乱我们可发现其背后隐藏的深层次问题：国家是否可以对"过高"的福利进行缩减，当民众不同意时国家又该怎么办？如何做才是合适的解决争议的途径？

笔者认为，要作出适当的回应，应回溯到社会公民权的理论基础之上。社会公民权源于马歇尔的公民权理论，从公民权的话语和体制背景上来理解就是公民权的社会维度。社会公民权是指当国家提供社会福利或服务时，如何界定国家之中不同成员彼此之间的权利与义务关系。社会公民权关注的是，为满足社会需求和增强社会功能而设计的福利供给和与服务有关的权利和义务，并保障其必要的资金来源。① 国外的社会公民权理论和实践在不断地更新，原因是社会公民权与社会的现实以及社会思潮的发展联系紧密，需及时进行更新。尤其在债务危机压力下，欧洲国家大多在一定程度上削弱了福利供给，这种应对

＊　张晓明，九江学院副教授。

①　参见 ［英］彼得·泰勒－顾伯：《重构社会公民权》，郭烁译，中国劳动社会保障出版社 2010 年版，第 4 页。

需要在理论上进行深度的探讨。在我国，社会福利制度在快速完善过程中，但在理论上存在的一个明显缺陷是缺乏整体性的思考和全国性的统一制度。虽然社会权已是我国宪法中的基本权利，在我国仍有梳理和深度探讨社会公民权理论的必要性，而欧洲福利国家的困境正是可鉴之镜。当然，也只有从公民权的角度去完善国家的社会福利制度，才有可能找到解决前述缺陷的"药方"。故本文作此尝试，希图起到抛砖引玉的作用。

一、国家义务与社会公民权的确立

社会福利制度最初是与公民权相分离的，后才与公民权相结合而成为社会公民权。而社会公民权，主要由国家承担中心责任，即国家通过干预、再分配等政策保障公民的社会权。因而，对社会公民权的形成历程的分析，需从公民——国家的框架出发，探讨应当承担的相应国家义务。公民是宪法关系中最为活跃的主体因素，公民既可通过权利的行使满足自己的利益要求，也可通过自身的宪法权利行为制约着国家权力行使的方式、目的和效果。在本文中，笔者之所以选用社会公民权这个概念，意义也在这里。国家义务一般是指国家在调整冲突和利益分配的机制下，通过共同的政治形式使其机制运行，使得利益能被充分表达，进而使得普通民众可以安定有序地共存。国家义务，实质上是国家对公民的义务，是为了满足公民权利的需要而存在的。在社会公民权的场合，社会公民权的需要决定了国家义务，并进一步决定了国家权力的行使。就社会公民权而言，国家义务依然为尊重的义务、保护的义务和实现的义务。

公民这个概念，先是与城邦国家结合在一起；后又依附于自由城市；一直到西方近代民族国家兴起之后，公民概念才再次与国家概念相结合，并且近代以来的公民概念必须与国家概念结合在一起。因而可说，"国家"与"公民"是一组连带的概念，这两个概念存在着密切关联。脱离了"国家"，"公民"即无所依存。且在国家角色大幅变迁之际，公民概念若要续存，势必将改变其现有内涵。故国家性质的改变，自然改变公民概念的内涵；而国家角色的维持与重构，则又依赖公民精神的重整与重振。[①]

应该说，公民概念的核心部分是指公民享有一种面对国家的资格、地位或权利。或者说，从反面来诠释公民权利的是指国家对其成员所应尽的义务。公民身份的存在取决于不同生活世界中符号生产的基本过程。因为，公民身份可以定义为各种权利和义务的集合。这些权利和义务在形式上规定了个人在国家

---

① 参见陈淳文：《公民、消费者、国家与市场》，转引自《公共性与公民观》，江苏人民出版社 2006 年版，第 257～259 页。

内部所处的法律地位。① 实际上，公民身份是在维护权利的过程中唤醒的，即所谓"为承认而斗争"的过程。公民只能以权利的形式从国家这个共同体中拿走其以责任形式置入的东西。近代西方公民地位的确定过程中，首先以自由权为标的，而社会权的概念亦随后逐步加入。然而，扩大公民概念之内涵的过程中，同时也导致国家角色的变化，而国家角色在 20 世纪的变迁，不可避免地要影响公民概念的固有地位。通常说来，国家希望其公民对其忠诚，国家也必须相对地对其公民尽生存照顾的责任。加上工业化与都市化等客观条件的影响，国家开始大规模地介入经济和社会生活，社会公民权遂应运而生。

故学者马歇尔（T. H. Marshall）将公民的概念的变迁分为三个阶段，第三阶段就是 20 世纪的"社会公民资格"，相应的权利内容则包括工会权、生存权、工作权等各种维持基本生存条件与公平竞争基础的权利。自此看来，马歇尔认为公民权有市民的、政治的与社会的三个主要的维度。这些维度关联着性质不同的权利。其实，自 18 世纪以来，公民权利的前述三个维度成为西方现代化进程的显著标志。公民身份沿着从法律维度到政治维度，再到社会维度的基本次序，普遍获得了扩展；而公民权则一步步得到加强和扩充。② 其中的社会公民身份作为减少不平等和创造平等机会的策略，是确保所有公民有权实施自主权的途径。故马歇尔强调，作为社会权利的公民身份的扩展，目的是确保一定水平的福利和教育，使工人阶级过上一种"文明化的生活"。③ 另在"二战"结束后，西欧自由民主国家的城市文化政策制定的历史反映了不同的公民身份概念：第一阶段自"二战"结束到 20 世纪 60 年代后期，主导概念是社会公民身份概念；第二阶段从 20 世纪 60 年代后期到 80 年代中期，伴随着社会公民身份概念出现的是更具创建性的激进的解放公民身份概念，两者共存；第三阶段是从 20 世纪 80 年代到现在，把社会公民身份和解放公民身份置于第二位，优先考虑城市的国际形象。④ 这三个阶段都显示了西欧自由民主国家对社会公民身份的重视，当然也意味着其对社会公民权的注重。

确实，从权利内容扩充的角度而言，从自由权到社会权的演进，无疑是公

---

① 参见［英］尼克·史蒂文森：《文化与公民身份》，陈志杰译，吉林出版集团有限公司 2007 年版，第 15 页。

② 参见［英］莫里斯·罗奇：《社会公民权：社会变迁的基础》，载《公民权研究手册》，王小章译，浙江人民出版社 2007 年版，第 95～96 页。

③ 参见［英］尼克·史蒂文森：《文化与公民身份》，陈志杰译，吉林出版集团有限公司 2007 年版，第 144 页。

④ 参见［英］尼克·史蒂文森：《文化与公民身份》，陈志杰译，吉林出版集团有限公司 2007 年版，第 158～159 页。

民地位的提升。故在当代社会，完整的公民身份必须包含社会权利在内，这已是理论界和绝大多数国家宪法所形成的普遍共识。公民基于社会公民权这一法律基础而有权通过失业救助、社会保障和福利等制度的安排而分享国家的资源。

那国家为什么要进行如此改变呢？既然国家是人民为各种目的而建立起来的，那么它的主要任务就在于为人民服务。而确定国家服务范围极为重要，因为这实际上就是确定国家权力应用的领域及界限，也就是确定国家权力的任务范围，即什么是国家应该做的呢？进一步说，国家的行为应遵从、依循何等原则，方具有正当性？应该说，现时代的国家或多或少履行维持秩序、保护、保存和发展这些功能，只是侧重程度有所不同。有的国家较注重某一或某些功能，而比较不重视其他功能。国家重视各种功能的相对程度，因国家、因时代不同而异。无论如何，国家行使这些功能是为了实现国家的三大目的：安全目的、文化目的和经济目的。尤其是经济目的的实现，需要国家除了保障人民自由权外，亦保障人民积极实现生存工作的权利。此时，国家有义务对各种经济活动进行必要而合乎本质的规制。① 这就促使国家从社会的首要管理者向中立的社会调节者转型。这意味着社会调节已上升为现代国家的首要功能。而社会调节则注重社会公民权、强调社会福利、增进社会福祉。这就意味着公民概念内涵的扩展。因为不断分工的关系，公民，尤其是城市市民逐渐丧失受其支配的生活范围，其基本需求的满足，必须由国家来担保；而国家不得不承担分配与给付的任务。因此，个人欲实现自由，不是要求国家不介入，反是以要求国家承担分配、给付的方式来实现——透过国家实现基本权利。而在公民概念之内涵扩展的过程中，同时也导致了国家角色的变化。国家希望其公民对其忠诚，国家也必须相对地对其公民尽生存照顾的责任。加上工业化与都市化等客观条件的影响，国家开始大规模地介入经济、社会生活，会使现今国家之任务远较过去更为多样而复杂。

故从历史看来，社会公民权是在社会的发展进入到一定的历史性阶段，若不采取某种手段来保障个人的现实生活，就难以确保公民的社会身份。在如此意义上，社会权只能是一种自由权的补充物。② 社会权的主体是在社会经济上处于弱者地位的人。③ 而国家福利只应该在这些机制出现差错时予以提供。社会公民权的预设价值基础中，有三种因素是至关重要的：互惠、融合和信任。

---

① 参见李惠宗：《宪法要义》，元照出版公司 2001 年版，第 234 页。
② 参见［日］大须贺明：《生存权论》，林浩译，法律出版社 2001 年版，第 162 页。
③ 参见［日］杉原泰雄：《宪法的历史》，社会科学文献出版社 2000 年版，第 117 页。

互惠、融合使再分配的特定方向走向合法化，信任激发了整个再分配体系的合法性。① 故社会公民权的追求目的，集中在维护人类尊严的目标之上。社会公民权的目的，在于消除伴随资本主义的高度化发展而产生的贫困和失业等社会弊病，为此要求国家积极地干预社会经济生活，保护和帮助弱者。故社会权存在要求国家承担起解决社会问题的职责，积极履行照顾人民基本生活需要的义务。

二、社会公民权的法律确认

尽管各国都在使用"公民""公民权"等字面含义相同的概念，但往往蕴含不同的内容。故而，各国宪法所赋予"公民"一词的含义未尽相同，这些不同的含义都与公民身份的历史传统有关。宪法和法律是将公民与国家联系起来的基本途径和形式。也就是说，在宪法和法律中通过国家责任、公民的权利和义务的设定，使得国家和公民连接成一个统一的整体，进而实现国家、社会与公民的一体化。②

近代宪法带来了一种以自由权为中心的人权保障体制。此种体制所确立的自由权，是社会成员对抗国家、免予国家干涉的权利。而对自由权的极度放任引发了深刻的社会矛盾，又因分配不均而导致的贫富的严重两极分化，使得占社会大多数的贫穷阶层乃至一般大众说来，自由权对其并没有多大的实际意义。它对以工人为中心的民众来说，甚至意味着保障失业的自由、平均寿命的降低。而人们逐渐形成的共识是，在基本权的保障方面，若只保障个人自由那绝对是不充分的。而社会权这种公民基本权利理念的兴起，是对自由权缺陷的一种补充，使得基本权利体系更加完整，更能实现社会的公平和正义。因而在"一战"前，几乎所有欧洲国家都有社会化的反省，即强调国家应提供财政、物质上的给付。故就整体而言，欧洲国家出现了重视社会权的趋势。在1793年颁布的《法国宪法》（雅各宾宪法）中，社会公民权开始萌芽。从本质上考察，社会权与自由权是有着同等功能的法规范，在立宪主义的背景下共同担负着保障市民宪法秩序的职责，其构成内容与范围涉及社会生活中的不同层面。该宪法第 21 条规定是在当时盛行个人主义、自由主义中唯一的肯定人民工作及生存权利之宪法条款。由此可见，社会公民权则是与福利国家或积极性国家

---

① ［英］彼得·泰勒－顾伯：《重构社会公民权》，郭烁译，中国劳动社会保障出版社 2010 年版，第 5 页。

② 陈云生：《人权与公民权的司法保护》，载《广西政法管理干部学院学报》2005 年第 1 期。

的国家观相对应的基本人权。[1]

在第二次世界大战后，随着劳工运动和福利国家思想的普及，越来越多国家的宪法规定社会公民权。因为现代市民宪法想要保障所有的国民都过人一样的生活，新引进了各种社会公民权，有劳动权、受教育权等。在宪法中规定社会公民权以后，公民究竟能向国家主张什么，获得什么样的好处，现代市民宪法一般在资本主义的框架内引进社会国家（福利国家）的理念，追求包括工人阶级在内的一切国民过着真正人的生活。这种理念特别是将如下两点具体化：一个是引进对社会经济强者的经济自由权的限制，另一个是对社会经济弱者的"社会权"的保障。[2] 从此，社会公民权通常构成各国宪法基本权利的两大组成部分之一，只有美国等少数国家例外。而《魏玛宪法》的社会权利条款，成为其他许多国家之宪法及理念所取材之对象，具体有《法国第四共和宪法》、1948 年《意大利宪法》、《日本宪法》等。可见，在 20 世纪后社会公民权受到广泛的承认与保护。譬如在德国，其法治主义的发展历程，则是从"自由法治国"发展到现行基本法第 28 条第一项的"社会法治国"。如今欧洲一些国家的宪法上的基本权利中社会经济权利占的比重已比较大，对社会公民权的价值给予了必要的关注，力求消除其他基本权利与社会权之间存在的冲突等。而纳入宪法的社会权涵盖范围广泛，包括了受教育权、劳动权、健康权、适当生活水准权以及环境权等。故各种形式的社会公民权，都期待国家进行积极的行为，来促使这些权利的实现。而宪法中基本权利的实现，常依赖一个国家健全的立法抽象保护与司法具体保护及行政的执行而相互配合。对社会公民权来说，立法机关的保障义务具体说来可分为两个方面：一是立法机关所立之法的具体条款必须体现尊重和保护社会公民权的精神，以便充分保障社会公民权的实现；二是所立之法不得禁侵害社会公民权。国家通过立法将社会公民权具体化，以免社会公民权的保障落空。

当然，不同的国家对社会权的规定不同，对社会公民权的保障程度和层次也存在差别。在奥地利、法国、德国和意大利这些国家中，社会公民权得到了更大的关注，扮演了重要的角色；而在瑞典、挪威、芬兰、丹麦与荷兰这些国家中，社会公民权则被置于最优先的地位，国家为所有成员提供普遍的福利。且在同一国家，社会公民权的规定则有逐步丰满和逐渐完善的趋势。因为，当今国家几乎同时扮演管制者、给付者等多个角色。且在未来更新社会公民权的过程中，必须肯定和加强社会公民权与国家义务之间原初的、基本的联系，公

---

① 参见 ［日］大须贺明：《生存权论》，林浩译，法律出版社 2001 年版，第 12 页。

② 参见 ［日］杉原泰雄：《宪法的历史》，社会科学文献出版社 2000 年版，第 117 页。

民的社会权与自由权之间的联系，以及国家层次上的社会公民权与国际层次上
的相应权利的关联性。

三、社会公民权争议的妥善解决

在欧债危机的挽救过程中，一个常用的措施就是采取紧缩政策。譬如希腊
议会在 2011 年 10 月通过了包括裁减国营企业员工等内容的紧缩措施，希腊主
要工会组织举行 48 小时大罢工以示抗议，导致全希腊公共部门瘫痪。而希腊
在 2012 年 2 月通过新的紧缩措施时，约 1 万名希腊民众聚集在雅典市中心的
宪法广场进行抗议。这一轮的紧缩措施是希腊政府应欧盟和国际货币基金组织
的要求出台的，包括将私营部门的最低工资标准降低 22%，裁减 1.5 万名公
务员等内容。在债务危机较为严重的西班牙，同样是在历经罢工及抗议后于
2012 年 3 月底公布了节约支出的预算，遭到民众的强烈反对。紧缩政策会导
致国家在福利方面的支出减少，而欧洲国家民众所举行的多次罢工或抗议，一
个主要的诉求就是不满国家缩减福利支出，要求政府为职业和养老等方面的社
会权提供保障。

当然，欧洲国家与民众在福利支出方面的争议，并不是现在才有的。其
实，在债务危机之前，一些欧洲国家为了应对来自外部或内部的挑战，已经积
极展开福利体制的改革，但改革的争议和阻力是前所未有的。只不过是因为债
务危机，矛盾更加凸显而已。本来，因在 20 世纪后社会公民权得到了广泛的
承认与保护，给推行福利政策的国家带来了巨大的财政负担，引发了国家财力
能否支撑福利支付的疑问。在国家财力支撑不了的时候，自然会想到去采取缩
减福利的措施。但是，国家削减福利则遭遇到较大的阻力，很难进行下去。反
之，民众对国家增加福利的措施则是非常欢迎。另外，在福利国家所面临的一
个进退两难的问题，这个问题和社会福利本身一样历史久远，即如何确保国家
所提供的救济不会使接受补贴者丧失求职和保持就业的积极性。

公民与国家之间因社会公民权所发生的争议到底该如何解决？

首先，笔者认为，应首先确立一个观念，尽管国家缩减福利会遭到强烈反
对，但国家在一定情形下是可以这样做的。就基本权利理论的角度而言，国家
缩减福利是可以得到支持的。这其实是一个基本权利限制的问题。应该说，作
为基本权利的社会公民权不是没有限制的。宪法保障的个人基本权利是有限
的。国家为调和群体生活与个人自由，对公民基本权利得为一般性的介入而作
适当的限制。公民作为对他人或公益的影响越大，国家介入的权限与范围也就

越大。① 否则，不受限制的基本权利将会导致社会公益的丧失以及基本权利之间的对抗与妨碍。故在基本权利的享有问题上，公民与国家权力的行使有着一个共同的基础——自由民主的基本秩序，即宪法秩序。应该说，为维持一定的宪法秩序，国家是可以对个人基本权利进行一定程度的限制。宪法权利的条件是公民个人对宪法权利的享受不损害他人的宪法权利。权利的界限则由一定的机制予以决定。当然，在本文中，笔者认为重点不在于是否要进行限制，而是如何进行限制以及限制到什么程度的问题。应该说，我们可从以"法律限制"用语的字面含义得出基本权仅能限制而不能被完全禁止与剥夺的结论。也就是说，如符合相应的要件时，仅能对基本权利进行限制，而不得侵入基本权利的核心部分。故在任何情况下，限制基本权利的措施都不得危及基本权利的实质。也就是说，在德国，无论限制措施是规定在基本法中的，还是规定在普通法律中的，或是来自联邦宪法法院的判决，都不能借限制之名实际剥夺或取消基本权利，否则会被宣布为违宪。国家在进行紧缩立法限制社会公民权时应遵循前述的规定。并且，国家在采取紧缩措施时，应进行充分的公民教育，说明相应措施的必要性，让民众树立历史责任感，为了国家的维持承担一些苦痛。欧洲一些国家正在滑向破产国家的边缘，当国家不存在，国家义务抑或公民权利，都失去了维系的平台。

其次，国家在缩减福利时，在缩减程度上，应让公众充分参与，减少决议过程中"民主赤字"，使得国家与公民在福利提供标准上达成共识。公众参与的基本内涵是：公众选举产生政府，并在政府组成之后，与其在决策过程中与公众进行沟通，参与具体制度的决定。国家福利立法的过程也应是一个民主的过程，因而立法过程中公众参与的程度和范围，也是国家民主化程度的具体体现。公众参与立法可弥补欧洲在债务背景下继续一体化进程中所存在的"民主赤字"。立法过程中的公众参与，既有直接参与，也有间接参与。公众间接参与立法制度的核心是由人民通过选举产生代表，并由代表吸纳民意，在福利立法过程中收集民众的意见并进行充分表达。而公众直接参与立法含有直接民主的因素，现在具体表现公民在公民创制、公民复决这些形式中直接行使立法权。当公民因不满国家的福利紧缩立法时，国家应提供合适的解决途径，譬如全民公决，由公众来行使最后的决定权。笔者在此建议：公众参与立法制度不单纯是要听取公众对立法的意见建议，由有关部门决定取舍；而且要逐步发展到立什么法，如何立这个法将在一定程度上由公众参与决定，而不是仅由政府某个部门决定，真正实现人民主权。也就是说，公众参与立法不只是参加，也

---

① 参见李惠宗：《宪法要义》，元照出版公司 2001 年版，第 105 页。

可以是决定，公众可享有一定意义上的决定权。这才能真正突出"人是法律之本"，切实解决国家与公民在社会公民权上的争议。

最后，当公民与国家之间因缩减福利的立法等行为产生争议时，有适当的司法救济途径。在社会公民权的司法救济方面，国内外学界是存在一定分歧的，各国的实践也是存在差异的。社会公民权的特质使得部分学者否认其为其提供司法救济的可能性，即认为由于经济和社会权利的性质，它们是"不可审判的"，也就是说，法官不能在法院的裁判中援引这些权利。其中的一个主要原因是对国家财政能否负担得起的缘故。基于前述原因，西方学者大多否认经济社会权利的可诉性、反对社会基本权利具有个案的直接实证效力，主要是基于下述几点的考虑：国家权力的分权体制及原则的保持、社会基本权利的内容亦不太具体、经济和社会权利的权利性质则不适合由法院进行适用。这导致社会权被人们漠视或否认。当公民与国家因社会公民权发生争议时，不能像欧洲国家那样走抗议或罢工的途径；这些途径不但无助于问题的解决，徒增双方的裂痕。只能通过合适的审判机构来进行裁判，譬如裁决缩减福利立法的合宪性，进而解决争议。

在实践中，一些国家，譬如南非，已确认经济、社会权利的可审判性，这对社会公民权的保障是大有裨益的。南非宪法几乎囊括了《经济、社会及文化权利公约》所规定的经济、社会和文化权利；并在经济和社会权利的具体规范方式上除采用了一些与公约类似的方法，进行了不少创新。而南非宪法法院认为，问题主要不是根据宪法，经济和社会权利是否具有可诉性的问题，而是在具体的案件中应如何实施它们的问题。因为，可诉性的问题不能抽象予以决定，而只能"在具体个案的基础上仔细探索"。[①] 而德国基本法中对于社会权几乎未作相关的规定，社会权的保障一般是通过司法审判以及宪法学来加以补偿的。[②] 故而，许多国家的宪法至少规定了某些经济、社会和文化权利，这些权利成为可审判的权利的程度各异，但至少有些社会权利比较经常地在法院得到援引。常见的情况是，某一宪法条款或对某一经济或社会权利的法定确认被理解为是确立了一项"主观权利"，个人得以在法院作为诉讼或申诉的基础予以援引。

应该说，在国际层面，经济和社会权利的可审判性——或至少是经济和社

---

① 参见黄金荣：《司法保障人权的限度》，社会科学文献出版社 2009 年版，第 16～17 页。

② 参见埃布森：《联邦德国的宪法基本权利及其对立法、行政和司法的实际意义》，载 http://www.calaw.cn/pages_front/article/ArticleDetail.aspx? articleId = 3832，2012 年 2 月 21 日访问。

会权利的某些元素——主要是通过设在有关公民和政治权利条约下的申诉程序得以发展的。[①] 具体如《美洲人权公约附加议定书》第 19 条的规定，以及《欧洲人权公约》第 1 号议定书第 2 条的规定。故而理性的主张认为社会公民权应具有在宪法层次的可司法性。实际上，各国针对社会权的司法救济如何展开，发展出集体申诉制度、通过扩大解释公民的政治权利与自由来保护社会权以及公共利益诉讼等措施。在社会权具备了可司法性之后，宪法上所有的基本权利就具备了请求司法救济的"司法受益权功能"，而国家的"司法救济义务"就是具有绝对性的国家义务 。而社会公民权的实现，则使得公民普遍性地享有一种低层次的福利。当公民认为他的福利被国家不合适地削减时，可向宪法诉讼机构寻求救济。这有利于争议的平稳、理性地解决。

应该说，前述步骤的采取，可实现国家义务的妥善承担，理性地解决社会公民权方面的争议，有利于问题的合理解决。当然，不能忽略的是，外部环境的变化导致国家福利结构的改革，反而使改革所要促进的利益受到了限制。无论如何，社会公民权要维持的一个理念是国家福利持续下去使得社会融合和公共互信的基础。

（载《广州大学学报（社会科学版）》2012 年第 11 期）

---

① 参见谢宁：《作为法律权利的经济和社会权利》，中国社会科学出版社 2003 年版，第 34 页。

国际人权保护和公共秩序保留制度

——以德国国际私法为视角

王葆莳[*] 张怀友[**]

摘　要▶ 国际人权条约具有类似宪法基本权利的间接第三人效力，对成员国的国际私法有直接影响。法院在处理涉外案件时必须以本国加入的国际人权公约为标准，对适用外国法的结果进行公共秩序审查。在公共秩序保留制度中引入国际人权条约不会导致盲目排除外国法。

关键词▶ 国际私法　国际人权条约　公共秩序保留

一、国际人权条约对国际私法的影响概述

（一）国际人权条约影响国际私法的法律基础

宪法规定的基本权利具有"客观功能"或"间接第三人效力"，构成客观价值判断。[①] 因此国家及其机关在制定、解释和适用法律时，均不得和基本权利相抵触，国际私法也不例外。基本权利对冲突法的影响主要体现在两个方面：一是立法者制定的冲突规范不得和宪法基本权利抵触；[②] 二是法院适用外国法的结果不能违反基本权利。[③]

国际人权条约在各成员国的法律地位有所不同，但均具有类似宪法基本权

---

* 王葆莳，湖南师范大学法学院副教授。

** 张怀友，长安大学政治与行政学院讲师。

① 张翔：《基本权利的双重性质》，载《法学研究》2005 年第 3 期。

② 例如德国在 1986 年国际私法改革用中性联结点代替了违反男女平等的冲突规范，从而贯彻了基本法中的男女平等原则。葡萄牙、希腊、西班牙、意大利、波兰、斯洛文尼亚、韩国等也通过改革，在国际私法立法中贯彻了宪法基本权利。参看王葆莳：《宪法基本权利对国际私法效力之比较研究》，载《法学新论》2009 年第 9 期。

③ 参见 Murad Ferid, Wechselbeziehungen zwischen Verfassungsrecht und Kollisionsnormen, in: FS für Hans Dölle, Band II (1963), S. 133.

利的地位。在有的国家，宪法明确赋予国际人权条约等同于宪法或高于宪法的地位。例如1978年《秘鲁宪法》第105条规定："人权条约包含的条款具有宪法地位。其中的权利非经下列宪法修正程序不得更改。"危地马拉1985年《宪法》第46条规定："危地马拉接受和批准的人权条约和公约优于国内法。"哥伦比亚1991年《宪法》第93条规定："国会批准的承认人权、禁止在紧急状态下予以克减的条约和国际盟约，优于国内秩序。"尼加拉瓜1987年《宪法》第46条在承诺保护和促进人权的同时，特别赋予《世界人权宣言》《美洲人权宣言》《公民权利和政治权利国际公约》《美洲人权公约》优先地位。在其他国家，虽然国际人权条约在法律上的地位低于宪法，但实际上具有类似宪法基本权利的功能。例如在德国，虽然《欧洲保护人权与基本自由公约》的法律地位仅等同于一般法律，但在实践中已成为法律基本原则。[1] 德国联邦宪法法院在其裁判中指出，[2] "联邦德国的国家机关要受公约及德国签署的公约议定书的约束；在解释德国一般法律、包括解释德国宪法基本权利时，均需顾及人权公约的规定和欧洲人权法院的裁判，不得与公约抵触"。据此，欧洲人权公约在德国具有宪法基本权利的特征，构成个人对国家的绝对权利，无论该个人是否有欧洲人权公约成员国的国籍。

可见，国际人权条约在成员国具有类似宪法基本权利的功能，和宪法基本权利一样构成客观价值判断，并从客观价值功能中派生出"间接第三人效力"。[3] 这种第三人效力和成员国的保障义务密切相关，[4] 只要私法法律关系涉及到国家保障义务，履行该保障义务时就体现为间接第三人效力。

（二）国际人权条约对国际私法的具体影响

1. 国际人权条约和国际私法立法

国际人权条约本身并不否定国际私法的存在，[5] 也不包含任何具体的冲突

---

① Christoph Grabenwarter, Europäische Menschenrechtskonvention, 2003, S. 21.

② Fall Görgülü, Beschluss des BVerfG vom 14.10.2004, BVerfGE 111, 307.

③ Anne Peters, Einführung in die Europäische Menschenrechtskonvention, 2003, S. 12f.

④ Christoph Grabenwarter, Europäische Menschenrechtskonvention, 2003, S. 131.

⑤ 有学者指出，借助冲突规范对处在德国司法管辖下的人适用外国实体法，有可能和人权公约相抵触。参见 Christoph Engel, Ausstrahlungen der Europäischen Menschenrechtskonvention auf das Kollisionsrecht, RabelsZ 53 (1989), 21。但大多数学者认为这种担心是多余的，人权公约并不否定冲突法的存在。Christian von Bar, Menschenrechte im Kollisionsrecht, in: Aktuelle Probleme des Menschenrechtsschutzes, BerGesVR 33 (1994), S. 193.

规范。虽然有学者曾试图从人权规范直接推导出具体的冲突规则。① 但大多数学者对此持否定态度，因为公约的目的是限制成员国及其国家机关的行为，针对的是成员国机关据以违反公约义务的实体规范，而并没有考虑成员国的冲突规范。②

另外，国际人权条约对成员国法律有直接效力，包括成员国的国际私法。德国加入人权公约后，其立法机关必须废除或修改一切和公约不相符的冲突规范，否则就违反其国际法义务。同时，在解释德国冲突规范时，也应尽量和人权公约保持一致；公约保障的人权构成国际私法的正义标准和价值取向，对国际私法的发展产生间接影响。③

2. 国际人权条约和反致

德国国际私法接受反致。在反致框架下，若德国法院拟适用某外国冲突规范，而该冲突规范违反德国参加的人权公约时，必须考察该外国是否为该人权公约的成员国以及公约在该的法律地位，才能决定是否接受反致。④ 详言之：（1）若该外国是人权公约的成员国，且公约在该国法律体系中居于最高地位，则该国冲突规范违反公约时，德国法院可以直接排除其适用，而无须考察法律适用的结果。（2）若该外国是人权公约的成员，但人权公约在该国法律体系中仅具有一般法律的地位，则德国法院可以接受反致适用该冲突规范。即使外国冲突规范和公约的规定相抵触，德国法院也不能直接排除该冲突规范的适用。（3）若该外国不是人权公约的缔约国，德国法院可以依据反致适用该冲突规范，而无须考虑人权公约的影响，但对法律适用的结果仍要进行公共秩序审查。

3. 国际人权条约和外国法的适用

作为人权公约的成员国，德国法院和机关做出的裁判不能违反公约的规定，无论裁判所依据的法律是德国法还是外国法，也无论准据法所属国是否为人权公约成员国。（1）案件准据法为德国法的，由于德国法律，包括德国宪法均应依据人权公约进行解释，所以德国法院不会作出和公约抵触的裁判。（2）若案件适用其他公约成员国的实体法，且公约在该国具有最高效力，则

---

① Berthold Moser, Die Europäische Menschenrechtskonvention als Quelle des internationalen Privatrechts, ÖJZ 1974, 650.

② Hans Jürgen Sonnenberger, Münchener Kommentar zum BGG, 5. Aufl. (2009), Einleitung zum EGBGB, Rn. 339.

③ Hans Jürgen Sonnenberger, Münchener Kommentar zum BGG, 5. Aufl. (2009), Einleitung zum EGBGB, Rn. 340.

④ Vgl. Hans Jürgen Sonnenberger, Münchener Kommentar zum BGG, 5. Aufl. (2009), Einleitung zum EGBGB, Rn. 339.

该国实体法和公约抵触时，德国法院可以直接排除其适用，而无须考察其适用结果（抽象的规范审查）。（3）若人权公约在该成员国不具最高效力，或准据法所属国不是公约成员国，德国法院不能直接排除该实体法的适用，而只能将人权公约作为公共秩序的审查标准（《德国国际私法》第6条），对适用外国法的结果进行审查。（4）德国法院在适用第6条时曾长期忽视国际人权条约，而仅根据宪法基本权利审查外国法的适用结果。但近年来越来越多的观点认为，基于德国的国际法义务，法院在公共秩序保留制度中必须考虑德国加入的国际条约，这是善意履行国际义务（Völkerrechtsfreundlichkeit）的具体体现。① 更有学者指出，德国法院在公共秩序保留制度中必须考虑德国的国际人权法义务，否则德国须承担国际法责任。②

二、公共秩序保留制度的国际化

（一）国际人权作为公共秩序的审查标准

大多数国家的国际私法均规定了公共秩序保留制度，即适用外国法的结果不能违反内国的法律基本原则和社会公共秩序。例如《德国国际私法》第6条第1款规定："适用外国法规范的结果与德国法律基本原则相抵触的，不予适用。"第2款规定："适用外国法与基本权利相抵触时，不得适用。"大多数学者认为，这里的基本权利不仅包括《德国基本法》和各联邦州宪法中规定的基本权利，③ 也包括国际条约（包括欧洲范围和全球范围的条约）规定的国际人权（国际基本权利），④ 这是德国公共秩序保留制度国际化的法律基础。至于国际人权条约属于《德国国际私法》第6条第2款规定的基本权利，⑤ 还

---

① Peter Scholtz, Islamisch geprägtes Erbrecht und deutscher ordre public, in: Hans – Georg Ebert/Thoralf Hanstein (Hrsg.), Beiträge zum Islamischen Recht VI, 2007, S. 9, 14ff.

② Markus Voltz, Menschenrechte und ordre public im IPR, 2002, S. 385.

③ Dirk Looschelders, IPR, Art. 3 – 46 EGBGB, 2004, Art. 6 Rn. 22; Andereas Heldrich, in: Palandt, BGB Kommentar, 65. Aufl. (2006), Art. 6 EGBGB Rn. 7.

④ 根据《德国基本法》第 25 条，国际条约属于德国法律的组成部分。Jan Kropholler, IPR, 5. Aufl. (2004), § 36 III 1 und IV 2; Christian von Bar/Peter Mankowski, IPR, Band I, 2. Aufl. (2003), § 7 Rn. 269 ff.

⑤ Heldlich, in: Palandt, Art. 6 EGBGB Rn. 7; Markus Voltz, Menschenrechte und ordre public im internationalen Privatrecht, 1989, S. 121; Dagmar Coester – Waltjen, Die Wirkungskraft der Grundrechte bei Fälle mit Auslandsberührung – familien – und erbrechtlicher Bereich, in: Dagmar Coester – Waltjen/Herbert Kronke/Juliane Kokott, Die Wirkungskraft der Grundrechte bei Faelle mit Auslandsbezug, 2008, S. 19f.

是第 6 条第 1 款规定的法律基本原则,① 仍存在争议。

德国法院根据宪法基本权利对外国法适用结果进行公共秩序审查时,通常会涉及歧视禁止 (《基本法》第 3 条第 2 款和第 3 款、第 4 条第 1 款和第 2款)、宗教自由 (《基本法》第 4 条第 1 款和第 2 款) 和国家中立原则、非婚生子女的平等对待 (《基本法》第 6 条第 5 款) 和继承权保障 (《基本法》第14 条第 1 款),特殊情况下还涉及人的尊严 (《基本法》第 1 条第 1 款)。②

上述各项权利亦规定在国际人权条约中,构成公共秩序保留制度中的"国际人权" 审查标准。(1) 人的尊严。1945 年《联合国宪章》前言、1966年《公民权利和政治权利国际公约》和《经济、社会及文化权利国际公约》前言、1979 年《消除对妇女一切形式歧视公约》前言、1948 年《世界人权宣言》的前言和第 1 条第 22 条均规定了人的尊严。③ (2) 禁止歧视。《公民权利和政治权利国际公约》 (第 2 条第 1 款、第 3 条、第 23 条第 4 款、第 24 条、第 26 和第 27 条)、《经济、社会及文化权利国际公约》 (第 2 条第 2 款、第3 条、第 7 条、第 10 条第 3 款第 1 句)、《儿童权利公约》 (第 2 条第 1 款、第14 条第 1 款),以及《世界人权宣言》 (第 2 条和第 18 条) 均规定,任何人不得因为出身、性别和宗教信仰而受歧视。《欧洲保护人权与基本自由公约》第14 条规定了附属于自由权利的歧视禁止,1984 年公约第 7 议定书规定了夫妻在结婚、离婚以及婚姻生活中的平等权;第 12 议定书规定了一般性的歧视禁止。此外还有观点认为,禁止性别和宗教歧视已经成为一项国际习惯法。④(3) 宗教信仰自由。《公民权利和政治权利国际公约》 (第 18 条第 1 款、第 27条)、《儿童权利公约》 (第 14 条第 1 款、第 3 款)、《关于战俘待遇之日内瓦公约》第 3、第 4 议定书 (第 34 条)、《关于战时保护平民之日内瓦公约》(第 24 条第 1 款、第 27 条第 1 款、第 38 条第 3 款、第 93 条第 1 款) 以及《欧洲保护人权与基本自由公约》 (第 9 条第 1 款和第 2 款) 均规定了宗教信仰自由。(4) 婚姻自由。《公民权利和政治权利国际公约》 (第 23 条第 2 款第3 款)、《经济、社会及文化权利国际公约》 (第 10 条第 2 款)、《世界人权宣

---

① Gerhard Hohloch, in: Erman, BGB Handkommentar, 11. Aufl. (2004), Art. 6 EGBGB Rn. 7; Dirk Looschelders, IPR, Art. 3 – 46 EGBGB, 2004, Art. 6 Rn. 22.

② Peter Scholtz, Islamisch geprägtes Erbrecht und deutscher ordre public, in: Hans – Georg Ebert/Thoralf Hanstein (Hrsg.), Beiträge zum Islamischen Recht VI, 2007, S. 15.

③ 《世界人权宣言》虽然不具有直接法律约束力,但其部分内容已经逐步演化为国际习惯法。Horst Dreier, in: Horst Dreier (Hrsg.), Grundgesetz, Kommentar, Band I, 2. Aufl. (2004), Vorbem. Rn. 20.

④ Markus Voltz, Menschenrechte und ordre public im IPR, 2002, S. 248.

言》（第 16 条第 1 项和第 2 项）和《欧洲保护人权与基本自由公约》（第 12 条）均规定了婚姻自由，但限于对结婚自由的保护。（5）对家庭的保护。《公民权利和政治权利国际公约》（第 17 条、第 23 条第 1 款第 2 款）、《经济、社会及文化权利国际公约》（第 10 条第 1 款、第 11 条第 1 款）、《儿童权利公约》（第 16 条）和《世界人权宣言》（第 16 条第 1 项和第 2 项）均规定了对家庭的特别保护。此外，《儿童权利公约》还强调子女最佳利益、对儿童的照料以及子女法律上的责任人的权利义务（第 3 条第 1 款、第 2 条、第 5 条、第 8 条第 1 款、第 18 条第 1 款和第 2 款）。《欧洲保护人权与基本自由公约》保障建立家庭的自由（第 12 条），对家庭及私人生活提供特别保护（第 8 条）。这对于婚姻效力、婚姻财产制、扶养和子女权利均有重要意义。① （6）继承权。对继承权的保护主要体现在财产权保护中，例如《世界人权宣言》规定了对所有权的保护（第 17 条第 1 项），《欧洲保护人权与基本自由公约》的第一议定书专门保护所有权。此外，尊重私法上的既得权已成为一项国际法原则。②

在实践中，若涉外家庭案件的准据法属于欧洲之外的国家，德国法院尤其要考察适用该外国法的结果是否以及在何种程度上违反德国的公共秩序。因为这些国家的法律基本原则和价值取向与西方基督教国家差异很大。譬如伊斯兰国家的法律根植于伊斯兰的文化与宗教，大多数伊斯兰国家的家庭法和继承法均带有强烈的传统伊斯兰法色彩。③

（二）国际人权和相对性原则

适用公共秩序保留制度时，德国法院一般会分析违反公共秩序的严重程度和案件的内国联系，只有当案件和内国有实质联系，并且适用外国法会"严重"违反内国公共秩序时，才能排除外国法的适用，即"相对性原则（Grundsatz der Relativität）"。④ 根据联邦宪法法院的裁判，⑤ 若适用外国法的结果和德国基本权利相抵触，法院只需考查案件的内国联系，而无论违反基本权利

---

① Christoph Engel, Ausstrahlungen der Europäischen Menschenrechtskonvention auf das Kollisionsrecht, RabelsZ 53 (1989), 3, 7ff.

② Rudolf Streinz, in: Michael Sachs (Hrsg.), Grundgesetz Kommentar, 3. Aufl. (2003), Art. 25 Rn. 69.

③ Peter Schultz, Die Internationalisierung des deutschen ordre public und ihre Grenze am Beispiel islamisch geprägten Rechts, IPRax 2008, 213, 214.

④ Gerhard Kegel/Klaus Schurig, IPR, 9. Aufl. (2004), § 16 II, III 2b.

⑤ BVerfGE 31, 58, 86.

的严重程度，即只要案件有一定内国联系就可以排除外国法的适用（有限的相对性原则）。

若适用外国法的结果违反国际人权条约，是否应当坚持相对性原则？对此存在不同看法：

一种观点认为，适用外国法的结果违反国际人权时，应完全不适用相对性原则。因为国际人权的含义和功能决定其是国际范围内的绝对权利，[①] 国内法对国际人权的任何限制均会违反"善意履行国际义务"的基本原则。该基本原则属于《德国基本法》第 25 条第 2 款规定的国际法一般原则，应当优先于国内法律直接适用。[②]因此，法院在这种情况下无须考虑违反国际人权的严重程度，也不必分析案件的内国联系，就可以直接排除外国法的适用。

另一种观点认为，利用国际人权对外国法适用结果进行公共秩序审查时，应和基本权利一样采用有限的相对性原则，即案件必须和内国有一定联系，才能排除外国法的适用，至于适用外国法违反国际人权的严重程度，则在所不论。[③] 持该观点的学者担心，如果放弃内国联系标准，会导致盲目排除外国法；例如在涉及伊斯兰法的案件中，只要伊斯兰法律的规定违反男女平等原则，即便案件和内国没有实质联系，德国法院也会一概拒绝适用伊斯兰法律，这显然不尽合理。[④]

上述两种观点的分歧实际上并不大，因为大部分持有第二种观点的学者虽然坚持内国联系标准，但同时也承认，只要德国法院对案件有管辖权，就构成必要的内国联系。[⑤] 由于国际人权公约的保护对象是处于成员国主权下的任何个人，无论其是否为公约成员国公民，[⑥] 而任何在德国法院起诉或应诉的人，实际上已经处于德国的主权之下，受到人权条约的保护。所以德国法院只要对涉外案件有管辖权，就可以根据国际人权条约排除外国法的适用，而无须考虑其他内国联系因素。即使当事人通过管辖协议选择了德国法院，也是如此，因

---

① 例如克劳博勒认为，欧洲人权公约体现了欧洲的统一人权标准，在公共秩序保留制度中应当得到绝对尊重，而无须考虑内国联系。Jan Kropholler IPR § 36 IV 2.

② Markus Voltz, Menschenrechte und ordre public im IPR, 2002, S. 277f.

③ Jan Kropholler, IPR § 36 IV 2.

④ Hans Jürgen Sonnenberger, Münchener Kommentar zum BGG, 5. Aufl. (2009), Einleitung zum EGBGB, Rn. 345.

⑤ Staudinger/Blumenwitz (2003), Art. 6 EGBGB Rn. 76, 139.

⑥ Karl Doehring, Völkerrecht, 2. Aufl. (2004), Rn. 982.

为任何在德国法院诉讼的人必须充分估计到德国在国际人权这方面的国际义务。①

（三）国际人权和基本权利的关系

根据《德国国际私法》第 6 条第 2 款的规定，公共秩序的审查标准包括宪法基本权利。由于基本权利的内容和国际人权相似，当国际人权和基本权利内容重合时，在实践中就呈现为对个人的双重甚至多重人权保护。

基本权利和国际人权作为公共秩序的审查标准，并非简单的重复，而是互相区别、互为补充。具体而言：（1）国际人权是解释基本权利的工具。虽然德国宪法中的基本权利提供了较为全面的人权保护，但基本权利的具体内容仍需联邦宪法法院在实践中不断细化。法院在解释基本权利时，又受约束于德国加入的人权公约，所以在具体案件中，法院可能会舍基本权利而直接适用人权公约的规定。②（2）国际人权公约可以弥补基本权利的不足。当国内宪法中没有规定某项人权，③或由于欧洲法的原因无法适用基本权利时，④法院必须借助国际人权条约，才能达到维护内国公共秩序的目的。（3）即使宪法基本权利和公约规定的人权内容完全相同，两者的适用标准也存在差异。法院以违反基本权利为由排除外国法的适用时，必须以存在内国联系为前提，但适用国际人权条约则可以不要求内国联系。（4）若案件所涉及的基本权利和国际人权内容重合，应当本着善意适用外国法的态度，优先考虑那些准据法所属国也参加的人权公约。⑤ 例如德国法院根据国际私法应适用 A 国法，审查法律适用结果时应优先考虑 A 国加入的人权条约和国际习惯人权法，若适用 A 国法违反上述人权，就可以排除该国法律的适用。⑥

三、公共秩序保留制度国际化的限制

如上所述，德国法院对涉外案件做出裁判时，必须尊重已经转化为国内法

---

① Peter Schultz, Die Internationalisierung des deutschen ordre public und ihre Grenze am Beispiel islamisch geprägten Rechts, IPRax 2008, 213, 217.

② Dieter Martiny, Über Notwendigkeit der Einführung der EMRK in ordre public, FS Sonnenberger, 2004, S. 535.

③ 参见欧洲人权法院 1995 年 12 月 4 日裁判的 Bellet c. France 案。

④ Dieter Martiny, Über Notwendigkeit der Einführung der EMRK in ordre public, FS Sonnenberger, 2004, S. 535.

⑤ Markus Voltz, Menschenrechte und ordre public im IPR, 2002, S. 270f., 283f.

⑥ Peter Schultz, Die Internationalisierung des deutschen ordre public und ihre Grenze am Beispiel islamisch geprägten Rechts, IPRax 2008, 213, 218.

的国际人权公约，并且不适用相对性原则，包括内容的相对性和空间的相对性。这种国际人权的"绝对适用"会引发一种担心，即德国法院会通过公共秩序保留制度将其对人权的理解在全世界范围内加以贯彻，从而无视其他法律及其法律文化，导致对外国法缺乏应有的尊重。①

这种担心是不必要的，因为法院只有在一定条件下才能将国际人权公约作为公共秩序的审查标准：

1. 只有当德国加入国际人权公约、承担国际法上义务时，德国法院才会将该人权公约作为公共秩序的审查标准。在确认德国的国际法义务时，必须根据公约本身关于适用范围的规定确定人权保护的范围。此外，还需要确定公约的保护对象。一般而言，人权公约的保护对象为处于成员国主权之下的任何个人，而无论其国籍。② 据此，任何在德国法院起诉或应诉的人，实际上均处于德国的司法主权之下，皆受人权条约的保护。所以只要德国法院对案件有管辖权，就必须根据国际人权条约审查外国法适用结果。

2. 只有那些构成强制性国际义务的国际人权，才能作为公共秩序的审查标准。③ 在具体案件中，必须考察所涉及的国际人权是否以及在何种程度上构成强制性国际义务。有的人权规范要求国家不干涉私人权利，即体现为传统的防御权（Abwehrrecht），构成完全的强制义务；有的人权规范则要求成员国的积极作为，如经济及社会权利，这种积极人权的强制力就要弱一些。确定国际人权的强制力时，应根据国际法的解释规则对人权规范进行解释。如果人权条约本身设立了专职的委员会④或特别法院⑤监督公约的实施，还必须考虑这些委员会或法院对公约的解释。⑥

3. 很多人权公约直接或间接地赋予成员国一定的自由裁量空间，从而削弱了公约的强制约束力。这是因为东西方国家对人权的理解差异巨大，西方法律通常将个人权利置于首要地位，而亚非国家更强调个人的集体属性，故对于

---

① Peter Schultz, Die Internationalisierung des deutschen ordre public und ihre Grenze am Beispiel islamisch geprägten Rechts, IPRax 2008, 213, 216.

② Karl Doehring, Völkerrecht, 2. Aufl. (2004), Rn. 982.

③ 例如《儿童权利公约》的很多条文不具有直接约束力。

④ 例如依据《公民权利和政治权利的国际公约》第28条设立的人权委员会。

⑤ 例如欧洲人权法院。

⑥ 虽然人权委员会的决议没有法律约束力，人权法院的判决通常也只对当事方有约束力，但成员国仍有义务尊重这些决议和判决中的意见。Karl Doehring, Völkerrecht, 2. Aufl. (2004), Rn. 997 f.

个人权利的保护较少而限制较多。① 在受伊斯兰文化影响的国家，法律或多或少建立在宗教传统上。② 只有少数伊斯兰学者认为西方国家倡导的普遍人权和伊斯兰法（Sharia）相互兼容，大部分伊斯兰学者则认为西方的人权观念和伊斯兰法格格不入，并因此提出了伊斯兰国家自己的人权概念。③ 有鉴于此，国际人权条约监督机构为协调各国对人权的不同理解和法律传统，对许多问题采取宽松的态度，给成员国一定的自由裁量空间。例如，由于许多成员国允许一夫多妻，《公民权利和政治权利的国际公约》第23条第2款规定的结婚权利不以一夫一妻婚姻为前提。虽然人权委员会在决议中认为一夫多妻违反了公约第23条第4款，④ 但大多数伊斯兰国家没有参加1966年12月19日的公约议定书，所以人权委员会的决议对它们没有约束力。⑤ 与此相反，《欧洲保护人权与基本自由公约》则明确以一夫一妻作为适用第12条的前提条件。

4. 国际人权条约的适用还受成员国保留声明的限制。很多伊斯兰国家通过对公约做出保留，排除某些具体人权的适用，从而保障其国际法义务和伊斯兰法的协调。这在《消除对妇女一切形式歧视公约》中表现的尤其明显。⑥ 当然这种保留受到1969年《维也纳条约法公约》第19条的限制，即对条约的保留不得违反条约的目的和宗旨。《消除对妇女一切形式歧视公约》第28条第2款也规定："不得提出与公约的目的和宗旨抵触的保留。"此外，对于非造法性人权条约（契约性条约）而言，只要公约本身没有明文禁止或该人权本身具有任意性，成员国可以解除或退出公约，⑦ 这也会削弱国际人权条约在公共秩序保留制度中的意义。

四、结语

国际人权条约具有类似宪法基本权利的间接第三人效力，对成员国的国际

---

① Bassam Tibi, Im Schatten Allahs. Der Islam und die Menschenrechte, 1994, S. 103ff.

② Peter Scholtz, Scharia in Tradtion und Moderne, JURA 2001, 525, 530f.

③ Bassam Tibi, Im Schatten Allahs. Der Islam und die Menschenrechte, 1994, S. 103ff.; Abdul Aziz Said, Human Rights in Islamic Perspective, in: Adamantia Pollis/Peter Schwab (Hrsg.), Human Rights: Cultural and Ideological Perspectives, 1979, S. 92ff.

④ General Comment 28, UN – Doc. CCPR/C/21/Rev. 1/Add. 10, Tz. 24.

⑤ Peter Schultz, Die Internationalisierung des deutschen ordre public und ihre Grenze am Beispiel islamisch geprägten Rechts, IPRax 2008, 213, 217.

⑥ Donna E. Arzt, The Application of International Human Rights Law in Islamic States, Human Rights Quarterly 1990, 202, 218.

⑦ Karl Doehring, Völkerrecht, 2. Aufl. (2004), Rn. 985.

私法发生多重影响。基于善意履行国际义务原则，德国法院在公共秩序保留制度中必须以德国加入的国际人权公约为标准，审查外国法的适用结果。公共秩序保留制度中的相对性原则不适用于国际人权，德国法院只要有管辖权，就可以根据国际人权条约排除外国法的适用。在公共秩序保留制度中适用国际人权条约不会导致对外国法的盲目排除，因为人权公约的适用范围和强制力各不相同，成员国在解释和适用人权规范时拥有一定自由裁量权，并可以对公约提出保留，这些均会限制国际人权条约在公共秩序保留制度中的应用。

（载《广州大学学报（社会科学版）》2011 年第 9 期）

对国际人权公约之国内法上
适应方案的比较分析

刘　祎*

摘　要▶ "条约必须遵守"的国际法义务使得我国面临着国际人权公约的国内转化和国际法与国内法之间协调的问题。该问题的解决，现已形成了四种方案。各方案各有利弊，而综合权衡各方面因素，第四种方案即制定国内人权法来改善国内法对国际人权公约的适应性，显得更为合理妥当，应作为可行之选。

关键词▶ 人权　国际人权公约　国际法　人权法

一、国际人权公约之国内法上的适应方案

"人权入宪"的宪法变动发生之后，我国宪法、宪制及宪法文化迎来了新一轮的更生变迁，即向着权力规制、人权保障的方向深化推进。之后，如何妥善调适国内法和国际人权公约之间的差距，推动人权事业的国际进步，遂成为因应此一变化的讨论重点。我国已经签署了包括《人权宣言》《公民权利和政治权利国际公约》《经济、社会及文化权利国际公约》在内的一系列主要的国际人权公约。而面对国内法与国际人权法之间的"断裂带"，坐视不理，明显有违"条约必须遵守"的国际义务。仔细弥合二者间的差距，积极促成国际人权公约的国内转化，乃成为学界的共识。但在如何实现国际人权公约的国内转化，改善国内法的适应性上，学界观点不一，尚未取得共识。我国学者刘连泰详细考察研究了国内学界对此问题的各方观点，认为目下学界对于应当选择哪种适应转化模式，形成了四种观点。现就其主要方面，析陈如次：①

第一，所谓的"一揽子"解决方案。即凡是国际人权宪章、国际社会通

---

*　刘祎，中南财经政法大学宪法与行政法博士。

①　参见刘连泰：《国际人权宪章与我国宪法的比较研究》，法律出版社 2006 年版，第 261～264 页。

行的人权理念与我国宪法有差异、不和谐之处，都提出保留。所谓保留，系指一国在签署、批准、接受、赞同或加入一个条约时所作的单方面声明，不论措辞或名称如何，其目的都在于排除或更改条约中若干规定对该国适用时的法律效果。《维也纳条约法公约》第 2 条公约保留制度的设计，意在鼓励那些认为难以落实公约所载的一切的权利的国家、加入公约有困难的国家进入公约，促使更多的国家承担起人权保障的义务。①

第二，"三步走"的彻底解决方案。首先，填补。将国际人权公约中有，而我国宪法和宪法性法律中缺失的人权样态载入宪法或宪法性法律中。其次，修改。

第三，成本分担方案。在宪法或宪法性法律及一般法律中作概括性规定：我国法律与国际人权公约规定不一致的，优先适用国际人权公约规定，我国声明保留的除外。此种立法例中外所见多有，如：

《1991 年罗马尼亚宪法》第 20 条规定，"关于人权的国际条约，（1）宪法关于公民权利及自由的条款将按《世界人权宣言》，按罗马尼亚参加的公约及其他条约进行解释和实施；（2）如果罗马尼亚参加的有关基本人权的公约和条约同国内法律有抵触，则国际法规定具有优先权"。

我国《民法通则》第 142 条第 2 款规定："中华人民共和国缔结或者参加的国际条约同中华人民共和国的民事法律有不同规定的，适用国际条约的规定，但中华人民共和国声明保留的条款除外。"

《行政诉讼法》第 72 条规定："中华人民共和国缔结或者参加的国际条约同本法有不同规定的，适用该国际条约的规定。中华人民共和国声明保留的条款除外。"②

第四，制定专门的人权法方案。所谓人权法，系指主权国家通过宪法和法律、法规予以确认和保障的有关人权的原则、规则和制度的总称。③ 借由制定人权法，一方面将国际人权公约内国化；另一方面将国内宪法、宪法性法律之基本权规范加以整合、细化，形成专门化、体系化的人权规范。此立法例域外已有国家及地区践行。如英国 1998 年通过了专门的《人权法案》、挪威 1999 年制定了《人权法案》、加拿大 1992 年通过了《权利与自由宪章》。

---

① 参见胡志强：《中国国际人权公约集》，中国对外翻译出版公司 2004 年版，第 26 页。

② 本文发表于 2008 年，此时生效的为 1989 年行政诉讼法。

③ 参见李步云：《人权法学》，高等教育出版社 2005 年版，第 104 页。

二、对诸方案的比较分析

诚如上述，以上四种方案实各有利弊。方案一——概保留的做法，完全以本国宪法宪制为本位，无视国际社会人权发展的要求，断绝了国内外人权事业彼此互动、对话的可能性，也与国际惯例不符。[①] 保留制度的设计，虽在鼓励更多国家加入，但如一国恶意滥用保留权利，保留过多，甚至连公约的基本内容、核心准则都一概保留，不予理会；修缮、提升国内基本权利规范及国际人权公约的内国化恐怕只会成为空想或徒具姿态而已。故方案一因缺乏任何实益，无助于人权保障，弊端最大，实不可选。

方案二虽最为彻底，但立法成本巨大。我国宪法属于刚性宪法，对其的修改工作受到严格的修宪程序的拘束，且会给国家政法体制带来根本影响的如此大规模的修法，立法工作更应审慎从事，不可轻忽怠慢、仓促急就。凡此，决定了此方案将耗时长久且占用大量的立法资源。尽管严格的立法程序和全面审慎的立法考量都旨在确保宪法及宪法性法律符合宪法精神，体现人民主权的本质要求，然我国尚处于社会转型之中，公民日益增涨的人权意识及人权保障的需求与国家有限的政法资源形成了尖锐的矛盾：激进的彻底解决方案更会激化这一矛盾，"俟河之清，人寿几何？"欲以有限之立法资源绳墨变化万千之社会，只能择其成本效益之最佳比值。故此，方案二因其成本过大且难以满足转型社会急促的变化要求，亦不具可行性。

从修宪成本观点出发，方案三无疑是成本最小的。但这种成本分担的权宜之计，虽避免了短期内高昂的立法成本，却为后续的法制工作埋设了较大的隐患。当目前的立法机关放弃人权保障体系化、实证化、细致化义务的同时，也就为将来的立法、行政、审判、检察机关预留了过于宽泛的意志形成空间。此举一则加重了上述机关的工作负担，过多占用了其政法资源，使其难以专精于本业，影响了机能的健康运作；二则基本权实证化、细致化、体系化的工作非某些机关所擅长，如行政、审判、检察机关，一旦贸然立法，唯恐背离宪法价值精神，破坏宪法秩序；三则现代西方国家都以权力分立作为前提条件，以防公权力滥用，侵害人权，而立法怠惰使得其他机关直接或间接获得人权立法的权力，权力过分集中妨害了权力拘束性的效果，对人权保障构成威胁；四则自由民主法治的宪法秩序以人民主权作为基本原则，过于宽泛的形成空间为其他机关逾越民意代表机关越俎代庖的自行立法提供了便利，有违宪法秩序的民意

---

① 参见杨宇冠：《人权法——公民权利和政治权利国际公约研究》，中国人民公安大学出版社 2003 年版，第 24~26 页。

正当性。故此，方案三短期成本虽低，但长期成本甚巨，由此所带来的后续问题，尾大不掉，难以割离，亦难作允当之选。

方案四制定专门的人权法案，亦有困难之处，即它与宪法中的基本权如何协调？它与其他法律的效力位阶如何确定？但综合权衡，人权体系化立法不啻为当前最妥当的立法模式。理由在于：

第一，人权专门立法不会如方案二占用过多的立法资源。专门立法的方式可以在较短时间内集中有限立法资源，动员各方面力量，制定出高质量的规范文件。时间短，成本低。

第二，专门立法也避免了方案三所带来的后期成本高昂的问题。专门立法的方式缩限了其他机关擅自立法的空间，使各机关奉人大制定的人权法为行动的准据，对侵犯人权的行为划定了禁区，也为公民行使主观公权利提供了依据。

第三，专门立法符合人们的接受习惯。国际人权法的国内化实施是一个复杂的系统工程，其对我国政法体制的影响是全方位的，在缺乏专门法案指引的情况下，立法、司法、执法等部门行事时就不得不参照中外法规，依凭自我理解以为指引。一来自我参照易受到各种因素干扰，难免出现误判，影响法律实效；二来从人们接受习惯来说，国内法制单位普遍对国内法比较熟悉，对国际法尤其是复杂的国际人权法缺乏关注的热忱，要求人们对国际人权法十分熟悉，对中外法律差别了然于心，随时发现与公约不一致的地方即优先适用公约，并不现实。[1]

第四，从国际人权宪章的内国化观点出发，专门立法实施有较明显的优势。[2] 首先，国际条约中有关权利的规定比较抽象原则，如不通过国内立法则难以实施；其次，某些国际条约明确规定了缔约国必须通过国内立法方式实施该条约；最后，国际条约中某些政治性权利义务的承担主体是缔约国政府，且允许缔约国对适用范围加以限制，这更需要通过国内法明确其适用范围。

故此，以上四种方案之中，方案四订立人权法的模式较之其他各类方案显具可行性。至于人权法本身的困难，亦非不可克服的问题。两害相权取其轻，两利相权取其重。综合考虑各方面因素，在选择国际人权公约的国内适应方案上，还是方案四（订立人权法的模式）更为可取。

---

① 参见刘连泰：《国际人权宪章与我国宪法的比较研究》，法律出版社 2006 年版，第263 页。

② 参见杨宇冠：《人权法——公民权利和政治权利国际公约研究》，中国人民公安大学出版社 2003 年版，第 29 页。

　　"二战"之后，人权的国际保护和集体保护成为人权事业发展的一大潮流。国际人权公约对各国的促进作用不可小视。与此同时，人权的国内保护的重要性并没有降低反而得到了加强，即在国际人权公约之下，增添了国内法上的义务。中国在人权事业上的努力和进步有目共睹。当前，积极实现国际人权公约的国内化无疑是进一步推动我国人权事业进步的一大契机。故此，立法者更应审时度势，把握好有利条件，从速制定人权法，须知立法之怠惰无异于对人权侵害的纵容。

（载《广州大学学报（社会科学版）》2008 年第 9 期）

论非洲妇女在武装冲突中遭受性暴力的
人权保护法律问题及对策

李伯军[*]　石　婷^{**}

摘　要▶ 非洲妇女在武装冲突中遭受性暴力侵害的问题日益引发全世界的广泛关注，该行为的实施主要表现为偶然发生及有目的、系统地实施两种类型；而国际上在保护武装冲突中遭受性暴力的非洲妇女的人权方面还存在许多法律问题，需要在国际立法、司法层面提出相应的对策加以解决。

关键词▶ 性暴力　武装冲突　人权保护　日内瓦公约

自冷战结束以来，非洲大陆的许多地区仍存在不安定因素，国际性和非国际性武装冲突时有发生。非洲人民因此饱受战乱之苦，流离失所，平民死伤无数，尤其是妇女和儿童。在武装冲突中，武装派别或政府军对妇女和女孩的性暴力状况非常普遍。据调查显示，现代战争死伤者中妇女和儿童的比例高达90%。而在这些武装冲突中，非洲妇女们除了和其他平民一样要面对大规模杀伤性武器、爆炸、饥荒、传染病、酷刑和种族清洗带来的伤害外，还受到各种形式的性暴力的威胁。仅 1992 年波斯尼亚持续 5 个月的冲突就导致 2 万至 5 万名妇女被强奸；1994 年卢旺达发生的种族灭绝甚至造成约 50 万妇女被强奸；① 在刚果，武装冲突期间，性暴力事件频繁发生，军人把这种强奸当作战争武器，《美国公共卫生杂志》在 2011 年公布的一份有关发生在刚果民主共和国的性暴力的调查数据显示："2006 年到 2007 年的 12 个月期间，刚果（金）有 40 万妇女遭到强奸，即每天在该国发生的强奸案为 1152 件，每 5 分

* 李伯军，湘潭大学法学院副教授。
** 石婷，湘潭大学国际法专业硕士研究生。
① 资料来源于联合国妇女基金委员会的调查数据，载 http：//www. unifem. org/gender_issues/violence_ against_ women_ html，2011 年 10 月 11 日访问。

钟就有 4 起强奸案发生。"① 在塞拉利昂，从 1991 年到 2001 年，该国内战持续了 10 年之久，在此期间，数万女性遭到叛军、政府军，甚至是联合国派遣的国际维和部队的强奸。武装冲突中的性暴力行为给妇女的生理和心理带来了极大的伤害，给非洲社会带来极不好的影响，因此越来越引起国际社会的广泛关注。联合国妇女发展基金和联合国苏丹任务组将对非洲工会刚组建的调查委员会提供技术支持，以调查性暴力事件，包括强奸和虐待儿童。

一、武装冲突中性暴力的界定及主要类型

（一）武装冲突中性暴力的界定

性暴力，一般是指"任何人故意或有计划地在行为、言语和态度上对别人的身体作出有性意味的冒犯，令对方产生恐惧，受威胁或者羞辱的感觉的行为"。② 性暴力并不限于对人体的实际侵入，它可以包括那些并不涉及侵入的行为或甚至没有身体接触的行为。③ 因而，性暴力不仅限于强奸，还包括任何如不情愿地接触/抚摸、性骚扰、性奴役，以及其他侵犯妇女性健康和性尊严的暴力行为。④ 1998 年《国际刑事法院规约》界定的性暴力包括"……强奸、性奴役、强迫卖淫、强迫怀孕、强迫绝育或严重程度相当的任何其他形式的性暴力"。⑤ 2005 年《非洲人权和人民权利宪章关于非洲妇女权利的议定书》将对妇女的暴力定义为："对妇女造成或所犯下的一切可能导致她们的身体、性、心理和经济上产生危害的行为，包括威胁要作出上述行为或在和平时期的私人或公开的生活中以及在武装冲突和战争的状态下，对妇女的基本自由进行任意限制或剥夺。"⑥ 因此，这里指的性暴力一般都包括强奸、强迫卖淫和任何其他形式的非礼侵犯，所有这些都构成战争罪行。

---

① 参见联合国网站新闻中心：《特别代表：预防性暴力比讨论性暴力的统计数据差异更有益处》，载 http：//www. un. org/chinese/News/fullstorynews. asp？NewsID = 15578，2011 年 11 月 18 日访问。

② 郭薇：《心理危机干预概论》，四川科学技术出版社 2007 年版，第 74 页。

③ 参见赵海峰：《国际法与比较法论坛》（第 1 辑），中国法制出版社 2006 年版，第 153 页。

④ 参见郭薇：《心理危机干预概论》，四川科学技术出版社 2007 年版，第 74 页。

⑤ Ntombizozuko Dyani, "Sexual Violence, Armed Conflict and International Law in Africa", African Journal of International and Comparative Law, 2007, 15（2）：230 – 253.

⑥ 参见 "Protocol to the African Charter on Human and People's Rights on the Rights of Women in Africa"，该议定书由非洲人权委员会制定，2003 年在马普托通过，并于 2005 年正式生效。

（二）非洲妇女在武装冲突中遭受的性暴力之主要类型

武装冲突期间，由于社会结构崩溃，家庭瓦解，妇女和女童往往特别容易受到各种形式的暴力侵害，尤其是性暴力，包括折磨、强奸、轮奸、被迫怀孕、性奴役等。但综合起来看，非洲妇女在武装冲突中遭受的性暴力主要体现以下几种类型：

1. 偶然实施的性暴力

在武装冲突的环境下，性暴力往往在武装团体的制度和纪律守则等全面崩溃的时候发生，并愈演愈烈。而在这些大大小小的武装冲突中，使妇女身心备受摧残的性暴力可能会有或多或少的偶然性和无目的性，侵害者可能只是为单纯的释放压力甚至享乐而进行犯罪，而由于在战争中性暴力犯罪有不被惩罚的经验导致了该侵害者甚至更多人的下一次的犯罪。① 事实上，在非洲的冲突中发生强奸事件的常常是那些缺乏有效的命令或纪律处分机制武装团体，例如2007 年 4 月，在苏丹达尔富尔地区，两名只有十几岁的少女被两名苏丹武装部队的士兵强奸，而这样的强奸案在达富尔很少受到起诉②，而类似这样的案例在中非共和国，乍得和刚果（金）等冲突国家也是屡见不鲜。

2. 有目的、系统地实施的性暴力

在武装冲突期间，性暴力除了可能偶然发生外，冲突一方还可能针对对方有目的而系统地实施性暴力。这又具体体现在两个方面：首先，性暴力作为一种战略工具。即性暴力可能被军队指挥官用在安抚或者奖励其士兵的领域，也可能被系统或广泛地用作包括恐吓、侮辱、政治恐怖、获取战争信息的战略工具。而在非洲持续不断的冲突中，尤其是那些发生在苏丹达尔富尔、刚果民主共和国、埃塞俄比亚的欧加登地区的性暴力，被一个或多个冲突方作为一种战争工具来羞辱甚至摧毁平民。③ 其次，在武装冲突中，性暴力还可作为一种种族灭绝的手段，即冲突一方通过对另一方种族群体施加系统而大规模强奸和强迫怀孕的行为，旨在蓄意毁灭一个群体，可破坏一个特定目标群体的社会结构，或阻止该种族的繁衍，其作用有时甚至更甚于屠杀。在 1994 年的卢旺达种族大屠杀中，亲政府和胡图族的民族主义势力在大屠杀期间强奸了大约有

---

① 参见 Alexis Arieff, "Sexual Violence in African Conflicts", CRS Report for Congress, 2010（10）：7。

② 参见李慎明、王逸舟：《全球政治与安全报告（2008）》，社会科学文献出版社 2008 年版，第 216 页。

③ 参见 Alexis Arieff, "Sexual Violence in African Conflicts", CRS Report for Congress, 2010（10）：8。

50 万名图西族妇女，卢旺达问题国际刑事法庭认为其是"有组织、有计划地用来作为灭绝图西族的武器，对图西族妇女实施的性暴力就是因为她们是图西族成员"。① 近年来，苏丹安全部队和亲政府民兵也曾多次被指责在达尔富尔、乍得东部以及在苏丹南部地区将性暴力作为种族清洗的策略，故性暴力也构成种族灭绝的一种手段。

二、非洲妇女在武装冲突中遭受性暴力之人权保护存在的法律问题

毫无疑问，妇女必须受到"特殊保护"以免遭性暴力侵害。武装冲突中的性暴力长期以来都被视为是战争法上的战争罪行，国际社会也制定了一系列的国际法律文件，但非洲妇女在武装冲突中遭受性暴力之人权保护依然存在一定的法律问题，这主要体现在以下两个层面：

（一）国际立法层面保护存在的问题

1949 年《日内瓦第四公约》明确规定，对于那些施以酷刑、不人道待遇和"有意造成巨大痛苦或严重损害身体或健康"的严重违反国际人道法的犯罪行为，任何国家均有权对其行使普遍管辖权而进行惩治。然而，遗憾的是，该公约并没有将任何形式的性暴力特别列入其中。正如有学者指出，（国际人道法文书——笔者注）"事无巨细都有所规定……许多保护战斗或平民的规定制定得具体细微，但……几乎没有明确地甚至笼统地提及经常针对妇女犯下的战争罪行，特别是强奸罪、性奴役罪和其他形式的性暴力罪，这令人吃惊和深感不安"。② 而 1948 年的《世界人权宣言》中，上述行为也只是被宽泛地描述成"不人道的"或"侮辱性的"。虽然可以根据 1949 年《日内瓦第四公约》第 27 条、日内瓦公约共同第 3 条以及 1977 年第一附加议定书的第 76 条中的模糊性规定对性暴力行为进行起诉，但这些条款由于将性暴力犯罪等同于或与损害名誉或个人尊严的罪行相连所造成的后果而受到阻碍。③ 因而，现有国际法仍没办法将犯下性暴力罪行的人绳之以法，从而导致大量受害的妇女无法得到公正的救济或赔偿，而性暴力也依然大规模的存在于武装冲突之中。

---

① 赵海峰：《国际法与比较法论坛》（第 1 辑），中国法制出版社 2006 年版，第 154 页。

② ［美］凯利·D. 阿斯金、多萝安·M. 科尼格编：《妇女与国际人权法：妇女的人权问题概述》（第 1 卷），黄列、朱晓青译，生活·读书·新知三联书店 2007 年版，第 45 页。

③ 参见［美］凯利·D. 阿斯金、多萝安·M. 科尼格编：《妇女与国际人权法：妇女权利的国际和区域视角》（第 2 卷），黄列、朱晓青译，生活·读书·新知三联书店 2009 年版，第 11 页。

非洲大陆区域对保护武装冲突期间遭受性暴力的妇女在立法也作了很多尝试，也取得了一些成果，《非洲人权和民族权利宪章》不但承诺保护武装冲突期间遭受性暴力的妇女，还在其议定书中首次将武装冲突中对妇女的性暴力行为规定为种族灭绝罪并予以禁止。但是，该宪章却没有设立具有强制约束力的执行机构，案件的执行主要靠缔约国主动承担义务来实行。因而，在非洲大陆，许多国家发生内战期间依然不断发生有关针对妇女的性暴力事件，例如刚果（金）、索马里、苏丹、科特迪瓦、利比亚、乌干达等国，现有的国际法和人道法规则以及《非洲人权和民族权利宪章》遭到公然的违反，而且常常有罪不罚。因而，没有强有力的惩罚机制使得《非洲人权和民族权利宪章》的权威常常遭到挑战，而缺乏有效的执法机制也是导致保护遭受性暴力的非洲妇女困难重重的原因之一。

（二）国际司法层面保护存在的问题

在国际司法层面，国际司法机构曾在很长一段时间对遭受性暴力的妇女甚少提供应有的保护。"二战"中，针对妇女的性暴力犯罪十分猖獗，但后来的纽伦堡国际军事法庭和远东国际军事法庭或者忽略了这些罪行，或者也只是对其进行有限的起诉。而冷战结束以来成立的前南国际刑事法庭和卢旺达国际刑事法庭的审判实践也没有取得多大的进展。而2002年生效的《国际刑事法院规约》首次将强奸、性奴役、强迫卖淫、被迫怀孕、被迫绝育和其他形式的性暴力行为定义为战争罪和反人类罪。依据该规约成立的国际刑事法院主要是针对犯有种族屠杀罪、危害人类罪、战争罪、侵略罪的个人进行起诉和审判，其作为一个永久性的国际司法机构，突破了特别国际法庭审判机制的临时性、区域的局限性，其起诉机制也已经比较完善，因而，性暴力罪行将在国际刑事法院中接受公正的审判。不过，国际刑事法院的管辖权是一种补充管辖，其只有在有关国家不能够或不愿意对规约规定的国际犯罪进行切实地调查、起诉的前提下才可以行使管辖权，因而其在实际中的作用受到很多限制。

而从非洲大陆区域范围来看，在应对非洲大陆频繁发生的性暴力事件来看，卢旺达国际刑事法庭的设立应该说是一个巨大的成就。1994年11月8日，联合国安理会通过了第955号决议以设立起诉应对1994年1月1日至12月31日期间在卢旺达境内的种族灭绝和其他严重违反国际人道主义法行为负责者和应对这一期间邻国境内种族灭绝和其他这类违法行为负责的卢旺达公民的国际刑事法庭。依照1994年安全理事会第955号（1994）决议附件所载《卢旺达问题国际刑事法庭规约》的规定，灭绝种族罪的具体犯罪行为包括

"……强制施行办法，意图防止该团体内的生育"，① 即作为种族灭绝手段的性暴力行为。这意味着，武装冲突期间的性暴力不能再作为战利品，而可能构成能在国际法院进行起诉的国际罪行。该法庭的审判分庭将按战争罪、反人类罪和种族灭绝罪对性暴力罪犯进行检控和定罪。此外，2005 年成立的非洲人权和民族权法院是根据《非洲宪章关于建立非洲人权和人民权利法院的附加议定书》而设立的旨在补充和加强非洲民族权利和人权委员会职能的机构。根据该议定书，法院将有权直接管辖与"各个国家批准的人权文书"有关的案件。法院将不仅协助个人从创伤中恢复，还能起到重要的威慑和教育作用。法院也可以在包括性暴力在内的大规模侵犯人权的极端严重或紧急的情况下采取临时措施，以避免无法弥补的伤害。根据该议定书的规定，缔约国"承诺遵守"法院判决的其作为当事方的任一案件，并在法院规定的时间内，保证判决的执行。同时，法院被要求在其向非盟作出的年度报告中专门列出那些未能遵守其判决的国家，这也将对非洲国家起到震慑的作用。因此，非洲法院被认为可能是防止和制止非洲大陆发生的性暴力的一个有效区域性国际司法机构。不过，《非洲宪章》在处理非洲人权委员会与非洲法院之间的关系上仍考虑得不甚周全，根据《非洲宪章关于建立非洲人权和人民权利法院的附加议定书》的有关规定，在提起的案件的可受理性时，非洲法院可以请求非洲人权委员会给出意见，而非洲人权委员会应当尽快给出意见，但却没有限定"尽快"的期限，"这极易导致处理纷争时效率的降低和双方基于利益考虑而相互'踢皮球'的现象"，② 也将不利于案件的审理，使得遭受性暴力的妇女长期得不到公正的赔偿与补偿。

三、针对非洲妇女在武装冲突中遭受性暴力的法律对策

笔者以为，针对非洲妇女在武装冲突中遭受性暴力之人权保护存在的法律问题，相应地，我们也可以从国际立法层面和国际司法层面提出相应的法律对策。

（一）国际立法层面：明确国际人道法、国际人权法中对性暴力行为的定性

如上所述，根据《日内瓦第四公约》及其第一附加议定书，以及《世界人权宣言》对于性暴力的有关规定都显得过于宽泛，而且，有关性暴力罪行

---

① 参见 1948 年《防止及惩治灭绝种族罪公约》第 2 条，该公约为联合国大会 1948 年 12 月 9 日第 260A（Ⅲ）号文件，并于 1951 年 1 月 12 日生效。

② 章育良：《论非洲区域性人权保护机制》，载《河北法学》2007 年第 4 期。

并没有如《罗马规约》那样被明确纳入国际刑事法院的管辖权范围，更没有明确将强奸、性奴役、强迫卖淫、被迫怀孕、被迫绝育和其他形式的性暴力行为定义为战争罪和反人类罪，故可能在司法实践中造成性暴力犯罪"有罪不罚"的局面。因而，国际人道法、人权法的这些国际法律文件更应将武装冲突中性暴力的定义和具体表现形式纳入其明确定义的战争罪当中，只有将武装冲突中的性暴力犯罪纳入国际强行法的规制范围，才能使受到性暴力侵害的非洲妇女受到更好的保护，这样，不但受害妇女可以直接依据这些国际公约对罪犯进行起诉；国际和国内的司法机制也可以"通过补充战争犯罪行为、确立被害人享有获得赔偿的权利，强化对危害妇女行为的法律惩治"。①

非洲妇女在武装冲突期间不断遭受性暴力的侵害的事实提醒着人们：在非洲，现有的人道法规则正遭到公然违反，在武装冲突期间的性暴力问题仍是困扰非洲大陆的一个非常严重的现实问题。国际社会以及非洲区域尽管有针对性暴力犯罪行为的有关国际法律文件，但非洲区域组织和非洲各国国内仍然欠缺对这些国际法律文件的完善的执行机制。例如，对于那些侵害妇女人权的案件，有关法院判决的执行仍主要靠缔约国主动承担义务来施行，而很多缔约国却无法遵守这一义务，故常常出现有罪不罚，这些公约和文件也无法起到其应有的作用，因而在保护非洲妇女免受性暴力侵害方面往往显得力不从心。所以，非洲大陆不仅要采取有关具体措施使该区域以及非洲各国国内将武装冲突中的性暴力行为规定为严重的犯罪行为，而且还要制定一套切实可行的执行机制来确保其得到妥善执行，使违法者得到应有的惩处。

（二）国际司法层面：协调国内法院与国际刑事法院的管辖权冲突

关于国际刑事法院的审判权与国家主权的关系，应当明确的是，国际刑事法院不能凌驾于国家主权之上，不能违反国家主权原则而干涉一国国内管辖的任何事项，国际刑事法院不能替代国行使刑事管辖权，而只是起补充的作用；但国际法上的严重破坏国际人道法的行为或战争罪行，也绝不能因为一个国家没有能力或者没有意愿追究而让那些犯有国际法严重罪行的人逃脱惩罚。② 所以，国际社会应当协调好国内法院与国际刑事法院之间的管辖权冲突，明确如果国内法院与国际司法机构具有相同的管辖权，那么由国内法院优先行使；但当国内法院不愿意或不能够行使管辖权时，国际司法机构要积极地行使。同时，应当呼吁主权国家，尤其是非洲各国自愿地让渡部分对如武装冲突中的性

---

① 蔡悦：《武装冲突中妇女权利的国际法保护》，华东政法大学出版社 2010 年版，第 27 页。

② 参见朱文奇：《国际人道法》，中国人民大学出版社 2007 年版，第 417 页。

暴力罪行等反人道的国际犯罪的刑事司法管辖权，增强对国际刑事司法的信任，也能更好地惩处罪犯，维护国际安全和秩序。

如上所述，非洲人权与民族权法院可能成为防治非洲的武装冲突期间的性暴力犯罪的一个有效的机制，但由于非洲人权与民族权委员会对非洲人权法院的一些掣肘，使得非洲人权法院的作用可能得不到有效的发挥，因而要妥善处理非洲人权委员会和非洲人权法院之间的关系，对《非洲宪章关于建立非洲人权和人民权利法院的附加议定书》的相关条款进行修改，适当扩大非洲法院的权限，赋予非洲法院决定自己审理案件还是将案件或转移给非洲人权委员会来审理的权力，提高司法效率，使非洲法院的职能能得到更好的完善，也能使受害妇女能得到更及时、更公正的救济。

四、结论

毫无疑问，武装冲突中的性暴力长期以来都被视为是战争法上的战争罪行。武装冲突中的性暴力作为一种摧残妇女身心的残酷罪行已越来越受到国际社会的强烈谴责，国际社会对于妇女必须受到"特殊保护"以免遭性暴力侵害已达成了广泛共识，而非洲妇女在武装冲突中不断遭受性暴力侵害的问题也已越来越获得全世界的广泛关注。国际社会和非洲区域组织也为保护冲突中的妇女免遭性暴力侵害和威胁在立法和司法方面作出了许多努力，不过这条道路任重而道远，因为这在很大程度上取决于有关非洲国家及国内武装政治派别的政治意愿。正是在这种情况下，许多非洲国家和武装团体基于各种政治考虑，并没有针对武装冲突中妇女遭受性暴力侵害问题采取强有力的措施，相关立法和司法层面的问题依然存在，进而导致针对非洲妇女的性暴力事件依然频繁发生。有鉴于此，2008 年 6 月 19 日，安理会一致通过 1820 号决议，确认各国政府对保护平民免遭包括性暴力在内的袭击负有责任，要求武装冲突中的各方立即彻底停止针对平民的一切暴力行为，并采取适当措施保护妇女和女童免受一切形式的性暴力摧残。因此，对于非洲妇女在武装冲突中遭受性暴力侵害问题的解决需要国际社会和非洲区域的团结合作，尤其是非洲区域组织以及各国领导人应该高度重视这一问题，积极作出反应，并确保其保护妇女的法律得到执行，只有这样，才能有效制止武装冲突中针对非洲妇女的性暴力行为的频繁发生。

（载《广州大学学报（社会科学版）》2012 年第 5 期）

欧洲难民的人权之殇

鲜开林[*]　汪　祥^{**}

摘　要▶ 2015 年以来的欧洲难民危机对当今国际政治秩序和社会经济的稳定带来了巨大冲击和挑战，尤其对输入国的欧洲各国所造成的消极影响更为严重。由于地缘邻近、社会福利水平高、经济发达等因素，欧洲成为难民的首要选择，欧洲难民的人数持续增加。欧洲各国对难民问题所持的立场和所采取的政策不一致，使得欧洲难民问题持续发酵，难民问题并未从根本上得到解决，欧洲正在遭受着自"二战"以来规模最大的难民危机；另外，由于难民规模庞大、救援经费不足、非法偷运组织等因素的影响，难民的生命权、健康权、发展权、人格尊严权等基本人权受到严重侵害。全文将从欧洲难民危机人权之殇的表现、缘由以及出路等展开论述。

关键词▶ 欧洲难民　人权之殇　表现　缘由　出路

据联合国最新统计，目前全球超过 8000 万人需要紧急人道主义救助，难民人数已超过 6500 万，创"二战"后新高，其中来自叙利亚、阿富汗和索马里三国的难民占全球难民总数的一半以上。2015 年以来的欧洲难民潮的主体是战争难民。战乱、冲突和动荡是导致此次难民数量急剧增长的主要原因。欧洲难民危机不仅使全球经济的缓慢复苏蒙上了一层阴影，同时也使全球正经历着前所未有的人道主义危机。因此，在分析研究欧洲难民危机产生的原因基础上，合理应对欧洲难民问题，不仅是欧洲各国的共同责任，同时也是实现联合国"和平、发展、人权"三大目标和 2030 年可持续发展的迫切需求。

一、欧洲难民人权之殇的表现

由于以美国为首的西方国家的人道主义干预、恐怖主义势力泛滥、教派冲

---

* 鲜开林，东北财经大学马克思主义学院教授、东北财经大学人权研究与教育中心执行主任。

** 汪祥，东北财经大学马克思主义学院研究生，人权研究与教育中心研究人员。

突、种族斗争等因素，使得北非、中东地区国家的持续动荡，导致难民人数的持续增长，而对于此次难民危机的主要输入国的欧洲各国，在应对持续涌入的大量难民时所采取的不同立场和政策，使得大量的难民的基本人权无法得到有效的维护和保障。

欧洲难民的人权之殇主要表现在以下几方面：

1. 北非、中东地区国家的持续动荡，严重威胁欧洲难民的生存权。

"人人生而自由，在权利和尊严上一律平等。""人人有权享有生命、自由和人身安全。"① 生存权指在一定社会关系中和历史条件下，人们应当享有的维持正常生活所必需的基本条件的权利。这种权利的实现和有效维护意味着国家的社会秩序的稳定和经济的健康发展。但是，近年来，北非、中东地区国家由于西方国家的干预、恐怖主义势力的泛滥、经济发展的滞后、教派冲突等一系列因素的影响，导致北非、中东地区持续的动荡、战火连年，大量的平民在战争中死亡，公民的生存权利遭受严重践踏。以叙利亚为例，美联社 6 月 26 日称，叙利亚人权观察组织最新统计显示，叙利亚战争已至少造成 10 万人死亡。同时有资料显示，在叙利亚这场长达 27 个月的冲突中，平民死亡近 4 万人。难民的生存权利受到战争的严重威胁。

2. 以美国为首的西方国家奉行霸权主义和强权政治，严重侵害北非、中东国家和人民的发展权利。

"人的发展权利这意味着充分实现民族自决权，包括在关于人权的两项国际公约有关规定的限制下对他们的所有自然资源和财富行使不可剥夺的完全自主权。"② 任何国家及其公民都有权利根据本国国情选择适合本国的发展道路，同时对本国所有自然资源和财富行使不可剥夺的完全自主权，其他任何国家不得以任何理由干涉别国内政。

（1）在欧洲国家的围堵政策和人口走私贩的虐待的双重冲击下，难民的生命权遭到严重践踏。

生命权是公民的最基本人权，是公民享有其他一切权利的基础。欧洲难民危机爆发以来，由于输出国、中转国、输入国所采取的消极应对政策，以及偷渡路线的风险系数高、人口走私贩的虐待等一系列因素的影响，难民的生命权益遭受严重损害，具体表现为以下几个方面：首先，北非、中东地区国家的持续动荡，和平进程发展缓慢，使得大量公民暴露在战火之下，其生命权益受到严重威胁；其次，由于恐怖主义势力对欧洲一些国家发动恐怖袭击，使得欧洲

---

① Universal Declaration of Human Rights, 1948 年 12 月 10 日。

② Declaration on the right to development, 1986 年 12 月 4 日。

国家对难民的政策由包容转变为围堵，从而加大难民进入欧洲的危险系数，使得难民生命受到严重威胁；再次，大量难民滞留在土耳其、黎巴嫩等国的难民营，由于难民营的经费严重缺乏、医疗卫生水平落后、流行病的肆虐等因素，难民的生命健康违法得到有效保障；最后，人口走私组织活动猖獗，偷渡难民遭受人口走私贩的虐待，大量难民死于偷渡过程中。

（2）由于难民营的经费严重不足、基础设施落后、医疗卫生水平差等因素的影响，难民的健康权无法得到有效的维护和实现。

据联合国难民署在 2015 年 12 月 24 日所发布的报告，在黎巴嫩的叙利亚难民中有 70% 生活在贫困线以下，即每人每天不足 4 美元，90% 的叙利亚难民靠举债为生。2/3 的难民儿童一日三餐得不到保障，6 岁至 14 岁的难民儿童中只有 50% 能够入学，不少儿童被迫非法打工。显然，如果没有强有力和可持续的国际社会的人道主义援助，叙利亚难民的状况可能会更加糟糕。尽管黎巴嫩政府多次呼吁国际社会向黎巴嫩提供更多援助，然而 2015 年国际社会承诺给黎巴嫩的 18.7 亿美元的援助资金目前只有 49% 到位，难民在栖身之地、卫生设备以及健康服务等方面的情况堪忧。[①] 难民的健康权无法得到有效的维护和实现。

（3）由于难民的宗教信仰、生活习俗、受教育水平的程度等的不同，使得大量难民无法融入欧洲社会，难民的平等就业权和人格尊严权无法得到有效实现。

欧洲各国的的人口生育率普遍较低，这就导致欧洲老龄化越来越严重，对青壮年劳动力的需求较大。但是，一方面，由于大量难民来自经济落后地区，教育资源贫乏，难民整体的受教育水平低，使得大量难民无法达到发达国家的用工标准；另一方面，欧洲较高的福利水平是建立在发达的经济和较少的人口的基础之上的，许多欧洲民众认为，随着大量难民涌入欧洲，必然会导致欧洲公民福利水平的下降，同时由于难民的宗教信仰、生活习俗、受教育水平的程度等的不同，欧洲国家的许多民众对难民持排斥心理，使得大量难民无法融入欧洲社会，难民人格尊严权无法得到有效实现。

二、欧洲难民人权之殇的缘由

综观整个欧洲发展历史，可以看出欧洲历史上曾经出现过多次大规模人口迁移活动，而近现代第一轮欧洲难民潮可以追溯到 20 世纪 30 年代，德国"纳粹"政党推行的"反犹太主义"政策，对犹太人实行灭绝人性的大屠杀，从

---

① 参见联合国难民署统计数据，2015 年 12 月 30 日。

而导致了大规模的难民潮。而"二战"以后的欧洲移民主要是属于经济移民，西欧国家从 1950 年到 1973 年的年均经济增长率为 5%，经济的快速发展需要大量的劳动力，而"二战"以后西欧主要发达国家受战争的影响，劳动力普遍匮乏，随着工业化的进程加快和战后国家恢复的需要，通过各种政策和方式，西欧在这一时期输入了大量的移民和难民，有数据显示，在这一时期西欧的移民总数将近 1000 万人。但是，西欧虽有大量的移民和难民涌入，但是并没有产生明显的难民危机。此次欧洲难民危机不仅对欧洲各国发展造成了巨大冲击，而且也使全球正经历着前所未有的人道主义危机，因此，探寻此次欧洲难民人权危机产生的政治、经济、社会文化根源，合理妥善地解决难民人权危机，不仅是实现欧洲社会稳定和经济发展客观需要，同时也是实现国际社会的维护公民基本人权的必然要求。

（一）欧洲难民人权之殇产生的政治原因

此次欧洲难民之殇在难民构成上与欧洲历史上大规模的移民有着根本性的不同，历史上的大规模移民主要是以经济移民为主，而此次欧洲难民则主要是由战争难民、非法移民和经济难民为主，而其中战争难民占绝大多数，主要的输出地为中东、北非等战乱地区，中部非洲等贫困、欠发达地区以及欧亚比邻的巴尔干地区。这些地区的国家之所以成为此次欧洲难民的主要输出地，与以美国为首西方国家所推行的强权政治和"人道主义干涉合法"密切相关。

"冷战"结束以后，欧美等国家把首要的战略重点放在中东欧方面，而这一战略目标通过欧盟东扩和北约东扩已经基本实现，而对于在"冷战"期间，处于美苏争霸之间的中东、北非国家，欧美国家期望通过维持这些地区国家的"强人政权"来实现地区的稳定，进而通过"接触"战略来引导这些国家实现欧美国家所期望那种变化，即促使这些国家实现政治民主化、文化多元化和经济自由化，最终将这些国家纳入由西方所主导的世界体系之中。但是，近年来，北非、中东地区国家恐怖主义势力迅速扩张，不少国家陷入了政治动荡、地方割据乃至内战的状态，而此次欧洲难民危机正是这种状态的产物。以叙利亚为例，2012 年叙利亚内战爆发以后，叙利亚北部处于权力真空状态，这就为恐怖主义势力的渗入创造了有利条件。根据联合国难民署的统计数据显示，自 2011 年叙利亚内战以来，有将近 1100 万人逃离叙利亚，涌向周边国家。因此，从根本上来说，美欧国家对此次欧洲难民危机的发生负有不可推卸的责任。

（二）欧洲难民危机产生的经济原因

经济发展的落后同样也是此次欧洲难民危机产生的主要原因之一。从欧洲难民构成可以看出，难民主要是来源于中东、北非等经济发展落后地区，而这些地区的国家经济状况具有共性就是经济结构单一，缺乏完整的工业体系，国家经济对外依存度高，主要依靠对外出口矿产资源来维持国家经济的运转。同时，这些国家在历史上大多属于西方国家的殖民地，长期遭受宗主国的经济剥削，在实现国家独立以后，在现有的国际政治、经济秩序和规则，以及美欧国家对其的经济制裁下，导致中东、北非地区的国家经济发展的长期落后。2008年美国金融危机的爆发，对全球经济造成巨大冲击，而近几年来，由于全球经济整体的不景气，导致国际市场的大宗商品价格整体呈现下滑趋势，特别是石油价格快速下跌，进一步使中东、北非地区国家经济发展恶化，加剧了中东、北非地区国家的社会动荡。同时，由于国家经济发展的不景气，导致国民就业困难、收入水平低，从而加剧了社会矛盾，外加上这些地区长期存在种族冲突等，使得中东、北非地区国家的经济发展陷入了一种恶性循环，导致了大量难民的产生。而与之比邻的欧洲地区国家，经济发达、社会福利水平高、就业机会多等因素，使得欧洲成为难民的首要选择，导致大量难民以各种方式和渠道进入欧洲，特别是西欧地区的国家。

（三）欧洲难民危机产生的社会原因

"二战"结束以后，教派冲突与族群分裂逐渐成为中东、北非地区所发生的局部战争、社会动荡和难民产生的直接动因。此次欧洲难民危机发生同样也带有明显宗教冲突的特征。从欧洲难民的人员构成上来看，此次难民的输出国主要来自伊拉克、叙利亚和阿富汗，这些国家都是信奉伊斯兰教的伊斯兰国家，而接纳这些难民的国家主要信奉基督教。从难民产生的原因来看，此次难民危机带有显著的宗教冲突烙印。亨廷顿在《文明的冲突与世界秩序的重建》一书中曾描绘未来伊斯兰文明与基督教文明的对立与冲突。"从现代宗教文化的视角来看，无论是处于西方的欧洲基督教文化，还是处于东方的伊斯兰教文化，都产生于同一地区、同一伟大的圣城——耶路撒冷，都是人类创造的宗教文化的两颗璀璨的明珠。但是，从历史上来看，这两种不同的宗教文化所影响的世界——穆斯林世界和西方世界，却处于长期的敌对状态，并直接影响了两个世界的民众的社会心态。"[1] 2015 年 11 月 13 日发生在法国，由叙利亚难民发动的，针对法国和西方基督教世界"巴黎恐怖袭击案"，则更加印证了此次难民危机的宗教冲突色彩。

---

[1] 宋全成：《欧洲移民研究：20 世纪的欧洲移民进程与欧洲移民问题化》，山东大学出版社 2007 年版，第 280 页。

三、欧洲难民人权之殇的困境

难民的基本人权是否能得到实现和有效的保障主要取决于难民危机的解决，而欧洲难民危机能否得到缓解甚至最终的解决，主要取决于输出国、输入国、中转国以及国际社会等各方的努力和合作。从目前的状况来看，欧洲难民危机不仅没有得到有效的缓解，反而呈现愈演愈烈的趋势。欧洲各国在应对难民危机的问题上则持不同的立场，使得欧洲难民危机的解决变得遥遥无期。

第一，叙利亚、伊拉克等输出国的局部战争和冲突，没有任何缓解的迹象，从而使更多当地居民加入到国际难民的队伍之中。根据联合国难民署统计数据显示，截至 2015 年 12 月 29 日，共有 1000573 名难民和移徙者经由地中海和陆路抵达希腊、保加利亚、意大利、西班牙、马耳他以及塞浦路斯等欧洲国家寻求庇护。数据显示，2015 年逃离至欧洲的人中一半民众是逃离战争的叙利亚人，20% 来自阿富汗，伊拉克人占 7%。[1] 自 2015 年欧洲爆发难民危机以来，难民人数不仅没有减少，反而有继续增长的趋势，其根源在于难民的主要输出国——叙利亚、阿富汗和伊拉克等国家的政治局势持续动荡，恐怖主义势力泛滥，从而使难民人数持续增加。以叙利亚为例，叙利亚政府军与反对派武装之间的战争已经持续了 5 年，而这种战争状态在近期并没有任何改善的迹象，2017 年 9 月中旬在美俄的斡旋下，叙利亚政府和反对派武装达成的停火协议，最终以 10 月 19 日叙利亚政府单方面宣布结束停火而告终，随即在俄罗斯的协助下恢复轰炸阿勒颇。而美俄双方都指责对方对此次破坏停火协议负有主要责任，而使得实现叙利亚的和平和稳定变得遥遥无期。这必然会使得欧洲难民人数进一步增加。

第二，作为输入国的欧洲各国在处理难民危机这个问题上持不同立场，缺乏协商一致处理机制，各国之间缺乏合作精神，从而使得欧洲难民危机问题愈演愈烈。欧洲大部分国家都是《申根公约》和《都柏林协定》的签署方，而作为欧洲避难体系中的重要条约，都对难民的迁徙和难民的安置作了相关的规定，而欧盟在处理难民危机的主要立场主要体现在"都柏林主义"的"第一入境国"和"安全第三国"这两个核心原则上，然而，随着大规模难民持续涌入，将难民遣返至第一入境国的"都柏林主义"被认为缺乏可操作性了。欧盟委员会曾经也希望各成员国能够齐心协力地应对此次欧洲难民危机，因而，在 2015 年 5 月，欧盟委员会主席容克提出，欧盟按国土面积、人口数量和经济发展状况来解决涉及 4 万名难民的安置问题。9 月 10 日容克进一步提

---

① 参见联合国难民署统计数据，2015 年 12 月 30 日。

出由 22 个欧盟成员国共同分担 16 万名难民（新的配额 12 万名，5 月的 4 万名），加快难民的申请速度，提高遣返机制，并从根源上解决难民问题。[1] 容克随后指出，几乎每一个欧洲人都是难民，给难民庇护权，是维护他们基本人权的一部分。[2] 然而，难民配额的执行情况不佳。截至 2015 年 11 月初，仅有 116 名难民从希腊和意大利被转移安置到其他欧盟成员国。[3] 尽管欧盟委员会主席容克和德法领导人多次呼吁各国应该加强合作，携手共同应对欧洲此次难民危机，但同时也存在一些国家反对接纳难民，所以欧盟的配额计划在具体的实行过程中步履维艰，并且远远未达到预期的效果。2015 年 11 月 13 日晚 9 点左右，在法国发生的恐怖袭击事件，使欧洲难民危机的解决蒙上一层阴影。根据皮尤研究中心（Pew Research Center）的一项研究表明，半数的欧洲人认为，难民增加了恐怖袭击的风险。[4] 这必然会使欧洲民众对难民产生排斥情绪，使得难民的安置计划更加难以获得民众的支持。同时，由于欧洲难民主要来自叙利亚、伊拉克等伊斯兰国家，其宗教信仰、生活习俗、语言和受教育水平不同，导致难民很难融入欧洲社会，这必然会增加安置国的社会不稳定因素，从而政府的安置计划变得困难重重。

第三，依据欧洲边防局提供的 2014—2015 年 9 月（1—7 月）进入欧洲的相关数据，目前西亚、北非地区国家的难民进入欧洲主要是通过三条线路：地中海中线（从突尼斯和利比亚进入意大利）、地中海东线（从土耳其进入希腊）、巴尔干西线（从希腊到欧洲国家的匈牙利等）。这其中的土耳其境内有将近 300 万名来自叙利亚、伊拉克难民，大量难民滞留土耳其必然会大幅增加土耳其的财政负担，同时这必然会影响土耳其社会经济的正常运转，而在 2015 年 11 月 29 日举行的"欧盟－土耳其峰会"上，欧盟和土耳其达成协议，由欧盟向土耳其提供 30 亿欧元，以帮助土耳其应对其境内大量涌入的叙利亚难民问题。但在 2016 年 2 月，土耳其总统埃尔多安指责欧盟并未兑现当初的

---

[1]　Jean－Claude Juncker, State of the Union 2015：Time forHonesty, Unity and Solidarity, Sept. 9, 2015.

[2]　Jean－Claude Juncker, State of the Union 2015：Time forHonesty, Unity and Solidarity, Sept. 9, 2015.

[3]　应对难民危机，欧盟进展缓慢，载 http：//news. xinhuanet. com/world/2015－11/05. /c_ 1117053296. htm（访问时间：2015 年 11 月 6 日）；Jean－Claude Juncker, State of the Union 2015：Time forHonesty, Unity and Solidarity, Sept. 9, 2015。

[4]　载人民网，http：//world. people. com. cn/n1/2016/0727/c1002－28590429. html，2016 年 7 月 27 日。

承诺，导致土耳其政府威胁"放任"难民入欧。① 虽然近期欧盟和土耳其达成的新的难民协议，欧洲难民危机问题并未从根本上得到解决。同时，大量难民通过各种方式和渠道在进入欧洲的过程中，难民的生命权和健康权等基本人权无法得到基本的保障，受欧盟和土耳其达成的新的难民协议等因素的影响，根据国际移民组织统计，2016 年经由地中海前往欧洲的难民死亡人数将创下新高，至少达到 3120 人，而这个数字还在不断增长。因此，通过围堵和遣返难民的方式，使大量难民滞留在土耳其、也门等地方，只是延缓大量难民进入欧洲的速度，并不能从根本上解决欧洲难民问题，随着难民人数的持续增加，这种解决措施很难有效的应对。

第四，国际组织在此次欧洲难民危机中发挥了重要作用，但是国际组织之间的合作也存在着自身不可克服的局限性。目前，除了主权国家以外，联合国难民署和其他国际组织、非政府组织在应对难民危机的过程中发挥着重要作用。一方面，联合国难民署、国际移民组织以及一些人道主义援助机构等在土耳其、也门等大量难民滞留的地方设置援助点，通过向难民提供饮用水、食品、医药等人道主义援助，在一定程度上改善了难民的生存状况；另一方面，国际组织通过相关会议推动组织的参入国之间的合作，为达成应对难民问题的相关协议发挥建设性作用。任何国际组织必须在组织的协议框架和国际法律文件规定的范围内展开相关活动，但是，至今尚无一部有约束力的国家法律文件要求国家和国际组织必须在难民失误方面进行合作，分担责任。② 国际合作的原则和精神几乎是所有难民相关文件中必不可少的内容。1982 年联合国难民署的第 22 号决议指出，各国应该在国际团结和责任分担的框架下，帮助接收大量难民涌入的国家。③ 2004 年联合国难民署的第 100 号决议，专门讨论了大规模人员涌入的情况下的国际合作和责任的分担。④ 虽然这些决议建议各国对

---

① 载新华网，http：//news. xinhuanet. com/world/2016 – 02/13/c＿ 128714018. htm2016 年 2 月 13 日。

② 参见刘国福：《国际难民法》，世界知识出版社 2014 年版，第 156 页。

③ 参见 A Thematic Compilation of Executive Committee Conclusions, UNHCR ExCom, No. 22 （XXII）（1981），p. 313，http：//www. unhcr. org/cgi – bin/texis/vtx/home/opendocPDF-Viewer. html? docid = 53b26db69&query = A% 20Thematic% 20Compilation20of% 20Executive% 20Commit tee% 20Conclusions，2016 – 1 – 21。

④ 参见 A Thematic Compilation of Executive Committee Conclusions, UNHCR ExCom, No. 100 （LV）（2004），p. 316，http：//www. unhcr. org/cgi – bin/texis/vtx/home/opendocPD-FViewer. html? docid = 53b26db69&query = A% 20Thematic% 20Compilation% 20of% 20Executive% 20Commit tee% 20Conclusions，2016 – 1 – 21。

接收国提供相应的帮助，也鼓励各主权国家通过相互协调和合作，从根源上解决造成大规模难民的原因，但是这所达成的决议对各主权国家并没有任何实质性的约束力，因此，各主权国家在应对此次难民危机时，各行其是，缺乏有效的合作。各种国家组织由于自身的经济实力的限制，在应对此次大规模难民过程中，显得力不从心，如联合国难民署的几乎全部活动经费来自捐款，其决议或指导原则也没有实质性的约束力，无法左右主权国家的难民政策。因此，国际组织在解决难民危机中的作用依然是有限的。

四、欧洲难民人权之殇的出路

当今世界是一个紧密相连、休戚与共的"人类命运共同体""人类利益共同体"。因此，此次欧洲难民危机，不仅对欧洲各国的经济发展和社会稳定造成冲击，同时也为构建创新、活力、联动、包容的世界经济秩序，实现"谋共同永续发展，做合作共赢伙伴"的目标提供了机遇和挑战。欧洲难民危机的最终解决需要全球各主权国家携手并进和国家合作来共同应对。作为遭受此次难民危机冲击最为严重的欧洲各国，在未来解决难民问题的过程中必须发挥建设性作用，而不是在难民问题的处理上采取隔离等做法，"隔离虽然可以缓解欧盟难民危机的压力，但不能从根本上化解这一危机，甚至可能导致更大的人道主义灾难，这与欧盟的核心价值观是完全背离的"。① 因此，寻求解决欧洲难民危机难题和全世界利益的最大公约数，是欧洲各国乃至全世界的当务之急。具体说来：

（一）发挥大国作用，促进中东、北非等地区国家的和平稳定，有效实现和维护该地区国家和公民的发展权利

"发展权利是一项不可剥夺的人权，由于这种权利，每个人和所有各国人民均有权参与、促进并享受经济、社会、文化和政治发展，在这种发展中，所有人权和基本自由都能获得充分实现。"现行的国际政治秩序、经济秩序等国际规则和条款主要是由西方国家主导的，大多以本国利益和意愿为基础而制定的。而广大的发展中国家仅仅作为国际规则和国际组织的参与则，而非政策的制定者，在国际贸易和对外交往中往往处于不利地位，这在很大程度上损害了广大发展中国家的发展权利，经济基础决定上层建筑，社会秩序的是否稳定很大程度取决于经济的发展水平，而此次难民危机的主要输出国的经济发展都存在较

---

① 参见《难民申请成千上万欧盟遭遇前所未有挑战》，载《人民日报》2015年12月30日。

大问题。因此，欧洲难民危机的缓解甚至根本上的解决，最终依赖于中东、北非地区国家能否实现经济的稳定增长和社会秩序的稳定，而要实现中东、北非地区的发展和稳定，则需要从以下几方面着手：首先，经济发达国家必须充分维护和保障广大发展中国家人民的发展权利。"发展权利是一项不可剥夺的人权""人的发展权利这意味着充分实现民族自决权"，充分尊重中东、北非地区的国家自主选择适合本民族的发展道路。其次，加大与中东、北非地区国的反恐合作，打击该地区的恐怖主义势力，促进不同政治势力的和解，实现该地区的和平与稳定。最后，逐步推进国际政治、经济秩序和规则的改革，提升广大发展中国家在国际规则制定过程中的话语权，维护广大发展中国家的发展权利。

（二）实现人道主义的价值反思，维护欧洲难民的基本人权，履行国际责任

所谓人道主义，是重视人类的价值，特别是关心人的生命、基本生存状况的思想，关注人的幸福，强调人类之间的互助、关爱。《联合国人权宣言》也强调"人人享有生命、自由和人身安全""人人有权在其他国家寻求和享受庇护以避免迫害"等各项基本人权，而西方国家在应对难民问题时依然采取的是双重标准。英国外交大臣戴维·米利邦德（David Miliband）认为，在这个时代，国家仍是相互联系世界的基本构成单位，但是国家的对内行为和对外行为不再是毫不相干的。他认为，"当国家不仅要留意本国公民的本土需要，还要承担关心其他国家公民的国际义务时，国家主权就变成了责任主权"，"在一个相互依赖加深的世界里，我们需要实施责任主权"。[1] 各主权国家作为"命运共同体""利益共同体"的重要组成部分，世界的和平和稳定离不开各国的共同努力。因此，西方国家必须对其人道主义价值进行必要的反思，与各国携手，共同应对和解决欧洲难民危机。

（三）欧洲各国应携手并进，建立统一的难民处理机制，实现和维护难民的人格尊严权和平等就业权

欧洲难民危机爆发以来，以都柏林程序为核心的欧洲避难体系在应对此次难民危机陷入部分失灵，而欧洲各国在处理难民问题上难以形成一致的应对策略，特别是在法国巴黎发生的恐怖袭击以后，在难民安置问题上，法国、德国、奥地利等国家开始收紧其难民政策，而东欧各国更是对难民采取封闭、隔离和威慑等强硬措施，并且在难民摊派问题上捷克、斯洛伐克、匈牙利等国持抵制态度。根据联合国难民署相关部门的预测，未来以各种方法和渠道涌入欧

---

[1] 刘坤喆：《英外交大臣米利班德：英国将全力参与北京奥运会》，载《中国青年报》2008 年 3 月 3 日。

洲的难民人数将会持续增加，这必然会给欧洲各国的政治、经济和社会生活带来巨大冲击。因此，建立科学合理的难民处理机制，妥善处理欧洲难民问题，是实现欧洲稳定的当务之急。具体说来，应该从以下几方面着手：首先，欧洲议会应加强与各成员国沟通，完善政策法规和难民安置体系，提升难民安置效率。欧洲现行的政策法规和难民处理机制，在应对此次大规模难民危机过程中，陷入部分失灵状态，极大地降低了难民处理效率。因此，欧洲议会必须调整现行难民安置体系中缺乏可操作性的条款，并完善相关政策法规。欧洲议会在制定相关条款时必须明确各成员国的责任，设定硬性指标，防止互相推诿和拒不执行等行为，同时，为各成员国在处理难民问题上提供政策指导和操作规程，提升难民安置效率。其次，完善难民安置点的管理，加强对难民身份的甄别，防止恐怖主义势力的渗入，维护社会稳定。再次，在难民安置点安排相关的社会工作者，为难民融入当地社会生活提供指导和帮助。最后，加强对难民安置地区居民的宣传和教育，加深当地居民对难民的生活习俗、宗教信仰等的了解，避免当地居民与难民之间的冲突，缓解当地居民对难民的排斥，维持当地治安的稳定。

（四）增加对土耳其、黎巴嫩等国家的援助，改善难民营生活状况，维护和实现难民的生命健康权

2011 年叙利亚内战爆发以来，将近 1100 万叙利亚人背井离乡，涌向周边地区，由于地缘邻近、社会福利水平高、经济发达等因素，大量难民以各种方式和渠道进入欧洲，但由于穆斯林难民很难在西方国家获得文化和身份的认同，再加上通往欧洲的通道困难重重，使得更多的难民选择逃亡语言相通、文化相近的中东国家。根据目前联合国西亚经济社会理事会和国际移民组织发布的报告显示，土耳其接收了大约 230 万名难民。截至 2015 年 7 月，逃到黎巴嫩的叙利亚难民人数为 1186125 人。截至 2016 年 1 月在黎巴嫩的巴勒斯坦难民人数为 449957 人，此外还包括自 1990 年至 1991 年海湾战争、2003 年开始的伊拉克战争逃到黎巴嫩的难民。截至 2013 年底，在黎巴嫩的难民人数占黎巴嫩总人口的 26%。截至 2014 年年底，黎巴嫩成为世界各国接受难民人数第二多的国家。上述难民中女性人数占难民总数的 47.65%。而这些国家的整体经济规模较小，难以维持规模庞大的难民生活支出。因此，必须发挥国际组织的桥梁作用，加强发达国家与土耳其、黎巴嫩等国家的沟通和合作，加大发达经济体对相关国家的经济援助，以改善难民安置点的生活水平和医疗条件，提高难民的安全感和归属感，从而缓解欧洲难民压力。

（载《广州大学学报（社会科学版）》2017 年第 3 期）

人权教育

高校人权教育中存在的问题及其完善

陈佑武 [*]

摘　要▶ 高校人权教育存在的问题主要表现在：人权教育的学科地位偏低、渗透方式有限、开展人权教育的大学偏少、接受人权教育的学生不多、授课老师学科背景多元化、课程形式与内容五花八门、人权教育的方法比较单一、人权教育的义务主体缺失、人权教育中人权信仰缺乏等方面。要改进这些问题，应当提高对高校人权教育的认识、发挥国家在高校人权教育中的作用、加强人权教育的学科建设与夯实高校人权教育的信仰基础。

关键词▶ 高校　人权　人权教育

一、高校人权教育中存在的问题

中国高校人权教育在突破观念与意识形态的壁垒后，在两个层面逐步开展：一是正规人权教育，即对高校全日制学生所开展的人权教育；另外就是非正规人权教育，即高校对社会各界成员所开展的专门针对性培训。自联合国人权教育 10 年以来，这两类人权教育几乎同时在中国展开，是当下中国高校人权教育的主要表现形式。

（一）正规人权教育中存在的问题

1. 人权教育的学科地位偏低

人权教育在大学教育中能否受到重视，与人权教育的学科地位密切相关。一般而言，人权教育的学科地位越高，就越能得到重视，反之亦然。当前，人权教育被作为一种法学教育来对待，人权教育的学科地位主要是指其在法学学科中的地位。在法学学科中，人权教育的表现形式就是人权法学，而人权法学在法学专业课程里并非核心课程。尽管 21 世纪初，教育部法学学科教学指导

＊　陈佑武，广州大学教授。

委员会曾讨论过是否将人权法学课程列为核心课程问题，但时至今日仍未见成效。① 不可否认，由于人权法课程目前的学科地位，致使大多数高校难以开设人权法课程。这一局面从根本上制约了人权教育在高校开展的广度与深度，是当下人权教育在高校推行不力的重要因素。

2. 人权教育的渗透方式有限

当人权教育在法学学科中地位偏低时，推行人权教育的一个有效途径就是进行渗透式教育，即在其他学科与其他教育活动中加入一定成分的人权教育。通俗来讲，这种人权教育方式可以称之为"卖一送一"。然而，在讲究学科专业化的时代，各个学科的知识体系壁垒森严，这种学科专业教育基本上使得人权教育无处可渗。比如，教物理、化学等专业性很强课程的老师根本不可能夹杂太多的人权内容，否则就会被视为不务"正业"。因此，如何在现代学科严谨与逻辑的分类体系里有效地渗透进人权教育内容是今后有待深入研究的问题。

3. 开展人权教育的高校偏少

对于人权意识的传播与发展而言，开展人权教育的高校是越多越好，多多益善。然而，现实并非如此。目前一些高校有限的人权教育也主要是由法学院系来倡导。据统计，"全国共有 1600 多所普通高等学校，300 多所法律院系，其中开设专门的、独立的人权法课程的法律院系只有大约不超过 15 家，还不到所有法律院系的 5%"。② 尽管最近又有了新的变化，但据 2008 年 10 月 31 日至 11 月 2 日由北京大学法学院人权与人道主义法研究中心举办的中国高校人权教育第一届年会的信息显示，现在全国各高校已开设人权课程的单位也仅 30 家左右。

4. 接受人权教育的学生不多

在现代社会，人权教育是形成人权文化的必经之途。每一个接受人权教育所洗礼的个体乃是人权文化的积极倡导者与实践者，这些接受了人权教育的个体也是民主社会的中坚分子，他们是未来社会的希望。1977 年恢复高考以来，高校累计招生人数已达 5000 多万人，这些人中接受过人权教育的极为有限，而且主要集中在法学专业。

人权教育的缺失在很大程度上导致了大学毕业生的人权意识淡薄，对他人也比较冷漠，这不得不说是我国高校教育的一个重大失误。可见，纠正高校教

① 参见孙世彦：《中国大学的人权法教学——现状与展望》，科学出版社 2009 年版，第 51 页。

② 孙世彦：《大学法律教育中人权法教学的现状与思考》，载《人权》2005 年第 6 期。

育失误的一个重要方面就是要让更多的大学生接受更多的人权教育，这也是今后形成普遍人权文化的一个必然要求。

5. 授课老师学科背景多元化

授课老师多元化的学科背景也是当前人权教育的一个现实。除了占主导地位的法学学科背景的老师外，哲学、社会学、历史学等学科背景的老师也在不同程度上参与到人权教育中来。这就给我们提出了一个问题，对从事人权教育的老师需不需要设立一个统一的门槛？如果要，则设立这一门槛又需要哪些标准？换言之，这一问题集中体现在从事人权教育老师应当具备的两个方面基本素质：一个是人权素养问题。从事人权教育的老师应当具备最基本的人权素养，如平等、理性的品质。另一个是专业素养问题。从事人权教育的老师应当具备最基本的人权知识，否则又何以教育学生？

6. 课程形式与内容五花八门

人权教育是通过一定的课程形式与内容体现出来的，这种形式与内容不仅表征了一个国家在一定时期人权教育的水平，也彰显了一个国家对人权的基本态度。就课程形式而言，目前人权教育课程的取名五花八门，形式繁多，如人权原理、人权法、人权法学、国际人权法等。同样，其课程内容的设置也是千差万别。授课老师往往从其专业背景或研究兴趣出发来确定课程内容。如有的老师的专业是法学理论，则其课程内容里法理的内容居多；有的老师的专业是国际法，则其课程安排里有关国际人权条约的内容居多；相应的，研究宪法与行政法的老师则倾向于将这方面的内容多安排。因此，要不要统一规范人权课程就成了一个问题。对此问题的回答大体上有两种观点：一种观点是"否定说"，即认为目前不宜统一规范课程内容。这主要因为我国人权教育才刚刚兴起，需要一个较长时间的自我发展过程，只有人权教育发展到了一定程度，统一规范才显得富有意义，否则不利于当下人权教育的发展。另一种观点是"肯定说"，即认为统一规范课程内容是必要的。其主要理由在于如果人权教育都是由老师们自说自话，缺乏基本的一致性，将会使得学生无所适从，不仅不利于人权意识的养成，反而会对学生产生误导。

7. 人权教育的方法比较单一

目前，人权教育方法主要是沿袭了传统的讲授型教学模式，这种讲授型教学的长处在于有利于系统与全面传授人权知识，方便人们了解人权知识体系的全貌。然而，这种教学模式能否足以养成人们的人权意识值得反思。人权意识的形成是一个复杂的历史过程，这其中既有个人情感的细微体验，也有整个社会环境的宏观变化。这就要求人权教育的方法必须形式多样，因地因时因人制宜。通过方法的灵活运用，使得受教育者能还原到各种可能的生活场景中，自己去体验、感受、思考、反思各种人权问题，从而使自身的人权意识获得积极的发展。这些方法显然也是目前人权教育中所缺失的，这也从方法上制约了人权教育的发展。

8. 人权教育的义务主体缺失

人权教育的主要义务主体责无旁贷是国家，然而，当下承担高校人权教育的实际义务主体主要是教师个人。有的教师是出于对人权比较感兴趣就向学校申请开设人权方面的选修或辅修课程，而不是学院或学校的课程设计上有统一的要求。这就产生了一个问题，即如果得不到上面的批准或者学生选课人数达不到开课要求则这个老师就无法开设人权课程。因此，由于国家义务的缺位导致了教师个人申请开设人权课程具有不确定性，要改变这一局面就必须要求人权教育的义务主体归位。国家承担起大学人权教育的义务主要是通过各所高校来实现的。各所高校应将人权课程纳入学校的教学计划，这就实现了高校人权教育的义务主体的归位，这将对普遍人权文化的形成起到极大的促进作用。

9. 人权教育中人权信仰缺乏

我们正处在一个法治时代，法治的要求是我们必须树立起对法律的信仰，这正如伯尔曼所言："法律必须被信仰，否则它将形同虚设。"[①] 人们之所以信仰法律乃在于法律的神圣目的是保障人权，因而法律信仰的深层价值就是人权信仰。从这个逻辑出发，人权信仰实际上构成了法治社会的终极信仰。以往法律运行之不顺、人权保障之不力的一个重要原因就是法治信仰与人权信仰的缺乏，这也构成了目前高校人权教育处处受制的信仰因素。

（二）非正规人权教育中存在的问题

上述在正规人权教育中存在的问题一定程度上在非正规人权教育中同样存在。当然，非正规人权教育存在其特定的问题，突出表现为如下几个方面：

1. 人权培训经费的来源渠道较少

非正规人权教育与正规人权教育的一个显著不同在于非正规人权教育的经费需要举办方来筹措，学校一般不会负担此项经费支出。为此，非正规人权教育的举办方往往通过与一些单位、机构甚至个人签署横向合作课题的形式来开展人权培训。现在这种以人权培训为目的的培训项目主要是在国内的有关科研院校与国外机构之间的合作，比如丹麦、挪威、瑞典以及欧盟的一些机构与国内相关机构的合作就比较活跃。但是，这种以人权培训为目的的横向合作项目

---

① ［美］伯尔曼：《法律与宗教》，梁治平译，生活·读书·新知三联书店1991年版，第28页。

实际上极其有限，远远满足不了社会经济文化对人权培训所提出的实际要求。因此，如何筹集更多培训经费，促进人权培训，将直接影响到中国高校非正规人权教育的发展。

2. 承担人权培训的机构不多

一次成功的人权培训需要完成出色的组织协调工作。这种工作包括培训论证、项目申报、学员联络、教员聘请、课程设计、食宿安排、会场布置、费用报销、经验总结等。这就要求人权培训举办方要有处理这些问题的组织保障与能力保障。组织保障指举办方必须要有足够的人员与时间为人权培训服务，使得人权培训能有条不紊地开展；能力保障指举办方具有足够的经验处理人权培训中可能产生的种种问题。基于此种要求，举办人权培训的大学机构需要具有一定的人员组成，并具有一定的独立性与自主性，否则便难以胜任此项组织工作。这些年一个成功的经验就是成立人权研究机构，让它担负起人权培训的责任。与整个人权培训的社会需求相比较，目前承担起人权培训工作的人权研究机构数量偏少，这需要进一步改进与完善。

3. 大学对人权培训的支持力度有待提高

根据近十年人权培训的经验教训，人权培训需要得到培训机构所在高校的大力支持，否则很难开展。但是，人权培训究其本质实际上是一种社会培训，与高校正规教育之间不存在必然的联系。藉是之故，高校很难名正言顺地大力支持人权培训，这是大部分高校在人权培训方面存在欠缺的原因所在。为进一步推进人权培训，改善高校对人权培训的支持力度刻不容缓。

当然，除了以上这些问题外，还有一些因素从整体上掌控了当下的人权教育，这些便是经济、政治、文化等因素。总体而言，中国高校的人权教育不可能超脱经济、政治、文化的宏观环境而自我发展，而应当是与整个政治生活与社会生活密切相关。

二、改善高校人权教育的若干建议

（一）提高对高校人权教育价值的认识

所有的人权教育都有一个基本的功能和价值，即培养人们的人权观念。这一点在《世界人权宣言》得到了明确的阐述，即该宣言第 26 条所作的规定："教育的目的在于充分发展人的个性并加强对人权和基本自由的尊重"。就此而言，提高对高校人权教育价值的认识关键在于要在高校教育中树立起尊重和保障人权的观念。高校教育不仅仅是知识与技能的传授，更在于人格的培养。而要培养健全的人格、高尚的品质是与人权教育不可分割的。人权教育本质上就是使人成其为人的教育、使人成其为一个现代公民的教育。首先，人权教育是对人权知识的传授。通过人权教育，人类在人权问题上业已取得的普遍共识得以传承与发展，这也构成我们社会不断趋向文明的知识基础。其次，通过人权教育，人们以人权方式处理人权问题的能力得到了训练与提升。最后，通过人权教育，人们的人权素养得以养成，社会的人权文化也得到培育。可见，人权教育在高校教育中占据着极为核心的位置。因此，高校教育必须重视人权教育，高校里面的老师与学生应当要具备这种意识，尤其是学校的领导层对此更要有深刻的认识。我们应当牢记，作为当代一流的大学，不仅仅有一流的大师与一流的学科，更应培养学生一流的人权意识。

（二）发挥国家在高校人权教育中的作用

一是通过立法保障人权教育。立法保障人权可以通过增加人权教育条款的形式或者制定人权教育的专门法律来进行。有了法律的专门规定，高校人权教育就得到了有力的立法保障。

二是通过政府机关保障人权教育。政府有关部门制定国家人权教育行动纲领；在高校教育中逐步普及人权课程，应当将人权法学课程列入法学专业的核心课程；开展人权宣传活动；开放人权资源，设立人权资料、教育、培训中心与人权博物馆；设立与人权教育有关的基金等。这些措施已经逐步采取。例如，2009 年 4 月 13 日国务院新闻办公室发表了《国家人权行动计划（2009—2010 年）》，指出将选取若干高等院校进行人权教育的调研，鼓励高校学者开展人权研究，推动制定高等院校人权教育规划。鼓励高等院校面向本科生开设人权公共选修课，面向法学专业本科生开设人权法课程。推进人权法教材的编写以及教学课件的开发。选取若干开展人权教育较早的高等院校作为人权教育培训基地。有重点地开展针对公职人员的人权教育培训，特别是针对公安、检察院、法院、监狱、城管、行政执法机构等特定执法机构人员的人权教育培训。各执法部门根据自己的工作特点制定人权教育培训计划，加大对人权保护方面的法律法规的宣传教育，推动人权知识教育常态化、经常化、制度化。组织专家编写人权培训专门教材。选取一些有条件的国家机关和城市作为人权教育培训的示范单位，进行跟踪监测。

三是通过司法保障人权教育。从人权视角而言，人权教育实际上也是一项人权，是受教育权体系内的一项权利。作为一项权利，应当可以通过司法来救济。由于人权教育在我国刚刚起步，相关法律制度比较欠缺，因此通过司法保障人权教育尚难以操作。

（三）加强高校人权教育的学科建设

第一，提升人权教育的学科地位是加强人权教育学科建设的有效途径。依据人权教育在中国高校教育中发展的实际情形，整个步骤可以分两步走：一是当务之急在于提高人权教育在法学教育中的地位。这正如张文显教授所言："对学生进行人权教育抓住了法学教育的关键。"① 二是提高人权教育在整个高校教育中的地位。提高人权教育在法学教育中的地位可通过以下途径：（1）根本性办法就是教育部将人权课程列为法学核心课程；（2）各法学院系可以将人权课程列为必修课程；（3）各法学院系可以将人权课程列为选修课、辅修课程。提高人权教育在整个高校教育中的地位则可以考虑将人权课程以类似"两课"课程的形式在高校开设。

第二，建立具有现代人权意识的师资队伍是加强人权教育学科建设的组织保障。人权教育的发展要依靠从事人权教育的教师，因此，加强从事人权教育的师资队伍建设是一个极为现实与紧迫的问题。

第三，完善人权教育的基本内容与知识结构是加强人权教育学科建设的知识基础。尽管当下不宜在人权教育的内容上进行统一规范，但就其基本内容形成一个框架式的共识仍然是必要的。

（四）夯实高校人权教育的信仰基础

夯实高校人权教育的信仰基础的关键就是树立人权意识、培育人权文化。只有在一个人权意识潜移默化与人权文化繁衍滋长的环境里，人权教育才能薪火相传、生生不息。

（载《广州大学学报（社会科学版）》2010 年第 1 期）

---

① 孙世彦：《中国大学的人权法教学——现状与展望》，科学出版社 2009 年版，第 111 页。

人权教育纳入中小学九年义务教育体系探论

仇春川 *

摘　要▶ 在中小学九年一贯课程中，以融入课程的方式对学生进行人权教育，是未来现代化公民必备的素养。将人权教育纳入中小学九年义务教育体系十分必要，也是可行的。人权教育的核心价值理念与我国现行国民教育方针具有一致性，其指标体系也是我国青少年健康成长的必备素质能力。人权教育的方式方法正确实行，可以与我国现行中小学教育实践相互促进、相得益彰。建立人权教育纳入中小学九年义务教育体系的保障机制，一要政策推动，二要统筹规划，三要财政投入，四要考核评估。

关键词▶ 人权教育　义务教育

一、人权教育纳入中小学九年义务教育体系必要性分析

胡锦涛同志在党的十七大报告中指出，"尊重和保障人权，依法保证全体社会成员平等参与、平等发展的权利"，① 为我国人权事业的发展指明了方向。2004 年，我国宪法修正案增加的"国家尊重和保障人权"规定，为人权教育带来了根本法和最高法依据，它同时意味着国家在人权教育过程中的中心责任与权利的后启蒙时刻的到来。② 而自《世界人权宣言》面世以来，人权更已成为联合国工作的中心。前联合国秘书长科菲·安南在纪念《世界人权宣言》发表 50 周年时强调了人权的普遍性，他指出"人权对任何国家来说都不是外来的，都是与生俱来的"，"没有人权，就没有持久的和平与繁荣"。足见联合国已将人权事业提升到世界和平与繁荣的高度来认识。

享有充分的人权，是长期以来人类追求的理想。我国也十分重视人权建设，并从自己的历史和国情出发，根据长时期实践的经验，对人权问题形成了

---

* 仇春川，安徽省铜陵市狮子山区委干部。

① 《十七大报告学习辅导百问》，党建读物出版社、学习出版社 2007 年版，第 29 页。

② 参见郑贤君：《国家应为人权教育做些什么？》，载《人权》2006 年第 6 期。

自己的观点，并制定了相应的法律和政策。

走进权利时代与建设法治国家是目标上二而为一的事情。① 但由于传统和历史的原因，特别是"文革"十年动乱，我国人权事业发展遭受了严重挫折，人权保障受到了严重损害。一系列社会新闻案件似乎在提醒我们，大家忽略了人权中最重要的基本观念——尊重与关怀。

人权的保障不在于靠别人的关注，也不是靠经历痛苦，更不在于公开签署的国际性人权文件，而是在于让每一个人的心中都存有人权的观念。在今天，人权已成为世界各国民主化的指标，保障人权亦是国际间的共同信念，人性尊严的肯定与尊重也成为普世性的价值，因此，如何落实人权的观念应是我们首要的努力目标。

教育是一切之本，人权的认识、立法与执行，必须从深化教育着手。在《世界人权宣言》中已呼吁学校教育应提倡对权利与自由的尊重，联合国大会自 1994 年通过决议，将 1995 年至 2004 年定为"人权教育十年"。近年来，许多国际事务核心议题也围绕着人权。

当前，建立以人权为基础的公民社会已经成为时代最主流的愿望，要实现人权，必须要知道什么是人权。如果不知道什么是人权，保障自己这份与生俱来的权利，尊重别人的权利也就无从谈起。没有公民意识和人权观念的人就不能成为现代社会的公民，就不能建立公民社会。

青少年是社会的未来，现在的教育决定将来的社会品质。要想成为足球大国，"足球要从娃娃抓起"；要想成为软件大国，"电脑要从娃娃抓起"；要想成为"人权大国"，公民人格和人权观念没有什么理由不从娃娃抓起。但是，长期以来，"公民"和"人权"这些美好的词汇受到有意无意的忌讳，怎样做一个公民，什么是我们的权利，成为需要重新启蒙的问题。在九年一贯课程中以融入课程的方式对学生进行人权教育——人性尊严的培育、自我价值的肯定、生命本质的探索、对弱势者的关怀等价值建立，都是未来现代化公民必备的素养。因此，将人权教育纳入中小学九年义务教育体系，是一个迫在眉睫的任务。

二、人权教育纳入中小学九年义务教育体系可行性探讨

什么是人权教育？人权教育，就是以尊重人权精神的修养为目的而进行的

---

① 参见徐显明：《人权研究》（第二卷），山东人民出版社 2002 年版，第 11 页。

教育活动。① 而国际组织、非政府组织、国家、地方团体、家庭、学校、社区、国民等都在人权教育中有自己独特的不可替代的位置，这其中，学校则是人权教育的主要实施平台和载体。我国政府参与、世界人权会议 1993 年 6 月 25 日通过的《维也纳宣言和行动纲领》第 79 条规定："各国应努力消除文盲，使教育目标针对充分发展人格，加强对人权和基本自由的尊重。世界人权会议呼吁所有国家和机构将人权、人道主义法、民主和法治作为学科纳入所有正式和非正式教学机构的课程。"②

要说为什么要开展人权教育？这个问题本身就是一个人权概念——公民受教育权的问题。《经济社会文化权利公约——人权概况介绍第 16 号》指出，"教育是享受和维护人权的一个基本的先决条件，教育加强了人权和基本民主原则"。受教育权也是我国公民的一项基本权利，切实保护受教育者的合法权益，是我国《教育法》的重要任务之一。

同时，接受人权教育也是公民的义务。掌握人权知识，树立人权理念，是现代公民的基本素养，也是服务社会的素质能力。

通过把人权教育纳入中小学九年义务教育体系，就是要透过人权教育环境的营造与经验式、互动式、参与式的教学方法与过程，协助学生澄清价值与观念，尊重人性尊严的价值体系，并于生活中实践维护与保障人权。

（一）人权教育的核心价值理念与我国现行国民教育方针具有一致性

我国《教育法》第 5 条规定，"教育必须为社会主义现代化建设服务，必须同生产劳动相结合，培养德、智、体等全面发展的社会主义事业的建设者和接班人"。这是我们党和国家的教育方针。2006 年 6 月 29 日修订、2006 年 9 月 1 日起施行的我国《义务教育法》第 34 条规定，教育教学工作应当符合教育规律和学生身心发展特点，面向全体学生，教书育人，将德育、智育、体育、美育等有机统一在教育教学活动中，注重培养学生独立思考能力、创新能力和实践能力，促进学生全面发展。

可以说，培养德、智、体、美等全面发展的社会主义事业的建设者和接班人，培养具有完全公民人格和健全人权理念的人才，也是人权的核心价值所在。1989 年，联合国人权事务高级专员办事处编写的《人权教学入门：中小学校的实践活动》手册中，专门对引导儿童和青少年熟悉人权概念拟定了一

---

① 参见亚洲－太平洋人权情报中心（HURIGHTS 大阪）：《人权教育与人权启发法》，载 http：//www. hurights. or. jp/indexc. html。

② 世界人权会议：《维也纳宣言和行动纲领》，载 http：//news. xinhuanet. com /ziliao/ 2003－06/25/content936769. htm。

个循序渐进法，具体内容包括：在幼儿年龄段（3~7岁）的人权培养目标是自尊、尊敬父母和老师。[①] 理解人权关键概念是自我、集体、个人责任、义务和尊重他人。在少儿年龄段（8~11岁）的人权培养目标是社会责任、公民身份，区分愿望与需要、愿望与权利。理解人权关键概念是个人权利、集体权利、自由、平等、公正、法治等。在少年年龄段（12~14岁）的人权培养目标是具体人权知识：理解人权关键概念是国际法、世界和平、世界发展、世界政治经济、世界生态。在青年年龄段（15~17岁）的人权培养目标是认识领会作为普遍标准的人权，将人权融入个人意识和行为。理解人权关键概念是道德包容/道德排他、道德责任/道德修养。此外，针对不同年龄段的特点，还设计了人权实践活动、应掌握的具体人权问题和依据的人权标准、制度和机制等。

可以说中小学校的人权教学实践活动，是按照循序渐进法对不同年龄段青少年和儿童熟悉人权概念进行的专门设计，其中的目标、关键概念、实践活动、具体人权问题、人权标准、制度和机制，如尊敬父母和老师、社会责任、个人权利、集体权利、自我表达/聆听、合作/共享、伤害他人（感情或身体）、经济全球化、环境恶化、课堂守则、家庭生活、集体准则等概念，都与我们党和国家的教育方针十分符合，与我们现行的教育教学实践有殊途同归、异曲同工之妙。

（二）人权教育的指标体系也是我国青少年健康成长的必备素质能力

中小学生是世界观、人生观和价值观的成长期，也是他们健康成长必备的素质能力培养期。科学合理的人权教育课程设计，有助于中小学生健康向上的世界观、人生观、价值观的形成和素质能力的培养。在这方面，我国台湾地区由于实施人权教育起步比较早，探索了一套较为行之有效的办法，该地区实行的"九年一贯课程人权教育、生命教育创意教学活动设计"计划中，就有包括"认知""情意"和"技能"三个内容的教学指标。其中"认知"和"情意"即属于促进对人权知识的认识和价值方面的指标与内容，而"技能"则是在实践层次上多样态的人权保护活动（如表1）。

---

① 参见联合国人权事务高级专员办事处：《人权教学入门：中小学校的实践活动》，载 http://www.un.org/chinese/hr/abc。

表1　九年一贯课程人权教育的目标

认知方面	情意方面	技能方面
了解人权存在的事实，要大家互相尊重； 了解人权的基本概念； 了解个人生死权利应受保障； 了解多样世界的美感。	通过人权活动的体验，培养学生能够建立人权的价值，激发学生看重自我的生存价值。	培养学生能够勇于表达自己的想法、认真参与活动，培养尊重他人、关怀社会、增进团队合作。

从表1中我们可以看到，"认知方面"的"了解多样世界的美感"，"情意方面"的"激发学生看重自我的生存价值"，"技能方面"的"培养尊重他人、关怀社会、增进团队合作"等，可以说无一例外都是青少年健康成长的必备素质能力。

台湾师范大学公民训育硕士陈玉佩在《学校实施人权教育的原则及教学内容》[①] 中，依据人权教育正式课程的内容，将人权教育的技能领域设计分为知性技能、沟通技能和行动技能 ，其中在知性技能方面，就包括"能够在大众传播媒介，如报纸、期刊、书籍、地图、各种图表、电子媒介等，找到有关资讯"的有关资料搜集能力，能够对"定出目标，创作思考和提出其他可能性，觉察在特定的情况下采取某种行动与否所造成后果"等判断作决定的能力。在沟通技能方面，就包括"表达自己利益、信念与观点的能力，参与讨论、辩论的能力"。在行动技能方面，就包括以"综合所有技能的最高决策与整合的技术"为中心的参与集体决策的能力，以"运用不同的方法，如问卷、个案研究的方法来搜集第一手资料"为中心的研究技能，和以"谈判妥协的能力、组织及发动社会活动能力，动员支持的能力和按需要改变行动方案的能力"为中心内容的有效影响或改变处境的能力。可以说这些素质能力都是青少年走向社会并成为于社会有用人才的前提。

（三）人权教育的方式方法正确施行，可以与我国中小学教育实践相互促进、相得益彰

教育是培养人的一种社会活动，它的社会职能，就是传递生产经验和社会生活经验，促进新生一代的成长。法国思想家卢梭认为："教育应当依照儿童自然发展的程序，培养儿童所固有的观察、思维和感受的能力。"在中外教育

---

①　参见陈玉佩：《学校实施人权教育的原则及教学内容》，载 http://163.27.38.246/classweb/UploadDocument/2621% AEv% A4j% A4% A4% B5% A5% B1% D0% A8% 7C. doc。

史上，尽管对于教育的解说各不相同，但都存在着一个共同的基本点，即把教育看作培养人的活动。这是教育区别于其他事物现象的根本特征，是教育的质的规定性。

当前，在我国实施中小学九年义务教育，这是根据我国社会的现实和未来的需要，遵循年轻一代身心发展的规律，有目的、有计划、有组织地引导受教育者获得知识技能，陶冶思想品德，发展智力和体力的一种活动，以便把受教育者培养成为适应社会主义现代化建设需要和促进社会发展的人。

中小学人权教育课程的目标，也是透过人权教育环境的营造与经验式、互动式、参与式的教学方法与过程，协助学生澄清价值与观念，尊重人性尊严的价值体系。为达成人权教育的目标，王宗坤在《人权素养的建立及其在教育的应用与策略》[①] 一文中，将中小学人权教育课程设计策略分为学校行政和老师两个部分，其中在学校行政部分，要求采取营造人权关怀与人性尊重的学习环境，应以符合人性的需要为诉求，建设无障碍的学习环境，使全体师生都能在良好的环境之中，享受工作与学习的乐趣。其次是加强教师对人权概念的认知，强化学习领域课程统整的能力，在九年一贯课程纲要中，将人权教育以议题的方式，融入各学习领域。在教师部分，则要求将人权教育融入各学习领域统整学习，同时注重身教、境教、言教、制教对人权教育的影响，配合儿童心智发展渐进达成能力指标。学者赫特（Heater）[②] 用通俗语言归纳学生日常用语的权利概念，能够使学生在平常的生活实践中领会人权的深刻内涵（如表2）。

表 2　学者 Heater 归纳学生日常用语的权利概念

我有权	权利
那不公平	正义
你偏心	公平
你总是责备我	歧视

---

① 参见王宗坤：《人权素养的建立及其在教育的应用与策略》，载 http：//www.chi-san-edu.org/activities/2003/0313/humanright.html。

② 转引自陈玉佩：《国中人权教育实务与经验分享》，载 http：//192.192.169.101/92-2/921029/all.pdf。

续表

我有权	权利
为什么我不能熬夜或在夜晚出门 为什么我必须穿这些衣服去拜访或联系 那些无聊的人际关系	做……的自由 免予……的自由
我们想去选择我们的小队和我们的首领	自决权

表 2 所列是学生日常生活中常用的权利语言，不论是他们对事情的评论或处理日常生活中的琐事，都和表二的人权概念密切相关联，因此学习正确使用权利语言以证实他们所言是正确的，实在需要透过理性的对话与可以讨论的开放空间，适时且正确地加以引导。如果这些人权教育的方式方法正确施行，就能够与我国中小学九年义务教育实践相互促进、相得益彰。

三、建立人权教育纳入中小学九年义务教育体系的保障机制

为保证人权教育纳入中小学九年义务教育体系的正常推行并取得预期成效，建立一种保障机制必不可少。联合国人权事务高级专员办事处编写的《人权教学入门：中小学校的实践活动》① 一书指出，每个国家开展人权教育的具体方式取决于千差万别的当地教育制度，但将人权教育纳入有关学校教育的国家立法，修订教学大纲和教科书，对教师进行包括关于人权的培训和人权教育方法的培训，组织学生课外活动，编制人权教材，建立教师和其他职业工作者（比如人权团体、教师工会、非政府组织或职业协会的工作人员）的支持网络等，都是必不可少的保障机制。我国人权教育由于种种历史原因缺课较多，现在将人权教育内容纳入中小学九年义务教育体系，总体上还处在补课阶段，付诸实施只能由简到繁，循序渐进。

一要政策推动。将人权教育纳入中小学九年义务教育体系，首先需要政策推动。日本《人权教育及人权启发法》就实施人权教育制定基本计划专门作了"为使有关人权教育及人权启发的各项措施综合地、有计划地推进，国家必须制定人权教育及人权启发的基本计划"的规定。在美国，根据学者对全美 50 个州的中小学进行人权教育调查发现，目前全美 50 个州中有 40 个州将人权列入学校评量标准中，其中更有康涅狄格州、印第安纳州、马里兰州、新泽西州、纽约

---

① 参见联合国人权事务高级专员办事处：《人权教学入门：中小学校的实践活动》，载 http://www.un.org/chinese/hr/abc。

州等 5 个州透过立法或州政府行政命令强制执行将人权纳入教学课程中。

就我国而言，人权教育纳入中小学九年义务教育体系，可由教育部制定总体规划，充实人权教育课程教材，可由浅到深、由简到繁，将人权教育融入各学习领域，并加强宣传人权理念，培养社会大众人权素养，进而改善学校人权状况。通过政府部门、学术界、民间团体与学校共同推动，促进在中小学实施人权教育良好环境的形成。

二要统筹规划。将人权教育纳入中小学九年义务教育体系，需要统筹规划。1993 年世界人权会议通过的《联合国人权教育十年（1995—2004 年）》开宗明义地指出，在这十年期间，要求各国政府、国际组织、国家机构、非政府组织、专业协会、民间社会各界和个人建立伙伴关系，并且通过人权教育、培训和新闻工作集中努力于促进人权的普遍文化。在"人权教育十年"国际行动计划中，更是划定了具体的目标要求：（a）评估需求、制定有效的战略，在各级学校、职业培训、正规及非正规的教育中促进人权教育；（b）在国际、区域、国家和地方各级建立和加强人权教育的方案和能力；（c）协作编写人权教育教材；（d）加强大众传媒在促进人权教育方面的作用和能力；（e）以尽可能多种的语言，并用适合不同识字程度和残疾人的其他方式，在全球传播《世界人权宣言》。1993 年 3 月 8 日至 11 日在加拿大蒙特利尔召开的人权和民主的教育国际会议通过的《世界人权和民主教育行动计划》中，强调"在学校系统内所有年级的课程中讲授人权和民主。目的是制定一套贯穿各主要学科、又以独立学科教学的完整且基础广泛的课程，以便使人权和民主的教育在每个人基础教育过程中不断予以灌输的课题。权利、责任和民主进程的主题还应编入所有或者大部分学习课目中去，纳入学校生活和社交过程应达到的价值内"。并指出重点应放在学前阶段、初级教育、中等教育、中等教育和职业培训、中学以后——学院和大学、教师培训、教育等。[①]

可见，制定人权教育规划，国家应当担负主要职责，并且要做好统筹规划。且只有做好统筹规划，中小学人权教育才能按计划有步骤进行，最终取得预期成效。

三要财政投入。将人权教育纳入中小学九年义务教育体系，需要财政支持和政府拨款。一些国家和地区的法律已对此作出了明确规定。日本《人权教育与人权启发法》第 9 条规定："对实施有关人权教育及人权启发各项政策的地方公共团体，在有关该政策的事业的委托及其方法上国家拥有制定财政措施

---

① 参见《世界人权和民主教育行动计划》，载 http：//www. un. orgchinesedocumentsdecl – condoc – sa – conf – 157 – pc – 42 – add – 11. pdf。

的权力。"

我国《义务教育法》第42条规定，"国家将义务教育全面纳入财政保障范围，义务教育经费由国务院和地方各级人民政府依照本法规定予以保障"。在我国人权教育计划纳入中小学九年义务教育体系后，人权教育经费理所当然按照义务教育法的规定，由各级财政承担。

四要考核评估。将人权教育计划纳入中小学九年义务教育体系，要客观、公正、全面地对人权教育、教学工作进行考核评估，使之成为教师学期或年度考核、评优、评职、晋升的客观依据之一，同时要将学生的人权知识学习成果列为升学参考分值，从而更好地推动学校的人权教育，体现奖优罚劣的原则。美国新墨西哥州在2000年的课程标准中明订了各年级的成果评量标准，例如，小学一年级到四年级学生，应该探索人权所包含的议题；在五年级到初中阶段学生则应该了解人权议题的复杂性；在高中阶段，学生必须评估全球人权的问题、标准、议题和冲突，以及它们对公共政策的影响。

我国台湾地区在2002年12月编印的"教育部人权教育推广与深耕（简要版）"中规定，教育行政单位定期对学校进行人权教育评鉴时应特别注重能否落实教学，并列举9个评鉴项目：一是如何办理人权相关研习，提升教师人权认知；二是研习内容是否符合教师需要，相关安排如何与教师协商；三是学校如何提供资源协助教师发展教材；四是学校如何鼓励教师创新教学活动，并给予必要支持；五是学校教师如何发展人权教材与创新人权教学活动；六是学校对于校园人权相关议题如何建立讨论之机制或环境；七是学校如何确实检讨校园各项教学设施，并逐步改善，营造具备人权关怀的校园环境；八是学校对于校园发生违反人权事件如何妥善处理，使伤害降低，并能确实检讨原因，拟订有效之辅导方案；九是学校在校园发生违反人权事件时，如何具体并有效地提升相关当事人的人权意识等。通过一系列考核评估，对中小学人权教育工作给予有效的促进，这些无疑都对我们开展中小学人权教育活动具有有益的借鉴作用。

历史已经成为过去，现在的正在成为历史。近一百多年来，曾经决定中国传统社会不讲人权的诸种因素已经发生了很大的变化，中国人民正在和世界人民一起倡导和推进人权，以铲除中国传统社会积贫、积弱、积乱的病根。[①] 截至2008年12月，中国参加了25项国际人权公约，正在积极研究批准《公民权利和政治权利国际公约》，可以说把人权教育纳入中小学九年义务教育体系，进而实施全民人权教育、提升全民人权理念已经到了时不我待的时候。

（载《广州大学学报（社会科学版）》2009年第5期）

---

① 参见夏勇：《人权概念起源》，中国政法大学出版社1992年版，第190页。